陽明故里
The Hometown Of Yangming

2020
阳明学研究报告

中共余姚市委宣传部　主办
张宏敏　编著

浙江工商大學出版社
ZHEJIANG GONGSHANG UNIVERSITY PRESS
·杭州·

图书在版编目(CIP)数据

2020阳明学研究报告 / 张宏敏编著. — 杭州:浙江工商大学出版社, 2021.10

ISBN 978-7-5178-4664-2

Ⅰ.①2… Ⅱ.①张… Ⅲ.①王守仁(1472-1528)—哲学思想—研究报告 Ⅳ.①B248.25

中国版本图书馆CIP数据核字(2021)第202784号

中共余姚市委宣传部 主办

2020阳明学研究报告

2020 YANGMING XUE YANJIU BAOGAO

张宏敏 编著

责任编辑 张晶晶
封面设计 沈 婷
责任印制 包建辉
出版发行 浙江工商大学出版社
(杭州市教工路198号 邮政编码310012)
(E-mail:zjgsupress@163.com)
(网址:http://www.zjgsupress.com)
电话:0571-88904980,88831806(传真)
排 版 杭州朝曦图文设计有限公司
印 刷 杭州宏雅印刷有限公司
开 本 710 mm×1000 mm 1/16
印 张 22.75
字 数 334千
版 印 次 2021年10月第1版 2021年10月第1次印刷
书 号 ISBN 978-7-5178-4664-2
定 价 89.00元

阳明先生画像

2020 宁波（余姚）阳明文化周礼贤仪典

2020 宁波（余姚）阳明文化周开幕式

本书系浙江省哲学社会科学领军人才培育专项课题“浙学的创造性转化和创新性发展研究”（21QNYC02ZD）暨国家社科基金项目“清代阳明学文献整理与思想演变研究”（20BZX070）阶段性成果

目 录

导 言

当代中国“阳明学热”的十大标志

王阳明（1472—1529），名守仁，字伯安，是中国明朝伟大的思想家、哲学家、政治家、军事家，也是杰出的教育家和书法家。他生于浙江余姚，卒于江西南安，葬于浙江山阴洪溪乡（今绍兴市柯桥区兰亭镇花街村鲜虾山）。生前获封新建伯，官至南京兵部尚书兼都察院左都御史，后遭人诬陷，被削夺伯爵。卒后38年即明朝隆庆元年（1567），被追赠为新建侯，谥“文成”。明万历十二年（1584）获准从祀孔庙。王阳明曾修道于阳明洞天，自号阳明子、阳明山人，故学者尊称他为阳明先生。

由于王阳明是中国历史上公认的立德、立功、立言的“真三不朽”者，有明一代即“门徒遍天下，流传逾百年”，“嘉、隆而后，笃信程朱，不迁异说者，无复几人矣”（《明史·儒林传》）；其思想不仅在明代中后期的学术界占据核心地位，而且在后世更是“风行天下，传遍中国，走向世界”（杜维明语），故而王阳明的生平事功与学术思想，一向受到学术界的重视与研究。近年来，出于对“文化自信”的提倡及视传统文化为一种“独特战略资源”的倾向，再加上党和国家领导人对阳明语录及阳明学核心命题的关注与阐述，王阳明与阳明心学已经获得广大干部、专家学者及社会各界的普遍重视，并成为中华传统文化中的一大“显学”[①]。

---

① 吴光、张宏敏、金伟东：《王阳明的人生智慧：阳明心学百句解读·本书缘起与编写体例》，中国方正出版社2016年版，第1页。

本书“导言”拟通过十大标志性学术事件来对当代中国的阳明学研究现状进行全面回顾：（1）中国国家领导人在不同场合对阳明学语录的引述与阳明学核心命题的阐释；（2）存有王阳明遗迹的各省市县区加大了对阳明学遗迹的保护与修缮力度；（3）王阳明纪念馆、阳明文化广场、阳明文化公园的修建与王阳明铜像雕像的竖立；（4）《传习录》《王阳明全集》在数十家出版社的陆续出版与不断印刷；（5）上百家出版社推出了近千种的王阳明与阳明学研究专著；（6）阳明学研究论文的大量发表、阳明学研究专栏的开设与阳明学研究辑刊的不断创办；（7）《百家讲坛》阳明学公开课与各种阳明学讲堂、阳明学专题讲座的开设；（8）全国各地各类阳明学会议、阳明学论坛、阳明文化节、阳明文化活动周的不断举办；（9）国家社科基金、省市哲学社科规划等对各种级别的阳明学研究课题的立项与推出；（10）高校科研院所的阳明学研究机构与社会团体性质的王阳明研究会不断成立，进而对当下“阳明学热”中出现的若干问题进行反思。

一、中国国家领导人在不同场合对阳明学语录的引述与阳明学核心命题的阐释

基于弘扬传统文化、提倡文化自信的时代任务，习近平同志一贯重视对王阳明与阳明心学核心命题“知行合一”“立志”论的研究与阐释。

2006年2月5日，时任浙江省委书记习近平同志在《与时俱进的浙江精神》一文中对“王阳明的批判、自觉”精神予以阐释，指出：“……无论是王充、王阳明的批判、自觉，还是龚自珍、蔡元培的开明、开放……都给浙江精神奠定了深厚的文化底蕴。”[①]还在《与时俱进的浙江精神》一文中引用了王阳明的“知行合一”概念：“按照学在深处、谋在新处、干在实处的要求，学以立德，学以致用，知行合一，大力推进‘三个代表’重要思想和科学发展观在浙江的实践，做到‘真学、真懂、真信、真用’，从而

① 习近平：《与时俱进的浙江精神》，《浙江日报》2006年2月5日。

使理论转化为思路，转化为效果，转化为全省广大干部群众认识和改造世界的强大精神动力。”①

2006年2月9日，习近平同志在接受人民网记者专访时对“以创始人王守仁为名的阳明学派”在中国文化史上的地位予以了阐述：“浙江在历史上有许多著名的学派，如以吕祖谦为代表的金华学派，以陈亮为代表的永康学派，以叶适为代表的永嘉学派，以创始人王守仁为名的阳明学派等，这些学派和人物在中国文化史上独树一帜，有较高的地位，他们的思想、观点已经成为浙江的文化基因，形成了浙江特有的人文优势。”②

2006年2月17日，习近平同志在《浙江日报》上发表的《多读书，修政德》一文中，也引述了王阳明“知行合一”的命题：“要修炼道德操守，提升从政道德境界，最好的途径就是加强学习，读书修德，并知行合一，付诸实践。”③

2007年3月25日，习近平同志在《“书呆子”现象要不得》一文中再次引用“知行合一”语：“要充分考虑生动的实际生活和现实的确切真实，注重研究新情况，认真分析新问题，积极寻求新对策，努力做到知行合一，理论联系实际，实实在在地做事情，尽心尽力地干工作，而不是热衷于追求热闹，只摆花架不种花，只摆谱架不弹琴。”④

2011年5月9日，时任国家副主席习近平同志到贵州调研，在贵州大学中国文化书院与师生座谈时的讲话中高度评价了王阳明，说“王阳明既是一个伟大的哲学家、思想家，又是一个伟大的军事家、政治家”，“王阳明一生真正做到了知行合一”；并结合王阳明《教条示龙场诸生》一文⑤，指出：“王阳明在龙场讲学时向学生提了‘立志、勤学、改过、责善’四点基本要求，首要的是立志。他说‘志不立，天下无可成之事’。对今天

① 习近平：《与时俱进的浙江精神》，《浙江日报》2006年2月5日。

② 董少鹏：《“八八战略”从头越：专访中共浙江省委书记习近平》，《国际金融报》2006年2月9日。

③ 习近平：《之江新语》，浙江人民出版社2007年版，第175页。

④ 《之江新语》，第271页。

⑤ （明）王守仁撰，吴光等编：《王阳明全集》（简体版），上海古籍出版社2012年版，第804—805页。

的学生来说，要成才，必先立志。就是要善养浩然之气，要砥砺、磨炼自己的志向。……希望大家在学校的时候就树立远大、正确、崇高的理想信念，并在实践中去考验、去磨炼，做到‘虽九死而不悔’，这样才能有真正的坚定方向，今后才能有大的作为。”①这些语重心长的话，表明党和国家领导人对青年一代寄予了殷切的期望，也对王阳明的教育思想做出了高度评价与现代诠释。

党的十八大以来，习近平总书记又在多次讲话中提到王阳明，强调与阐释了阳明心学，特别论述了“知行合一”，“志不立，天下无可成之事”的内涵与当代启示。兹举其要者：

2014年1月20日，习近平总书记在党的群众路线教育实践活动第一批总结暨第二批部署会议上结合马克思主义的群众观阐释了“知行合一”的内涵以及“知”“行”各自的作用：“群众观点是马克思主义观点的重大观点，群众路线是党的生命线和根本工作路线，贯彻党的群众路线，知是基础、是前提，行是重点、是关键，必须以知促行、以行促知，做到知行合一。”②

2014年3月7日，习近平总书记在参加第十二届全国人大二次会议贵州代表团审议时指出，我们要坚持道路自信、理论自信、制度自信，最根本的还有一个文化自信。只要把我们的优秀文化传承好，核心价值观建设好，就一定能把我们的国家建设成为社会主义强国。王守仁（王阳明）曾在贵州参学悟道，贵州在弘扬传统文化方面有独特优势，希望继续深入探索、深入挖掘，创造出新的经验。③

---

① 《习近平考察贵州：勉励学子立志做大事》，《贵州日报》2011年5月12日第1版；《习近平论阳明文化》，《当代贵州》2015年第46期。《当代贵州》杂志编辑案语：“中华优秀传统文化是习近平总书记十八大以来治国理念的重要来源。作为优秀传统文化的重要组成部分，阳明文化堪称精粹。近年来，习近平多次在不同场合提到王阳明或引用王阳明学说，为阳明文化赋予了新的时代意义。”

② 中央文献研究室、中央教育实践活动办公室编：《习近平关于党的群众路线教育实践活动论述摘编》，党建读物出版社、中央文献出版社2014年版，第39—40页。

③ 转引自《彰显贵州独特优势弘扬优秀传统文化——阳明文化学术研讨会举行》，金黔在线，2014年4月13日。

2014年3月25日，习近平总书记在法国《费加罗报》发表署名文章，指出：“中国人讲‘知行合一’，法国人讲‘打铁方能成铁匠’，都强调要把思想转化成为行动。”①

2014年5月4日，习近平总书记在考察北京大学时，就培育和践行社会主义核心价值观对广大青年提出要求：“道不可坐论，德不能空谈。于实处用力，从知行合一上下功夫，核心价值观才能内化为人们的精神追求，外化为人们的自觉行动。”②

2014年9月24日，习近平主席在纪念孔子诞辰2565周年国际学术研讨会暨国际儒学联合会第五届会员大会开幕会的讲话中，把“经世致用、知行合一、躬行实践的思想”③作为中国优秀传统文化解决当代人类面临的难题的重要启示之一。

2014年10月8日，习近平总书记在党的群众路线教育实践活动总结大会上的讲话中指出：“实践证明，集中教育活动只有坚持知行合一，不断让思想自觉引导行动自觉、让行动自觉深化思想自觉，才能抓得实、做得深、走得远。”④

2015年11月19日，习近平主席在亚太经合组织第二十三次领导人非正式会议第一阶段会议上的讲话中，援引了王阳明《教条示龙场诸生》中的一句名言“志不立，天下无可成之事”⑤：“中国古代先贤说：‘志不立，天下无可成之事。’人不能没有理想，合作不能缺少方向。亚太合作要面向未来、引领未来，谋划大手笔、塑造大格局。”⑥

---

① 习近平：《特殊的朋友，共赢的伙伴》，《费加罗报》2014年3月25日；又见《习近平在法国〈费加罗报〉发表署名文章》，《人民日报》2014年3月26日。

② 习近平：《习近平谈治国理政（第一卷）》，外文出版社2018年，第173页。

③ 习近平：《在纪念孔子诞辰2565周年国际学术研讨会暨国际儒学联合会第五届会员大会开幕会的讲话》，《人民日报》2014年9月25日。

④ 习近平：《在党的群众路线教育实践活动总结大会上的讲话》，《人民日报》2014年10月9日。

⑤ 《王阳明全集》，第804页。

⑥ 习近平：《深化伙伴关系，共促亚太繁荣：在亚太经合组织第二十三次领导人非正式会议第一阶段会议上的讲话》，新华网，2015年11月19日。

2015年12月11日，习近平总书记在全国党校工作会议上的讲话中引用了王阳明《传习录》中的讲学语录“种树者必培其根，种德者必养其心”[①]：“‘种树者必培其根，种德者必养其心。’党性教育是共产党人修身养性的必修课，也是共产党人的‘心学’。”[②]从而明确提出了“共产党人的心学”的新命题。

2016年1月12日，习近平总书记在第十八届中央纪律检查委员会第六次全体会议上的讲话中，引用了《传习录》中“身之主宰便是心”[③]的阳明语录：“全面从严治党，既要注重规范惩戒、严明纪律底线，更要引导人向善向上，发挥理想信念和道德情操引领作用。‘身之主宰便是心’；‘不能胜寸心，安能胜苍穹’。‘本’在人心，内心净化、志向高远便力量无穷。对共产党人来讲，动摇了信仰，背离了党性，丢掉了宗旨，就可能在‘围猎’中被人捕获。只有在立根固本上下功夫，才能防止歪风邪气近身附体。”[④]

2016年6月24日，习近平主席在上海合作组织成员国元首理事会第十六次会议上的讲话中指出：“‘知者行之始，行者知之成。’实践证明，‘上海精神’催生了强大凝聚力，激发了积极的合作意愿，是上海合作组织成功发展的重要思想基础和指导原则。”[⑤]“知者行之始，行者知之成”即出自《传习录》中陆澄的记载：“知者行之始，行者知之成。圣学只一个功夫，知、行不可分作两事。”[⑥]

2016年7月1日，习近平同志在庆祝中国共产党成立95周年大会上的讲话中，再次援引王阳明“志不立，天下无可成之事”语，进而指出：“理想信念动摇是最危险的动摇，理想信念滑坡是最危险的滑坡。一个政党的衰

① 《王阳明全集》，第29页。

② 习近平：《在全国党校工作会议上的讲话》，《求是》2016年第9期。

③ 《王阳明全集》，第5页。

④ 习近平：《在第十八届中央纪律检查委员会第六次全体会议上的讲话》，《人民日报》2016年5月3日。

⑤ 习近平：《在上海合作组织成员国元首理事会第十六次会议上的讲话》，新华社，2016年6月24日。

⑥ 《王阳明全集》，第12页。

落，往往从理想信念的丧失或缺失开始。我们党是否坚强有力，既要看全党在理想信念上是否坚定不移，更要看每一位党员在理想信念上是否坚定不移。”①

2016年9月4日，习近平主席出席二十国集团领导人杭州峰会并致开幕辞。在开幕辞中，他引用了“知行合一”语，认为承载着世界各国期待的二十国集团，要“知行合一，采取务实行动。我们应该让二十国集团成为行动队，而不是清谈馆”②。

2018年5月2日，习近平总书记在北京大学师生座谈会上的讲话中，三次引用王阳明的语句：（1）“坚持办学正确政治方向”，引用了《礼记·大学》中的“大学之道，在明明德，在亲民，在止于至善”。“在亲民”即是王阳明倡导的《古本大学》的“在亲民”③，而不是朱熹《四书章句集注》中的“在新民”④。（2）“给广大青年提几点希望”，希望之二是“要励志，立鸿鹄志，做奋斗者”。这里就引用了王阳明说的：“志不立，天下无可成之事。”（3）“给广大青年提几点希望”，希望之四是“要力行，知行合一，做实干家。……学到的东西，不能停留在书本上，不能只装在脑袋里，而应该落实到行动上，做到知行合一、以知促行、以行求知，正所谓‘知者行之始，行者知之成’。每一项事业，不论大小，都是靠脚踏实地、一点一滴干出来的。”

2019年3月1日，习近平总书记在2019年春季学期中央党校（国家行政学院）中青年干部培训班开班式上的重要讲话中，强调并要求广大干部特别是年轻干部“在常学常新中加强理论修养”，“在知行合一中主动担当作为”⑤。

① 习近平：《在庆祝中国共产党成立95周年大会上的讲话》，《人民日报》2016年7月2日。

② 习近平：《构建创新、活力、联动、包容的世界经济：在二十国集团领导人杭州峰会上的开幕辞》，新华社，2016年9月4日。

③ 《王阳明全集》，第1页。

④ （宋）朱熹：《四书章句集注》，中华书局1983年版，第3页。

⑤ 《习近平在中央党校（国家行政学院）中青年干部培训班开班式上发表重要讲话》，新华社，2019年3月1日。

2019年4月30日，习近平总书记在纪念五四运动100周年大会上的讲话中，引述了王阳明《教条示龙场诸生》中的“立志而圣则圣矣，立志而贤则贤矣”①，鼓励青年学子志存高远，激发奋进潜力。②

2021年3月1日，习近平总书记在2021年春季学期中央党校（国家行政学院）中青年干部培训班开班式上的重要讲话中，强调年轻干部必须立志做党的光荣传统和优良作风的忠实传人，“对党忠诚，必须一心一意、一以贯之，必须表里如一、知行合一，任何时候任何情况下都不改其心、不移其志、不毁其节”③。

这一系列重要讲话中的“用典”即引用阳明语录、阳明学核心命题，体现了习近平总书记对阳明心学的内涵及其当代意义的深刻理解，也是对中华优秀传统文化进行的创造性转化与创新性发展，更揭示了阳明心学在当今实现中华民族伟大复兴实践中的理论价值与深远意义，值得我们认真学习并付诸实践。

二、存有王阳明遗迹的各省市县区加大了对阳明学遗迹的保护与修缮力度

近年来，存有王阳明遗迹的省份及相关的地市、县区、乡镇，诸如浙江省宁波市（余姚市）、绍兴市（越城区、柯桥区），贵州省修文县（龙场镇）、贵阳市，江西省赣州市（崇义县、大余县、龙南县）、吉安市青原区，广东省和平县，福建省平和县，安徽省滁州市，广西壮族自治区南宁市等地，纷纷加大人力、物力、财力、智力投入，保护修缮王阳明遗迹。

浙江省余姚市一直致力于推动全国重点文物保护单位“王阳明故居”的修缮与功能拓展，龙泉山“中天阁王阳明先生讲学处”“余姚四先贤故里

① 《王阳明全集》，第804页。

② 习近平：《在纪念五四运动100周年大会上的讲话》，《人民日报》2019年5月1日。

③ 《习近平在中央党校（国家行政学院）中青年干部培训班开班式上发表重要讲话》，新华网，2021年3月1日。

碑"也得到了保护。2019年4月9日，余姚申请的"阳明故里"和"阳明故居"商标，获得国家知识产权局审核通过。绍兴市柯桥区以"王阳明墓"为中心，建设"阳明文化园"；越城区西小河边王衙弄的绍兴王阳明伯府（故居）遗址考古发掘进展顺利，观星台、饮酒亭已经修缮，伯府第、碧霞池、大埠头、船舫弄、假山弄、王衙弄的复建工程正在推进；位于会稽山景区宛委山的阳明洞天完成保护。杭州凤凰山万松书院在复建过程中添置了王阳明塑像，玉皇山南的天真书院（精舍）遗迹已经发掘。

贵州省修文县维护修缮"三人坟""阳明洞""玩易窝""龙冈书院"等王阳明遗迹工作已完成，贵阳市扶风山"阳明祠"的文物修缮和展陈提升工程也顺利完成。福建省平和县尊称阳明先生为"平和县父"，加大了对九峰镇"王文成公祠"的保护力度。安徽省滁州市复建明朝的太仆寺，修缮了龙潭、来远亭、梧桐冈等王阳明当年讲学地。广西南宁市也加大了对敷文书院、青秀山"阳明先生过化之地"等阳明遗迹的宣传力度。河南浚县大伾山的王阳明诗文碑刻、阳明洞、阳明书院遗址也得到了妥善保护。

江西省赣州市崇义县在思顺乡齐云山村桶江（桶冈）王阳明书"平茶寮碑"处，修建了阳明文化主题公园，使得阳明文化在当地得到很好的展示。位于赣州城西北通天岩风景名胜区的阳明学遗迹，诸如通天岩、观心岩、忘归岩上的王阳明摩崖石刻与讲学场景已经得到妥善保护与复原，郁孤台历史文化街区内的赣州阳明书院也对外开放。大余县围绕青龙铺"阳明先生落星亭"，打造阳明文化游学旅游基地。龙南县玉石岩的"阳明小洞天"，已经完成了修缮工作。吉安市青原区为打造心学文化体验区，复建了青原山阳明书院。

三、王阳明纪念馆、阳明文化广场、阳明文化公园的修建与王阳明铜像雕像的竖立

为了让"真三不朽圣人"王阳明以直观、立体形象走进普罗大众的视野，同时方便社会各界人士礼敬王阳明、学习王阳明，余姚、绍兴、杭

州、贵阳、修文、赣州、南昌、崇义、龙南、和平、平和等“阳明先生过化地”，均辟有王阳明纪念馆、阳明文化广场、阳明文化公园，同时还立有阳明先生的铜像、塑像、雕像等。

浙江余姚的王阳明故居实则是阳明先生纪念馆，对王阳明的生平学行以视频、图文、蜡像的形式进行宣传、展示；同时，王阳明故居广场竖立有香港孔教学院院长汤恩佳博士捐赠的一尊阳明先生铜像。余姚阳明中学建有阳明亭，立有阳明先生石雕像，供求学少年瞻仰。基于王阳明生于余姚、葬在绍兴，宁波至绍兴的城际列车以“阳明号”命名。绍兴阳明小学置阳明先生讲学铜像，鼓励少年学子立志求学；位于绍兴的浙江工业职业技术学院内，也有王阳明铸铜艺术雕塑。因王阳明撰《万松书院记》，杭州万松书院在复建之时，立有王阳明教书、童生听讲的塑像。

贵州省修文县龙场镇围绕“阳明洞天”，以“心学圣地，王学之源”为定位，塑王阳明在龙冈书院同黔籍弟子门人讲学塑像；拓建“王阳明纪念馆”，修建“中国阳明文化园”，复建“龙冈书院”，进而传承“知行合一”的阳明学真精神。阳明洞王文成公祠中有日本友人捐赠的阳明先生铜像，其纪念意义非同寻常。贵阳市扶风山的“阳明祠”，其正殿中央立有汉白玉雕刻成的王阳明雕像。

江西省崇义县是王阳明生前奏设，而今全县上下致力于打造阳明文化品牌，新建阳明山、阳明湖、阳明路、知行公园、阳明书院、良知楼、阳明展览馆，处处弥漫着阳明文化的气息。赣州市通天岩有阳明先生铜像，以及王阳明与邹守益、陈明水等弟子讲授良知学的塑像。南昌市建阳明公园，塑“旷世大儒：王阳明”像，并展陈刻有王阳明生平事迹的黄岗岩浮雕；为使“阳明一生精神，俱在江右”[①]得以充分展示，2020年7月，南昌市委宣传部启动了王阳明纪念馆的筹建工作。

广东省和平县为宣传阳明文化，在阳明镇建“王阳明纪念馆”，塑阳

① 沈善洪主编、吴光执行主编：《黄宗羲全集》第7册《明儒学案》，浙江古籍出版社2005年版，第377页。

明先生铜像。福建平和县亦系王阳明生前奏设，在建县500周年之际，平和县建阳明公园，塑阳明先生像，以纪念和缅怀阳明先生的丰功伟绩。广西南宁市博物馆中有王阳明在敷文书院讲学场景塑像，隆安县隆安中学既有王阳明塑像，又有王阳明石刻画像碑。甘肃兰州王氏后人为缅怀阳明先生，筹资修建王阳明纪念馆，塑王阳明汉白玉朝服像。山东青岛黄海学院应以“知行合一”为校训，校园内塑有王阳明雕像。台北阳明山辟有阳明公园、阳明书屋，也有王阳明先生造像，供游人瞻仰。

四、《传习录》《王阳明全集》在数十家出版社陆续出版与不断印刷

由于“阳明学热”的持续升温，以及普罗大众对王阳明了解、专家学者对阳明学研究的需要，据不完全统计，已经有100余家出版社推出了各种版本的《传习录》，50余家出版社出版了不同版本的《王阳明全集》（《王阳明集》《王文成公全书》）。兹择要介绍。

（一）各种版本的《传习录》

《传习录》是研习阳明心学的基本文献，王阳明生前已经刊刻。钱穆认为《传习录》是“中国人所必读的书”。梁启超《传统文化入门书要目及其读法》认为:“读此（《传习录》）可知‘王学’梗概。”近20年来，各种版本的《传习录》也是不断走向市场，与读者见面。兹举其要者。

2000年12月，上海古籍出版社推出“杨国荣导读”的《阳明传习录》。2001年6月，凤凰出版社出版“阎韬注评”的《传习录》。2003年11月，云南大学出版社出版“胡兴文等译”的《传习录》。2004年1月，岳麓书社出版“张怀承注译”的《传习录》。2007年12月，蓝天出版社出版《传习录》。2008年1月，中州古籍出版社推出“于自力、孔薇、杨骅骁译”的《传习录》。2009年3月，贵州人民出版社出版“于民雄注、顾久译”的《传习录全译》；同年11月，华东师范大学出版社发行“陈荣

捷著”的《王阳明传习录详注集评》[①]。2010年9月，广陵书社出版《传习录》；同年11月，复旦大学出版社出版“吴震著”的《传习录精读》。2012年4月，岳麓书社出版“萧无陂著”的《传习录校释》，中国画报出版社推出《传习录》；同年5月，复旦大学出版社出版“吴震著”的《传习录一百句》；同年12月，上海古籍出版社出版“邓艾民注疏”的《传习录注疏》[②]。2013年5月，凤凰出版社推出“插图版”《传习录》；同年10月，中国华侨出版社出版“陆东风编”的《传习录》。2014年1月，中国华侨出版社出版“彩图全解版”《传习录》；同年6月，武汉大学出版社出版“李问渠编译”的《传习录》；7月，北京时代华文书局出版“叶圣陶点校版”《传习录》；同年8月，人民出版社出版“李德峰著”的《评说王阳明与〈传习录〉》。2015年5月，九州出版社出版“梁启超点校”的《传习录集评》；同年7月，江苏凤凰文艺出版社推出“张靖杰译注”的《传习录》，长江文艺出版社出版“萧无陂注”的《传习录》；同年11月，重庆出版社出版《王阳明〈传习录〉全鉴》。2016年1月，哈尔滨出版社出版“钱明、孙佳立注”的《传习录》，江西人民出版社推出“慢读系列”的《传习录》；同年2月，中信出版社出版“吴震、孙钦香译注”的《传习录》；5月，中华书局出版线装本《传习录》，作家出版社推出“高高注”的《传习录》；同年7月，孔学堂书局出版“何善蒙编著”的《传习录十讲》。2017年4月，台海出版社出版《传习录》；同年5月，辽海出版社出版“肖卫译注”的《传习录》；同年12月，上海古籍出版社出版“佐藤一斋撰、黎业明整理”的《传习录栏外书》，北京联合出版社出版“叶圣陶校”的《传习录》。2018年1月，金城出版社出版“马祝恺编、罗海燕校”的《传习录》；同年3月，中华书局出版“王晓昕译注”的《传习录译注》；同年4月，国家行政学院出版社出版“高静注译”的《王阳明先生传习录》；同年6月，文化发展出版社出版“鲍希福点校”的《传习录》；同年8月，

① 1983年12月，《王阳明传习录详注集评》先是在中国台湾学生书局出版。

② 2000年11月，《传习录注疏》先是在中国台湾法严出版社出版。

三秦出版社出版“费勇译”的《传习录》，中国华侨出版社出版“朱孟彩编译”的《传习录全解》；同年9月，中国致公出版社、九州出版社均出版“叶圣陶点校”的《传习录》，江苏凤凰科学技术出版社出版“王学典编译”的《传习录》；11月，武汉出版社出版“李文渠编译”的《传习录》；12月，国家图书馆出版社推出“吴震解读”的《传习录》。2019年1月，北京时代华文书局出版“温彩凤编著”的《传习录》，崇文书局（原湖北辞书出版社）出版“董子竹编著”的《王阳明传习录再传习》；4月，三晋出版社出版“叶圣陶点校”的《传习录》；5月，北京联合出版社公司出版“姚彦汝译”的《传习录》；2020年4月，石油工业出版社出版“叶圣陶后人亲笔授权”的《传习录》；5月，上海古籍出版社重版“杨国荣导读”的《阳明传习录》；7月，台海出版社出版“张权译注”的《传习录》。

在这上百种的“注疏”“译注”本《传习录》中，具备严肃性、学术性的不过数种，主要有陈荣捷的《王阳明传习录详注集评》、邓艾民的《传习录注疏》、佐藤一斋的《传习录栏外书》，还有吴震的《传习录精读》《传习录解读》。

（二）不同版本的《王阳明全集》

1992年12月，上海古籍出版社最早推出了“吴光、钱明、董平、姚延福编校”的《王阳明全集》；2011年10月，又推出修订版的《王阳明全集》；为方便普通大众阅读，2012年12月，推出了简体横排版，并不断重印。2012年12月，上海古籍出版社出版“束景南编撰”的《阳明佚文辑考编年》；2015年4月，又增订再版；2016年7月，又推出“束景南、查明昊辑编”的《王阳明全集补编》；2021年3月，又推出《王阳明全集补编》的“增补本”。2018年3月，又合并“吴光、钱明、董平、姚延福编校”的《王阳明全集》与“束景南、查明昊辑编”的《王阳明全集补编》，汇编成“繁体升级版”的《王阳明全集》，称为“王阳明存世作品‘大全集’”。

1996年11月，红旗出版社出版“张立文整理”的《王阳明全集》。1997年8月，北京燕山出版社推出《王阳明全集全译本》。2008年10月，中华书局出版“王晓昕、赵平略点校”的《阳明先生集要》。2010年12月，浙江古籍出版社推出“吴光、钱明、董平、姚延福编校”的《王阳明全集（新编本）》，列入“浙江文丛”，此后也是数次印刷发行。2013年12月，人民文学出版社出版《王阳明全集》。

2014年1月，中国书店出版社出版《王阳明全集》；2月，中国画报出版社推出《王阳明全集》；8月，黄山书社、中国文史出版社分别推出《王阳明全集》《王文成公全集》；11月，线装书局、团结出版社分别出版《王阳明集》，民主与建设出版社也出版《王阳明全集》。2015年1月，辽海出版社出版《王阳明全集》；5月，天津社会科学院出版社推出《王阳明全集》；6月，中华书局出版“王晓昕、赵平略点校”的《王文成公全书》。

2016年3月，中华书局将《王文成公全书》易名为《王阳明集》，作为“中华传统文化文库”之一种出版；5月，天津古籍出版社出版《王阳明全集》；9月，中州古籍出版社出版《王阳明全集》；10月，华中科技大学出版社推出“简体注释版”《王阳明全集》。2017年1月，中国文联出版社推出《王阳明全集》；3月，天津古籍出版社推出《王阳明集》；4月，北京燕山出版社出版《王阳明全集》，吉林文史出版社出版《王阳明全集》；10月，中国华侨出版社出版《王阳明集》。2018年3月，中央编译出版社推出《王阳明全集》；11月，北京大学出版社出版《儒藏》本《王文成公全书》。2020年8月，凤凰出版社出版“全民阅读版”《王阳明集》；9月，团结出版社出版“文白对照”《王阳明全集》[①]。

目前已经出版的50余种《王阳明全集》中，我们还是推荐上海古籍出版社出版的“吴光、钱明、董平、姚延福编校，束景南、查明昊辑编”

① 2020年9月19日，由中国文化书院、中国阳明心学高峰论坛组委会、团结出版社联合主办的“为天地立心”心文化研讨会暨《文白对照王阳明全集》《读懂王阳明：阳明心学入门》新书发布会在北京举办。

的《王阳明全集》，再辅以浙江古籍出版社出版的《王阳明全集（新编本）》。

再有，继“四库全书系列”大型文献汇编出版后，阳明后学文献也陆续得以编校整理：2007年，浙江省社会科学院策划的《阳明后学文献丛书》（7种10册）在凤凰出版社出版；2013年至2017年，上海古籍出版社又推出《阳明后学文献丛书》（7种10册）。2015年，四川大学出版社影印出版《阳明文献汇刊》（54册）[①]；2018年，西泠印社出版社影印出版《阳明先生珍稀文献二种》；2018年，社会科学文献出版社影印出版《王阳明珍本文献丛刊》（15册）；2019年，北京燕山出版社影印出版《阳明文献汇刊二编》（60册），广陵书社影印出版《王阳明文献集成》（141册），巴蜀书社影印出版《阳明学文献大系》（208册）；2020年，广陵书

① 《阳明文献汇刊》分“正编”“新辑佚文”“外编”“阳明传记资料辑录”等四部分。(1)“正编”收录书目为：《王文成公全书》三十八卷，隆庆六年谢廷杰刻；《王阳明先生全集》二十二卷，康熙十二年俞嶙辑；《王阳明先生全集》十六卷，同治九年陶春田评本；《居夷集》三卷，嘉靖三年丘养浩刻本；《阳明先生则言》二卷，嘉靖十六年薛侃辑；《阳明先生文录》三卷，明刻本；《阳明先生文录》二十二卷，嘉靖十四年闻人诠刻本；《阳明先生文录》十七卷，嘉靖二十六年范庆刻本；《阳明先生文录》二十四卷，隆庆六年邵廉刻本；《阳明先生道学钞》八卷，万历年间佚名（李贽）辑；《阳明先生集要》十五卷，崇祯年间施邦曜辑；《阳明先生要书》五卷，崇祯八年陈龙正辑；《王阳明先生文钞》二十卷，康熙二十八年张问达辑；《王阳明文选》七卷，道光乙巳李祖陶评点；《王门宗旨》十四卷，万历年间周汝登辑；《类辑姚江学脉》九卷，王曾永辑；《大学古本旁释》一卷，百陵学山本；《大学古本旁注》一卷，函海本。(2)“新辑佚文”篇目为：《马氏宗谱序》《吕氏宗谱序》《义门大成宗谱序》《罗氏宗谱序》《寿华母钱孺人七十叙》《监察御史元用公像赞》《月轩公像赞》《登莲花峰绝顶书》。(3)“外编”收录书目为：《王阳明先生图谱》一卷，邹守益编，清钞本；《皇明大儒阳明先生出身靖乱录》三卷，冯梦龙辑，清初日本刊本；《姚江传》二卷，施邦曜辑，旧钞本；《王文成传本》二卷，毛西河撰，辑自《西河集》；《阳明先生年谱》，刘原道辑，光绪三十二年刻本；《王文成公年纪》，陈澹然撰，光绪间石印本；《阳明先生传纂》，余重耀辑，1923年中华书局印本。(4)“阳明传记资料辑录”篇（卷）目有：《皇明泳化类编·理学》卷四十五，（明）邓球编；《国朝列卿纪》卷五十，（明）雷礼辑；《国朝列卿纪》卷一百三，（明）雷礼辑；《国朝列卿纪》卷一百四，（明）雷礼辑；《今献备遗》卷三十八，（明）项笃寿撰；《名卿绩纪·纪录汇编》卷九十八，明王世贞著；《弇州山人续稿》卷八十六，（明）王世贞著；《皇明辅世编》卷五，（明）唐鹤征辑；《圣朝名世考·正学传》，（明）刘孟雷著；《国朝名臣言行录》卷四，（明）邓廷元著；《名山藏·儒林记》，（明）何乔远著；《皇明书》卷四十二《心学纪明》，（明）邓元锡著；《明分省人物考》卷五十，（明）过庭训辑；《明史窃》卷七十五，（明）尹守衡著；《明儒言行录》卷八，（清）沈佳撰；《明名臣言行录》卷五十，（清）徐开任辑；《思复堂文集》卷一，（清）邵廷采著；《明史》卷七十，（清）徐乾学著。

社影印出版《域外刊刻阳明先生文献》（15册）、《王文成公全书（郭朝宾本）》，孔学堂书局影印出版《新刊阳明先生文录续编》；2021年，北京燕山出版社影印出版《日本阳明学文献汇编》（55册），广陵书社影印出版《王阳明稀见版本辑存》（82册）。

此外，不同版本的“王阳明书法集”也得以出版：1996年7月，西泠印社出版“计文渊编”的《王阳明法书集》；2008年1月，台大出版中心出版“杨儒宾、马渊昌也编”的《中日阳明学者墨迹：纪念王阳明龙场之悟五百年暨中江藤树诞生四百年》；2015年1月，中国美术学院出版社出版计文渊编著的《王阳明法书研究》；2015年8月，上海辞书出版社出版“孙宝文编”的《王阳明书何陋轩记》；2016年10月，贵州大学出版社出版“杨德俊编”的《王阳明龙场遗墨》；2017年10月，故宫出版社出版“故宫博物院、绍兴博物馆、王阳明研究院编”的《王阳明书法作品全集》。

五、上百家出版社推出近千种王阳明与阳明学研究专著

据不完全统计，近30年来，上百家出版社推出了近千种以“王阳明传记”“阳明心学研究”“阳明后学研究”为主题的书籍，其中既有严肃的学术专著，还有大量带有历史、文学传奇色彩的畅销书，诸如《明朝那些事儿》《知行合一王阳明》《明朝一哥王阳明》等。其中，我们认为学术研究性质的王阳明传记、王阳明与阳明后学研究的专著（兹按在中国大陆的出版时间排序）主要有20余种。

（1）《阳明学通论：从王阳明到熊十力》，杨国荣著，上海三联书店1990年版，华东师范大学出版社2003年、2009年版。（2）《有无之境：王阳明哲学的精神》，陈来著，人民出版社1991年版，北京大学出版社2006年版，北京三联书店2009年版。（3）《陆王学述》，徐梵澄著，上海远东出版社1994年版，崇文书局2017年版。（4）《心学之思：王阳明哲学的阐释》，杨国荣著，北京三联书店1997年、2015年版，中国人民大学出版社2009年版。（5）《王阳明与明末儒学》（中译本），［日本］

冈田武彦著，吴光、钱明、屠承先译，上海古籍出版社2000年版，重庆出版社2016年版。（6）《明代哲学史》，张学智著，北京大学出版社2000年版，中国人民大学出版社2012年修订版。（7）《阳明后学研究》，吴震著，上海人民出版社2003年版、2016年增订版。（8）《良知学的展开：王龙溪与中晚明的阳明学》，彭国翔著，北京三联书店2005年版、2015年增订版。（9）《阳明学研究丛书》（11册），吴光主编，董平、钱明、吴震、陈永革、朱晓鹏、何俊等著，中国人民大学出版社2009年版。（10）《传奇王阳明》，董平著，商务印书馆2010年版、2018年修订版。（11）《阳明学述要》，钱穆著，九州出版社2010年版。（12）《王阳明》，［加拿大］秦家懿著，北京三联书店2011年版。（13）《青年王阳明（1472—1509）：行动中的儒家思想》，［美］杜维明著，北京三联书店2013年版。（14）《阳明精粹》第一卷《哲思探微》，张新民著，孔学堂书局2014年版。（15）《王阳明大传》（中译本），［日］冈田武彦著，重庆出版社2015年版，2018年修订版。（16）《人生第一等事：王阳明及其后学论“致良知”》，［瑞士］耿宁著，倪梁康译，商务印书馆出版2014年版。（17）《觉世之道：王阳明良知说的形成》，杨正显著，北京师范大学出版社2015年版。（18）《由凡至圣：阳明心学工夫散论》，张卫红著，北京三联书店2016年版。（19）《王阳明年谱长编》，束景南撰，上海古籍出版社2017年版。（20）《王阳明的人生智慧》，吴光等著，中国方正出版社2017年版。（21）《吾心自有光明月：王阳明思想原论》，汪学群著，中国社会科学出版社2017年版。（22）《王阳明“万物一体”论》（修订本），陈立胜著，北京燕山出版社2018年版。（23）《入圣之机：王阳明致良知工夫论研究》，陈立胜著，北京三联书店2019年版。（24）《日本阳明学研究名著译丛》（8种），邓红、欧阳祯人主编，［日本］高濑武次郎、井上哲次郎等著，焦堃、连凡、陈晓杰等译，山东人民出版社2019年版。（25）《阳明大传：“心”的救赎之路》，束景南著，复旦大学出版社2020年版，2021年压缩版。

六、阳明学研究论文的大量发表、阳明学研究专栏的开设与阳明学研究辑刊的不断创办

（一）阳明学研究论文的大量发表

在“中国知网”“万方数据库”，以“王阳明”为主题，进行文献检索，我们可以发现。

1949年至1978年，中国大陆报刊中“王阳明”主题的论文数量颇少：1957年1篇，1959年2篇，1962年3篇，1963年2篇，1964年3篇，1972年1篇，1974年2篇，1975年4篇，1978年1篇。这是因为在这30年间中国大陆处于社会主义革命与社会主义建设时期，还包括“文化大革命”的特殊历史阶段，“主观唯心主义集大成者”王阳明及其心学具有“反动性”，王阳明是镇压农民起义、少数民族起义的“刽子手”，还是“封建地主阶级的代言人”。所以，学术界对王阳明研究颇少，即便是关注了王阳明，也是批判王阳明其人的“反人民性”及其学的“反动、落后、腐朽性”。

1979年至2008年，中国奉行“改革开放”的基本国策，随着政治、经济、文化领域的“拨乱反正”，学术研究逐渐开始正常化、理性化，以“王阳明”为主题的论文发表及硕博士学位论文的撰写数量逐渐增加，由个位数递增到十位、百位数：1979年5篇，1980年8篇，1981年17篇，1982年21篇，1983年6篇，1984年12篇，1985年15篇，1986年19篇，1987年30篇，1988年43篇，1989年71篇，1990年52篇，1991年47篇，1992年55篇，1993年45篇，1994年55篇，1995年64篇，1996年75篇，1997年84篇，1998年90篇，1999年72篇，2000年102篇，2001年69篇，2002年126篇，2003年133篇，2004年162篇，2005年200篇，2006年238篇，2007年249篇，2008年243篇。数据的逐年递增，主要与高校哲学学科（中国哲学专业）硕、博士学位点数量的设置及硕博士研究生的招生数量呈正相关。

2009年至2012年，这5年的“王阳明”研究论文数量基本保持稳定：

2009年354篇，2010年421篇，2011年369篇，2012年461篇，然而，从2013年开始，“王阳明”研究论文数呈现出井喷趋势：2013年502篇，2014年507篇，2015年707篇，2016年749篇，2017年992篇，2018年886篇，2019年868篇，2020年727篇。这足以说明近8年（2013年至2020年）来出现的“阳明学热”，就学术层面而言还在持续升温。

随着2013年兴起的这波“阳明学热”，不少报纸也增加了王阳明研究文章的发表数量，国家一级报纸如《人民日报》“理论版”、《光明日报》“国学版”“史学版”、《中国纪检监察报》“思想栏目”、《中国社会科学报》“哲学版”，省一级的报纸如《贵州日报》“理论周刊”、《浙江日报》“思想者”栏目，刊文频率较高。而地市一级的报纸，围绕“王阳明”的新闻报道数量则居高不下，主要以《绍兴日报》《宁波日报》《余姚日报》《贵阳日报》《贵阳晚报》为主，每报每年刊登的新闻稿多达数十篇。

（二）学术期刊“阳明学研究专栏”的开设

为了突出王阳明研究的重要性，加大阳明学的宣传力度，贵州、浙江、江西等省高等院校主办的人文社会科学版学报、社科机构主办的学术期刊也纷纷设置“王阳明研究”“阳明学与地域文化研究”等特色栏目。

比如：在浙江省，《浙江学刊》每年固定有1期开设“阳明学研究”专栏；《浙江社会科学》每年12期固定设置的“浙学研究”专栏中，大多刊发阳明学研究论文；宁波日报报业集团主管的《宁波通讯》，几乎每期刊发1篇宁波学者撰写的阳明学研究论文；《中国宁波市委党校学报》“浙东学术与中国哲学”专栏、《宁波大学学报》“浙东文化研究”专栏，也刊发一定数量的阳明学论文。在贵州省，《贵州大学学报》《贵州师范大学学报》《贵阳学院学报》的“社会科学版”及《贵州文史丛刊》《当代贵州》《孔学堂》《贵阳文史》等期刊，纷纷聘请省内外有一定知名度的阳明学专家作为学术顾问或栏目特约主持人开设“阳明学研究”专栏；特别是《贵阳学院学报》的“阳明学研究”专栏，自2015年设置“阳明学研究”专栏以来，截止到2020年底已连续刊发了210篇阳明学研究论文①。在江西省，《赣南师范大学学报》开设了“王阳明与地域文化研究”专栏，《江西师范大学学报》也开设了“王阳明研究”专栏。

（三）阳明学研究辑刊的不断创办

不少高校科研机构还创办了阳明学研究辑刊，比如贵州大学中国文化书院主办的《阳明学刊》（贵州人民出版社、巴蜀书社、贵州大学出版社出版），贵州省阳明学学会主办的《王学研究》（内刊），余姚国际阳明学研究中心主办的《国际阳明学研究》（上海古籍出版社出版），武汉大学阳明学研究中心与中国阳明文化研究园、孔学堂合办的《阳明学研究》（人民出版社、中华书局出版）。贵阳学院则主办有两种“阳明学论集”：一种是《贵阳学院学报》编辑部主办的《阳明学研究新论》（江西教育出版社、中国社会科学出版社出版），一种是阳明学与黔学研究院主办的《王学研究》（西南交通大学出版社、社会科学文献出版社出版）。域外，日本二松学舍大学王阳明研究所主办的《王阳明》，一年1期；韩国阳明学会主办的《阳明学》，一年4期，实现了出版常态化。

经过对比分析数据，我们也可以发现：近8年（2013年至2020年）来“阳明学热”中阳明学研究论文数量的激增，也与这些阳明学研究学术辑刊的创办、人文社会科学类学报期刊中“阳明学研究栏目”的常年开设有直接关系。

七、《百家讲坛》阳明学公开课与各种阳明学讲堂、阳明学专题讲座的开设

为了满足广大民众对王阳明生平事迹与阳明心学基本常识的了解需

① 此数据根据“中国知网”显示的以“王阳明”为主题的“文献来源”之《贵阳学院学报》（社会科学版）的统计而得。2019年11月25日，全国高等学校文科学报研究会评定《贵阳学院学报》“阳明学研究”专栏为“全国高校社科期刊特色栏目”。

要，在专家学者和百姓之间架起一座知识桥梁的中央电视台科教频道《百家讲坛》栏目，先后邀请来自哲学、文学、历史等不同学科领域的阳明学专家，开讲《传奇王阳明》《五百年来王阳明》《王阳明》。

2010年12月10日至23日的《百家讲坛》，邀请浙江大学哲学系董平教授主讲《传奇王阳明》，共14讲，演讲稿结集成《传奇王阳明》一书出版。[①]此后，董平教授还在浙江大学开设“王阳明心学”视频公开课，共9讲。2017年4月，南京师范大学文学院教授郦波受邀《百家讲坛》栏目，主讲《五百年来王阳明》，共26讲，并结集出版同名著作《五百年来王阳明》[②]。为纪念王阳明去世490周年，2019年2月20日至3月3日，江西师范大学历史系教授方志远在《百家讲坛》主讲《王阳明》，视频整理稿以《王阳明：心学的力量》为题出版[③]。“王阳明”连续三次进入《百家讲坛》栏目，这足以说明王阳明在新闻媒体与当代社会民众心目中的地位。2014年1月7日，于丹、董平、方志远三位教授联袂开讲《百家讲坛特别节目·另类圣人王阳明》，围绕王阳明的成长经历、军事奇才的秘密、“知行合一”的观点进行阐述。

2021年3月22日至26日，作为国内首部系统梳理王阳明传奇人生和心学思想的纪录片——《王阳明》（五集）在中央电视台科教频道播出。该片由国家广播电视总局宣传管理司指导，为国家广播电视总局、中共浙江省委宣传部重点纪录片项目。该片采用真实再现历史人物的创作手法，以今人视角梳理王阳明的人生历程，阐释心学思想的演变历程、核心要义，通过人物故事体察阳明先生“知行合一”“致良知”“明德亲民”等思想精髓。五集纪录片，依次按“溺”“困”“悟”“功”“明”五个主题切入。

与央视科教频道《百家讲堂》《王阳明》的音频演讲、纪录片相配合，高校科研单位、企业、社会团体及与王阳明行迹有关的地方政府，所

① 董平：《传奇王阳明》，商务印书馆2010年版，2018年修订版。

② 郦波：《五百年来王阳明》，上海人民出版社2017年版。

③ 方志远：《王阳明：心学的力量》，商务印书馆2019年版。

举办的阳明学演讲、报告会更是数不胜数。比如，2017年山东省尼山书院承办了山东省委宣传部、山东省文化厅主办的《阳明学公开课》，《光明日报》“国学版”全程关注报道。[①]贵阳孔学堂依托贵州的独特优势，深入挖掘“知行合一”的阳明精神，创办“王阳明大讲堂”“阳明心学与当代社会心态研究院”，开展阳明文化系列讲座。修文县在阳明洞现场教学基地设置了“重德修文”大讲堂，并与孔学堂合作开展了一系列的“孔学堂·阳明洞会讲”。

在王阳明的故乡，余姚市委市政府大力实施阳明文化传播弘扬工程，创设“余姚阳明讲堂”和“余姚人文大讲堂”，邀请吴光、陈来、成中英、陈卫平、杜保瑞等阳明学研究专家，面向机关干部、普通市民、学校学生、企业员工，开展“王阳明心学思想的当世价值”“王阳明的思想精髓”等专题讲座。同时，余姚市委宣传部组建阳明文化宣讲团，开展阳明文化宣讲“五进”活动，截至2020年12月，已宣讲650余场次，让阳明文化在王阳明的家乡大地上熠熠生辉。绍兴市委市政府从加强文化自信建设的高度出发，对绍兴阳明文化的传承保护进行整体设计，搭建“绍兴王阳明研究院”“浙江省稽山王阳明研究院”等学术传播平台。

此外，浙江图书馆与浙江省儒学学会合作开设“王阳明公开课”，宁波“甬上传习社”举办《传习录》读书会，福建平和县创办“阳明传习堂”，赣州阳明书院与赣州师范大学、中国明史学会王阳明研究分会合作举办了一系列阳明学公益讲座。这里，我们特别介绍一下，2019年6月，华东师范大学哲学系与冯契学术成就陈列室联合举办的“阳明学与世界文明青年哲学研修营”，这个“研修营”通过杨国荣、潘小慧、吴震、黄勇、陈立胜、董平等阳明学研究专家的专题讲座、问答研讨、团队探究等形式，为参加研修营的青年学者呈上了一场阳明学的学术盛宴，取得了不错的学术反响。[②]

① 《阳明学公开课课程预告》，《光明日报》2017年4月30日。

② 详见“华东师范大学哲学系”网站（http://www.philo.ecnu.edu.cn/）的相关报道。

八、全国各地各类阳明学会议、阳明学论坛、阳明文化节、阳明文化活动周的不断举办

为了宣传王阳明、弘扬阳明学、促进阳明文化与旅游产业的结合，王阳明的出生地宁波余姚，归葬地绍兴柯桥，悟道地贵阳修文龙场，良知教揭示地赣州、南昌，王阳明生前奏设的平和、和平、崇义三县，不断举办“阳明学国际学术研讨会”“阳明学高峰论坛”“阳明文化节”“阳明文化活动周”等系列活动。

改革开放40多年来，浙江省社会科学院一直有整理阳明学文献、研究阳明学的优良学统，先后协助余姚、绍兴策划了一系列阳明学国际学术研讨会：1989年4月在余姚举办了“首届国际阳明学研讨会”，1999年3月在绍兴召开了“纪念王阳明逝世470周年暨国际学术研讨会”，2007年4月在余姚举办了“王阳明故居开放暨中国（余姚）王阳明国际文化活动周”，2009年11月在杭州召开了“纪念王阳明逝世480周年暨阳明学派国际学术研讨会”，2012年11月在绍兴召开了“纪念王阳明诞辰540周年·阳明心学暨蕺山学派国际学术研讨会”，2014年1月在绍兴举办了“纪念王阳明逝世485周年学术研讨会”。

为进一步推动阳明学研究国际化，2011年8月，余姚市人民政府与中国社会科学院联合组建“余姚国际阳明学研究中心”，并在2011年10月31日举办了“2011中国·余姚国际阳明学研讨会”，此后在2012年、2014年的10月31日举办了第二、三届“国际阳明学研讨会”，并出版会议论文集《国际阳明学研究》。2017年，在宁波市委、市政府的指导下，每年10月31日（王阳明诞辰日）定期举办的“余姚阳明文化活动日”升格为10月31日至11月6日举办的“宁波（余姚）阳明文化活动周”，且固定于10月31日上午在王阳明出生地瑞云楼的王阳明故居前广场举行“纪念王阳明先生诞辰礼贤典礼”，先后举办了以“走进新时代的阳明心学”“阳明心学与变革中国”“阳明心学与良知善治”等为主题的“中天阁论道”。绍兴则在2017年10月举办了“中国绍兴‘阳明文化周’”系列活动之“纪念王阳明诞

辰545周年学术研讨会”“越文化·阳明学·东亚文明高峰论坛”“全国首届阳明研究机构联席会议”等，又于2018年6月承办了“第二届中国阳明心学高峰论坛绍兴闭幕论坛”，2019年5月主办了“第三届中国阳明心学高峰论坛”，2020年10月召开了“2020阳明心学大会”。2016年以来，浙江工商大学也连续举办了4届“阳明学与浙江文化学术论坛”。

贵阳市修文县先后于1999年、2002年、2005年、2009年、2016年、2018年①举办了6届“国际阳明文化节”，使得修文县成为当代阳明心学研究和传播中心之一。2014年以来，贵州省文史研究馆、浙江省文史研究馆以阳明学研究为交集点，合作搭建“黔浙文化合作论坛”，成立“阳明学研究中心”，还举办了以“文化中国：时代的使命与学者的承担”“阳明学的当代价值与传承创新”“知行合一：新农村文化建设探讨暨阳明学的理论与实践研讨”为主题的学术研讨会②。贵阳学院自2012年以来，先后与我国的修文县、贵阳孔学堂、贵州省儒学研究会，以及韩国的阳明学会合作，举办以阳明学研究为宗旨的“知行论坛”，截至2018年6月，已举办了6届，会议论文结集成《王学研究》公开出版。

此外，浙江大学、清华大学、复旦大学、中山大学、贵州师范大学及江西的南昌、赣州、崇义、大余、龙南、青原、南安，福建的漳州市、平和县、福州市，广东的河源市、平和县，广西的南宁市、梧州市、武宣县也举办有各种形式、规模不等的“王阳明与阳明学研讨会”。

九、国家社科基金、省市哲学社科规划等对各种级别的阳明学研究课题的立项与推出

为了繁荣发展哲学社会科学，鼓励高校教科研人员积极投入基础领域的学术研究，全国哲学社会科学工作办公室、教育部社科司及各省市的

① 拟定2020年举办的第七届“国际阳明文化节”因“疫情”影响推迟至2021年召开。

② 贵州省文史研究馆、黔浙文化合作论坛阳明学研究中心编：《心学思想世界的新开展：“黔浙文化合作论坛”阳明学研究论文集》，贵州人民出版社2018年版。

社科规划（工作）办立项、推出了一大批以“阳明心学”为选题的科研项目。

2014年，贵州师范大学韩卉承担了国家社科基金特别委托项目“阳明文化与现代国家治理研究”。2015年，浙江省社会科学院钱明中标国家社科基金重大项目“阳明后学文献整理与研究”。2016年，武汉大学欧阳祯人主持了教育部人文社科重点研究基地重大攻关项目“阳明心学的历史渊源及其近代转型研究”。2013年、2017年，浙江大学束景南的“阳明年谱长编”“阳明大传：‘心’的救赎之路”均获国家社科基金年度重点项目。2017年，贵阳学院陆永胜的“阳明学诠释史研究”获国家社科基金年度重点项目。2019年，宁波大学何静的“王阳明心学与浙东思想文化研究”获国家社科基金年度重点项目。[①]

2016年以来，为了推进贵州省的传统文化与阳明学研究，贵州省社科规划办与贵阳孔学堂合作推出了资助力度颇大的“传统文化单列课题”，其中，阳明心学研究课题占了重头。如：2016年立项课题中的“东亚阳明学与阳明文化研究”“阳明心学与马克思哲学在中国的早期传播”“阳明学文献整理与研究”“日本阳明学研究名著译丛”“阳明心学与当代中国的社会发展研究”“王阳明诗集编年校注”，2017年立项课题中的“阳明学与中国各地域文化系列研究”“阳明心学与当代社会心理学研究”“近代中国阳明学的学术史研究”“关中王学研究”，2018年立项课题中的“王阳明心态思想研究”“阳明学与中国现代性问题”“二曲学派对阳明学的多维发展”，2019年立项课题中的“阳明心学对先秦儒家思想的传承与发展”“良知学的工夫历程与工夫谱系研究”“王阳明‘良知易’哲学体系研究”，2020年立项课题中的“阳明心学与黔地茶文化的意义建构”“王阳明及其后学的礼学思想研究”“陆王心学与当代国人的人文信仰建构研究”“认知科学与阳明心学的实证研究”“浙中王门四书学研究”。

---

① 上述国家社科基金重大、重点项目信息，均来自“全国哲学社会科学工作办公室网站”（http://www.npopss-cn.gov.cn/），而对一般、青年、西部项目中的“阳明学研究”课题信息则不一一罗列。

为了推动阳明学的综合研究，绍兴、宁波、余姚也推出了一系列的阳明学研究招标课题。2017年，绍兴王阳明研究院发布的阳明学公开招标研究课题中有 “阳明学通史”“越地文化与阳明学”“王阳明的政治思想与社会治理”等项目。2018年，宁波市社科联推出“阳明心学研究系列重大招标课题”，其中有“王阳明大辞典”“阳明心学的当代价值与世界意义研究”“阳明心学与文化自信研究” “王阳明行踪遗迹研究”等。2019年5月，“中国阳明心学高峰论坛”推出“阳明心学研究”招标课题，有“阳明心学与中国传统文化”等。2020年12月，以浙江省稽山王阳明研究院名义推出的“2020阳明心学研究”招标课题，有“王阳明心学对现代新儒学的影响”“阳明学与民间社会建设研究”。

十、高校科研院所的阳明学研究机构与社会团体性质的王阳明研究会不断成立

（一）实体性质的阳明学（王阳明）研究所、研究中心、研究院

1992年，浙江省社会科学院成立了中国第一家学术研究实体性质的“浙江国际阳明学研究中心”，主要从事阳明学、阳明学派及中国儒学的研究。

1996年，贵州师范大学阳明学研究中心成立；2015年1月16日，由贵州师范大学牵头成立了“贵州阳明文化研究院”，该院是贵州省阳明文化研究的最高机构。

2002年12月，贵州大学中国文化书院成立，2003年增设贵州大学阳明学研究所，2013年又增设了阳明文化研究院。

2005年12月，贵阳学院王阳明研究所成立，2007年易名为贵阳学院阳明学与地方文化研究中心，2016年更名为贵阳学院阳明学与黔学研究院。

2010年10月，修文县阳明文化研究发展中心成立。

2011年8月26日，余姚市人民政府和中国社会科学院历史研究所合作

共建“（余姚）国际阳明学研究中心”。

2012年11月，绍兴国际阳明学研究中心在蕺山书院成立。

2013年12月9日，浙江万里学院成立王阳明研究院。

2014年8月，武汉大学阳明学研究中心成立。

2015年3月25日，赣南师范大学王阳明与地域文化研究中心成立。

2015年10月，贵阳市成立阳明文化（贵阳）国际文献研究中心[①]。

2015年12月23日，黔浙（浙黔）文化合作论坛阳明学研究中心成立。

2015年12月，北京知行合一阳明教育研究院（“致良知四合院”）与清华大学心理学系联合成立“清华大学心学与心理学研究中心”；同时，还与北京大学哲学系联合发起成立“北京大学阳明学研究中心”。

2016年4月10日，贵阳孔学堂挂牌成立“阳明心学与当代社会心态研究院”。

2016年11月18日，绍兴王阳明研究院在绍兴文理学院成立。

2017年7月11日，贵州财经大学阳明廉政思想与制度研究中心成立。

2017年10月17日，临沂大学阳明学研究中心成立。

2018年3月16日，宁波财经学院阳明文化研究所成立。

2018年11月6日，宁波市王阳明研究院成立。[②]

2018年11月3日，慈溪市阳明文化研究中心成立。

2018年11月17日，浙江省稽山王阳明研究院在绍兴成立。

2019年4月11日，浙江工业职业技术学院阳明实学研究院筹建。

2019年4月16日，崇义县人民政府与江西理工大学合作共建的“阳明文化研究与传播中心”成立。

2019年4月23日，江西吉安市青原区“青原山阳明文化研究传播中心”成立。

---

① 阳明文化（贵阳）国际文献研究中心主办的大型网站——“数字王阳明资源库全球共享平台”（https://www.e-yangming.com/index.html），值得关注。

② 2021年1月8日，宁波市王阳明研究院挂牌于浙江万里学院。相关信息见《宁波市王阳明研究院在我校挂牌》，浙江万里学院新闻网，2021年1月8日。

2019年7月，贵州大学阳明学研究中心成立。

2019年11月25日，福建江夏学院阳明学研究院成立。

2019年12月25日，中国传媒大学阳明书院成立。

2020年6月18日，漳州职业技术学院王阳明（文化）研究中心成立。

2020年8月，浙江工商大学东亚阳明研究院成立。

2020年9月25日，绍兴文理学院王阳明研究中心成立。

2020年11月7日，中国东方文化研究会阳明文化委员会广西阳明文化研究团队成立。

2020年11月12日，浙大宁波理工学院阳明文化创造性转化与传播基地成立。

2021年1月12日，贵州龙场王阳明研究院成立。

此外，宁波大学、贵州大学、绍兴职业技术学院先后设有通识教育性质的“阳明学院”。浙大宁波理工学院办有“阳明学堂”，宁波财经学院设有“阳明讲堂”。

（二）民间组织、社会团体性质的“王阳明研究会”“王阳明研究专业委员会”

按照成立时间顺序，梳理如下：1994年成立的贵阳市王阳明研究会；1995年成立的修文县王阳明研究会；2000年成立的余姚市王阳明学术思想研究会；2012年成立的余姚阳明中学王阳明研究会，贵州省阳明学学会，甘肃省兰州市王阳明文化研究会；2013年成立的江西王阳明文化遗产保护基金会，江西阳明研究中心；2014年成立的广东省和平县王阳明研究会，广东省岭南心学研究会；2016年成立的江西省王阳明研究会，福建省漳州市平和县王阳明研究会，中华孔子学会阳明学研究会；2017年成立的中国明史学会王阳明研究分会，宁波市王阳明文化研究促进会，绍兴市王阳明研究会，陕西省文化传播协会阳明心学研究会，广东省阳明心学研究会；2018年成立的河南省儒学文化促进会王阳明专业委员会；2019年成立的中国朱子学会阳明学专业委员会，中国东方文化研究会阳明文化专业委员会；2020年成立的杭州学习生活促进会阳明学院。

还有2017年设立的“全国阳明研究机构联席会议”“全国阳明史迹保护研究联盟”“阳明教育联盟”。

域外的阳明学会、阳明学研究所，主要有：1995年成立的韩国阳明学会，主办会刊《阳明学》；2000年成立的日本阳明学会，创办会刊《姚江》。此外，日本二松学舍大学设有阳明学研究所，主办《阳明学》期刊。

（三）民间书院性质的阳明书院

据不完全统计，主要有：2001年建成的贵阳“阳明精舍”；2012年成立的“青原区阳明书院”“致良知四合院”；2017年成立的“赣州阳明书院”“甬上阳明传习社”“山东省尼山书院阳明学实修研究中心”；2018年成立的台北“阳明书院”等。余姚市阳明街道阳明社区也成立有“阳明历史文化研究小组”，每年定期编印《阳明史脉》辑刊。据悉，日本京都也建有民间讲学性质的“阳明书院”。

总之，改革开放以来，尤其是近8年来（2013—2020），在政界、学界、企业界、民间社会组织的积极推动下，在中国浙江、贵州、江西、广东、广西、河南，包括北京、上海等省市的有关政府机关、高校科研院所、企业家及社会民间人士的多方参与下，王阳明与阳明心学“热”了起来、“火”了起来。我们称王阳明与阳明心学为当下中华传统文化研究的一大“显学”，也是名副其实的。

十一、对当下“阳明学热”的几点反思

包括“阳明学”在内的中华传统文化代表着中华民族独特的精神内涵，当下的“阳明学热”有助于唤醒我们对中华传统文化的热爱和对中华民族精神家园的回归。但是，伴随着这波“阳明学热”而来的问题也不少，比如学者在对阳明良知心学的解读上至少有以下几个倾向，需要引起

我们的警惕与反思。

第一种倾向是把王阳明神格化、神秘化、教主化，说他是一位高高在上、遥不可及的“三不朽圣人”。实则王阳明也是一个有血有肉活在现实生活世界中的人，他是一个有真性情的人，是一位儒者，一个教书先生，更是一位传统意义上的儒家士大夫。其实，王阳明也是一个具有悲剧色彩的历史人物，我们不妨读读他在广西写给京城友人的书信、写给皇帝的奏疏，就不难理解暮年王阳明有家不能回、有病不能医的凄凉处境。将心比心，把王阳明还原为一个普普通通的读书人、儒家君子、传统儒家士大夫，如此理解王阳明其人其事其学，也是可以、可行的吧？阳明学，本质上就是儒学，他是孔孟儒家道统一系的学术传人。就好像孙悟空始终跳不出如来佛的手掌心，实则阳明先生终其一生也没有逾越孔孟儒学的基本精神，他正是一位向先秦孔孟（经典）儒学回归的“真儒”。

第二种倾向是把阳明心学解读得玄学化、形而上化，有对阳明学做过度诠释之嫌，把“心即理”“知行合一”“致良知”“四句教”解读得天花乱坠，让人摸不着头脑。实则阳明先生的语录、文录、诗歌，都是围绕儒家“四书五经”而展开的经学诠释。阳明学是在与孔孟儒学、程朱理学的对话语境中形成并展开的，既不是一种知识论性质的学问，也不是宗教化、高深莫测的神秘体验，而是一种如何做人、做君子的道德仁学。

第三种倾向是在解读王阳明与阳明学过程中，出现了小说化、庸俗化、媚俗化的倾向。一些王阳明的传记文学，大多根据《阳明先生年谱》及冯梦龙的《阳明先生出身靖乱录》泛泛而谈，甚者还有猎奇化的倾向，探讨分析王阳明的个人生活隐私。还有，把阳明心学视作“心灵鸡汤”以贩卖知识的行为，也有必要进行反思。

第四种倾向是王阳明学术研究的主观情绪化、意识形态化。一个说法是“中国有三个人可以称为圣人：孔子、王阳明、曾国藩”，还有人说王阳明是“一个让毛泽东和蒋介石都崇拜的人”。有人在宣讲王阳明与阳明学时，动辄说阳明学是推动日本明治维新的“原动力”。对于这些主观情绪化、激进式的提法，也应予以理性甄别与学术考量。对此，许全兴、吴震、邓红、李承贵教授都有专文予以回应与澄清[1]，兹不赘言。

阳明先生有云：“（士农工商）四民异业而同道，其尽心焉，一也。”[2]，时至今日，我们可以把传统士农工商的传统“四民”转化为政府官员、专家学者、商人企业家和普通民众的“新四民”。作为阳明学的爱好者、“阳明学热”的推动者，“新四民”虽然“异业”，但是基于一个共同的目标，在学习、研究、传播阳明良知心学之“道”的过程中，宜“尽心”坚守道德底线，心存敬畏意识、良知意识、感恩意识，学习王阳明、尊敬王阳明，努力做到“个个人心有阳明”。

知识分子是社会良知的标杆，作为一个有良知的当代学者，应该“守初心、担使命”，学习阳明先生的“致良知”之教、弘扬阳明先生“知行合一”的真精神、践行阳明先生“天地万物一体之仁”的大情怀，对王阳明其人其事其学，做出符合历史真相而又通俗易懂的研究与阐释。“时代是思想之母，实践是理论之源”，进一步说，如果当代的阳明学研究者能够对在16—17世纪“门徒遍天下，流传逾百年”（《明史·儒林传》）的阳明心学做出创造性的转化，促进其创新性的发展，以开创出适应新时代的“新心学”，则真是“为天地立心，为生民立命，为往圣继绝学”了！

---

① 许全兴：《请别拉毛泽东为“王阳明热”抬轿》，《湖南科技大学学报》2018年第6期；吴震：《漫谈阳明学与阳明后学的研究》，载《阳明学研究》（第二辑），中华书局2016年版，第1—12页；邓红：《日本的阳明学与中国研究》，广西师范大学出版社2018年版；李承贵：《迈向新时代的阳明学研究》，《贵阳学院学报》2018年第1期。

② 《王阳明全集》，第776页。

上篇

王阳明与阳明心学研究

王阳明的一生，以文治武功著称于世。其卓著者，一是平定了明朝中期赣、粤、闽、湘四省交界地区的连年匪乱，并奏请朝廷同意设立了福建平和、广东和平、江西崇义三县，促进了当地经济、社会、文教事业的发展；二是平定了明朝宗室宁王朱宸濠的阴谋叛乱，稳定了中央政权；三是安抚了广西瑶族土司的反乱，平定了八寨、断藤峡的匪乱，稳定了西南边疆地区。[①]因其功勋卓著，生前被朝廷封为新建伯，死后追封新建侯，谥号文成。

王阳明的学说，简称“阳明学”或曰“阳明心学”，其学远承孟子，近继象山，而自成一家，影响超越明代而及于后世，风靡海内而传播中外。所谓“阳明学”，就是由王阳明所奠定、其弟子后学传承与发展，以“良知”为德性本体，以“致良知”为修养方法，以“知行合一”为实践功夫，以“明德亲民”为政治应用，[②]以“天地万物一体之仁”为境界追求的良知心学，可谓儒家真正意义上的“内圣外王”之学。

王阳明虽然在少年时期立下“读书学做圣贤”的大志，但在青年时期，因感“圣贤难做”，故长期浸淫于词章、佛老之学。弘治十二年（1499），28岁的王阳明中进士。次年6月，被授以刑部云南清吏司主事。直到弘治十八年（1505）34岁时，王阳明才真正归本“圣人之学”，即儒学。正德元年（1506），王阳明35岁时，因上疏请诛太监刘瑾等“八虎”，而被贬为贵州龙场驿驿丞。龙场的艰苦环境磨炼了他的意志，使他悟得了“圣人之道，吾性自足”而“不假外求”的哲理，又在与来学者的

---

① 吴光：《吾心自有光明月：王阳明的生平事功与思想学说介绍》，载《王阳明全集》（简体版）卷前，第9—26页。

② 吴光：《王阳明的人生与学问》，《光明日报》2017年4月30日。

切磋与体悟中揭示出“知行合一”之旨。这就是著名的“龙场悟道”。其后，他在庐陵县令任上实践其“亲民”学说与“为政不事威刑，惟以开导人心为本”[①]的基层治理理论；在平定赣、粤、闽、湘四省交界地区的匪乱，继而平定宁王朱宸濠的宗室叛乱（“宸濠之乱”），并经历“忠泰之变”的煎熬与“事上磨炼”后，他于正德十五年（1520）秋在赣州通天岩讲学之时正式提出“致良知”学说，并在南昌讲学时阐发之；他晚年在家乡绍兴讲学宣讲“致良知”之教时，又提出了“天地万物一体之仁”说与“四句教”理论，从而最终完成了其“良知心学”的理论建构。

兹围绕王阳明生平事迹研究、王阳明学术思想研究、王阳明的比较研究、王阳明与地域文化研究、王阳明文献的整理与研究等五个方面，对2020年学术界关于“王阳明与阳明心学研究”的最新进展予以综述。

① 《王阳明全集》，第1008页。

一、王阳明生平事迹研究

我们认为：王阳明的传奇人生，可以析分为十六段经历：瑞云降世、少年志向、亭前格竹、科场得失、弹劾权奸、龙场悟道、庐陵治理、北京讲学、滁州讲学、南都讲学、南赣平乱、南昌平叛、忠泰之变、天泉证道、思田平乱、南安尽瘁。关于王阳明波澜壮阔的人生经历的研究，第一手的文献史料是其弟子、门人撰著的行状、年谱，即黄绾的《阳明先生行状》[①]、钱德洪的《阳明先生年谱》[②]；日本阳明学家冈田武彦先生的《王阳明大传》[③]，今人束景南教授新编的《王阳明年谱长编》[④]《阳明大传》[⑤]，也值得参阅。

2020年的阳明学界，主要围绕王阳明生平事迹、人物交游这两个方面，持续对王阳明的传奇人生予以关注。

（一）王阳明生平事迹的综合研究

2020年阳明学界最大的学术话题莫过于束景南教授大作《阳明大传："心"的救赎之路》（复旦大学出版社2020年2月版）的正式出版。

这是束景南先生二十年研究王阳明的集大成之作。与他之前的朱子研究一样，也是分三步走：先充分搜集资料，著成《王阳明佚文辑考编

---

① （明）黄绾著，张宏敏编校：《黄绾集》，上海古籍出版社2014年版，第456—484页。

② 《王阳明全集》，第1000—1093页。

③ ［日］冈田武彦：《王阳明大传》（中译本），重庆出版社2015年初版，2018年修订版。

④ 束景南：《王阳明年谱长编》，上海古籍出版社2017年版。

⑤ 束景南：《阳明大传："心"的救赎之路》，复旦大学出版社2020年版。

年》；考定人物生平行事，写出《王阳明年谱长编》；开展对人物的思想研究，最终写出这部思想大传。束景南认为，王阳明与朱熹不是对立关系，而是继承与发展关系：朱熹“性即理”的性学主要是解决人性问题，阳明“心即理”的心学主要解决人心问题；他们分别举起“复性”与“复心”两面人本旗帜，在儒学思想体系内部构成互补共进的关系。这部《阳明大传》采用“文化还原的研究”方法，尝试把儒学史上被神化的和在当代被抽象为一个哲学符号的王阳明，还原成一个有血有肉、活生生、真实的王阳明。本书深入描绘传主所处的政治黑暗、文化纷乱的时代，讲述传主波澜壮阔的一生经历，在此基础上，对王阳明“思想世界”的演进做了精细梳理，其中颇多新的论说，如提出阳明心学思想发展经历了“心学之悟”“龙场之悟”“良知之悟”“天泉之悟”的“四里程碑说”；认为“天泉之悟”所悟为“八句教”而非“四句教”，等等。诸多新的史事考辨、理论阐发，新人耳目，必将对当代阳明学研究的发展起到重要推动作用。

2020年3月，《阳明大传：“心”的救赎之路》一书入选“人文社科中文原创好书榜”；2020年4月25日，“上海书展·阅读的力量”邀请束景南教授为网友介绍历史上真实的王阳明，并分享阳明心学的人文精神及现代价值；2020年6月12日，《人民日报》第20版刊登了束景南教授的文章《写出一个真实的王阳明》；2020年11月28日，《王阳明年谱长编》（全四册）荣获“第四届全球华人国学成果奖”；2020年12月23日，《中华读书报》年度人物版面刊登了《束景南：把王阳明“还原”为一个人》的专访，束景南教授获评“年度学者”。

王绪琴撰书评《重塑阳明的“心态世界”——评束景南先生新作〈阳明大传——“心”的救赎之路〉》（《浙江社会科学》2020年第6期），对《阳明大传：“心”的救赎之路》一书的创新与亮点予以介绍，指出《阳明大传》为作者研究王阳明的集大成之作，是一部严谨的高质量、高水准的学术著作。该书根据各种史料及王阳明的文集诗词等著作编写而成，规模宏大，史思深沉，采用文化还原的研究方法，多层面地探讨了王阳明的一生与其思想发展历程。作者掌握了大量新资料，多有独到的新发现，具有很高的独创性、学术性。史料丰富，研究扎实而严谨，可为学者进行中国传统思想尤其是阳明学研究提供参考。

张山梁《一路心灯》（福建人民出版社2020年5月版）一书，立足于挖掘地域文化，充分利用“阳明奏立平和”的历史资源，注重田野考察，翻山越岭考察古战场，奔波参与研讨会，不断探微索求阳明心学的思想义理。此作可谓是一部践行“脚力眼力脑力笔力”的文化游学随笔，中国作家协会副主席白庚胜为该书题诗：“心性如日月，才思比阳明；文辞皆秀美，活水江河清。暗夜心灯照，悠然丝路行；知音得意会，品味信怡情。”

方志远、李伏明《治事阳明：一生精神在江右》（江西教育出版社2020年7月版）一书，从王阳明的学习、婚姻、成长、功业、传道、陨落、思想遗存等方面，详细地道出王阳明与江西的关系，并以此为脉络，梳理其光辉不朽的一生，总结得出黄宗羲先生在《明儒学案》所言的“一生精神，俱在江右”。

王程强编著《厉害了！王阳明》（百花文艺出版社2020年6月版）一书，讲述了王阳明的心学圣人行迹，以及心学、致良知、格物致知、知行合一的哲学范畴，从王家六世祖写到阳明心学历程、再传弟子等。

乐爱国《王阳明的“格竹”与“竹有君子之道”》［《贵阳学院学报》（社会科学版）2020年第5期］一文指出，王阳明早年亭前“格竹”而“不得其理”；事实上，他又从竹子中获得了感悟，提出“竹有君子之道”。他尤其对天地之道有较多的认知。王阳明“龙场之悟”提出“圣人之道，吾性自足”，“求理于事物者误也”，后来又批评朱熹“即物而穷其理”是“析‘心’与‘理’而为二”，提出“格物之功，只在身心上做”；事实上，他非常重视研究外部事物，强调“知所先后”，提出“须能尽人之性，然后能尽物之性”。

王群红《成就王阳明“三不朽”伟业的主要因素分析》（《西部学刊》2020年第2期）一文认为，成就王阳明“三不朽”伟业的主要因素，归纳起来有六点。其一，智仁勇兼备；其二，洞察应对，心如明镜；其三，艰难困苦，久经历练；其四，勇于任事，敢于担当；其五，深山幽居中的深思熟虑；其六，具有乐观主义精神。

王群红、吕纪立《成就王阳明“三不朽”伟业的思想道德因素分析》（《人文天下》2020年第3期）一文指出，王阳明是中国历史上少有的成就“立功、立言、立德”三不朽的伟人之一。作为思想家，王阳明是陆王心学的集大成者；作为教育家，他的业绩彪炳史册，他的学生上至高官显贵，下至贩夫走卒；作为官员，他造福一方；作为军事家，他统军征战屡创奇迹。清代马士琼在《王文成公文集原序》一文中，高度评价了王阳明的“三不朽”伟业：“古今称绝业者曰‘三不朽’，谓能阐性命之精微，焕天下之大文，成天下之大功。举内圣外王之学，环而萃诸一身，匪异人任也。”

王巧玲《论王阳明的多次上疏请辞与苦衷》（《浙江万里学院学报》2020年第3期）一文指出，从踏上仕途开始，到在任上去世，经常思考着辞官归隐的问题。文章分析了《王阳明全集》中收录的王阳明奏疏，发现其中有若干请辞的奏疏与王阳明的亲情羁绊和内心苦闷有关，因此从身体、亲情、能力三方面探讨王阳明辞职的原因及其背后的苦衷，认为，王阳明辞官的真实意图是仕途不顺、抒发苦闷，意欲归隐而不得。

陈漂《王阳明辞官考》（《汉字文化》2020年第24期）一文指出，在中国两千多年的封建社会里，绝大多数平民男子一生都在追求功名利禄。然而作为思想家的王阳明却反其道而行之，为官三十年，却辞官、辞爵数次。其淡泊名利、为国为民的精神值得我们深入研究学习。

（二）王阳明“龙场悟道”的研究

王静《从阳明心学到人生百态》（《汉字文化》2020年第24期）一文指出，王阳明贬谪贵州龙场，对《大学》的思想有了新的领悟，认识到“圣人之道，悟性自足，向之求理于事物者误也”，史称“龙场悟道”；王阳明逐渐形成自己完善的心学思想，可分为：心即理、知行合一、致良知。心学立足于心，求诸己，而心体强大，亦震慑于外，万物亦不足为惧。

赵文会《论王阳明龙场悟道的哲学维度与历史维度间的辩证关系》［《宁波大学学报》（人文科学版）2020年第2期］一文指出，在宏观层面，龙场悟道开拓了阳明内求本心的思想路径论；在中观层面，龙场悟道开辟了阳明心学的人性主体论；在微观层面，龙场悟道开启了阳明哲学的心学本体论。明代儒家士大夫践行心学的过程，反过来也促进了心学体系本身的成熟，从而实现了心学理论在哲学维度和历史维度上的辩证统一。

云龙《“死生之道”与三教之判——王阳明由龙场悟道而归本儒学之密钥》［《中南大学学报》（社会科学版）2020年第2期］一文认为，生死问题作为龙场悟道的核心，实为理解阳明归本儒学、判分三教的一把密钥。由龙场之悟对生死一念的勘破，阳明洞达了生命存在的实相：吾人本具长生不死之体，本有圆满自足之性。立于这一彻悟，阳明一方面强调破除执著功夫，将对死生之道的理解完全转至当下的道德境域之中，从而奠定了他归本儒学的根基；另一方面，他以儒学为宗，“校勘仙佛”，将二教所言生死的内涵进行了道德化的发明阐释，宣称原始佛道之义与儒家圣人之道实无不同，从而圆满地实现了对三教的判分与融通。由此，在阳明心学中，养身与养德一体同宗，居仁由义即可长生不死；儒学与佛道一体同源，尽性至命实能作佛成仙。

郭亮《王阳明龙场悟道的释经学意蕴》［《中山大学学报》（社会科学版）2020年第4期］一文指出，学术界从不同的角度对王阳明龙场悟道多有研究，但目前来看尚缺乏站在释经学的角度对这一著名的思想史事件给予整体性的观照。实际上，王阳明龙场悟道有其深刻的释经学意蕴：王阳明通过“以经印心”的方式确立了对所悟之道的正确信念，并以“以心解经”的方式创造性地诠释经典，从而把所悟《大学》“格物致知之旨”贯通儒家“四书五经”，其释经活动是“用力之久”“默识心通”之后的结果，属于典型的“体知”解经。由于悟道之后的王阳明坚持“道一而已”的观点，所以其释经学具有“圣经统一论”和“单一目的论”的取向。职是之故，虽然王阳明在诠释经典时对载道之“言”的多样性持比较包容的态度，但是并没有陷入诠释学中的历史主义和相对主义。

汪燕《王阳明龙场悟道的“心流”阐释》（《安顺学院学报》2020年第4期）一文指出，王阳明龙场悟道的精神修养工夫具有传统儒家证悟的特点，可以利用具可操作性的“心流”理论进行观照和阐释，从而获得符合现代需要的创造性转化。由于王阳明立志“做圣贤”具有“自带目的性人格”这一基础条件，所以在内在向度上，他能通过静坐澄默的精神修养工夫成功地掌控意识，实现了自我成圣的“独特化”；在外在向度上，他能通过事上磨炼的精神修养功夫积极应对外在的挑战，将压力转化为“心流”，实现了自我成圣的“整合”；二者交融补充，持续的精神修炼促进了自我的成长，最终实现了龙场顿悟。这一历程所彰显出来的“条件”—“过程”—“结果”的“心流”逻辑进程，具有一定的普遍性和可操作性。

（三）王阳明的人物交游研究

黎业明《王阳明与陈白沙之间是否存在学脉传承关系？——束景南〈王阳明年谱长编〉相关论述辨正》（《中国儒学》2020年卷）一文指出，束景南先生在其《王阳明年谱长编》中，关于阳明在成化十九年就已经认识白沙并深受其影响，且已经对白沙学问“熟闻习见”的论述；关于阳明在成化二十年便与张诩相识，“盖张诩可谓阳明生平最早相识之白沙弟子，自此阳明乃可从张诩接触白沙之学”的推断；关于“张诩确在弘治十八年来京师，将《白沙先生全集》赠王华、阳明”的考证，都缺乏足够的文献依据，值得怀疑。因此，束先生关于阳明与白沙之间存在“学脉传承”关系的论断，值得商榷。

陈博《罗钦顺为学工夫的呈现理路及其对阳明心学的路径批判》［《广西大学学报》（哲学社会科学版）2020年第5期］一文指出，明朝中期是理学发展的一个巨变期。一方面，罗钦顺服膺朱学，在承续朱子经世、成圣两自兼尽的圣贤之学基础上，进一步强化了经世作为成圣基本场域与内在含摄这一意涵，以致呈现出现实主义的问学取向；另一方面，王阳明则自作主宰，在其百死千难的人生经历中悟得圣贤之学的内在之维，继而在对朱学格致工夫彻底扬弃的基础上，走向了良知自觉的慎独路向。

这种差异致使二人在问学工夫上展开了一场激烈的争论。系统分析罗钦顺问学进路的呈现机理，以及其对阳明心学的工夫批评，不仅可以展现明中叶朱子学发展、转变和工夫得失，也对理解宋明理学向明清实学的转化，以致在工夫问题上形成训诂考据的乾嘉汉学富有意义。

二、王阳明学术思想研究[①]

当今阳明学界围绕王阳明学术思想的研究，主要涉及阳明学研究的方法论，阳明学的学术定位，阳明心学的理论特质，王阳明的哲学、政治、军事、教育、文学、美学、伦理、经学、史学、佛教、道教、书法思想，以及对王阳明的历史评价、阳明学的当代意义研究与阐释等。兹对2020年的相关研究成果进行概述、评论。

（一）阳明学研究的方法论问题

2020年不见相关研究。

（二）阳明心学的学术定位与理论特质研究

吴光《“浙学”与“阳明学”论纲》［《湖南大学学报（社会科学版）》2020年第1期］一文指出，阳明心学是以“良知”为本体、“致良知”为根本方法、“知行合一”为实践工夫、明德亲民为政治应用的良知心学，其道德理性、人文关怀、力行实践、多元包容的精神对当代修身立德、齐家立业、治国理政仍有重要启示意义。

杨国荣《王阳明的心学与浙学》（《哲学分析》2020年第3期）一文指出，王阳明的心学既是浙学的特定形态，又对浙学产生了多方面的影响。这里所说的浙学，是指广义的“浙”地之学，这一意义上的浙学呈现

① 本专题“王阳明学术思想研究”综述，系绍兴文理学院越文化研究院（浙江省越文化传承与创新研究中心）招标课题“王阳明的政治思想与社会治理”的阶段性成果。

如下几个方面的特点：注重理论思考或理论阐发，包含批判的意识，关切现实，具有历史的观念。以上特点在王阳明的心学中同样得到了体现。王阳明的“意之所在即是物”说和工夫与本体之辩，从不同方面体现了独特的理论建构；其良知说、心即理说从一个比较内在的层面为浙学的独立思考、批判意识提供了某种根据；其知行合一、事上磨炼等观念，从不同方面体现了对现实的关切；其“五经皆史”说，内含着深层的历史意识。作为浙学的特定形态，王阳明的心学对浙学产生了多方面的影响，这种影响不仅体现于“浙中王门”，而且还在思想史的意义上表现为对明清之际的浙学，特别是对黄宗羲思想的制约。黄宗羲是明清之际浙学的重要代表人物，在思想的层面上，黄宗羲多方面受到心学的影响，王阳明的心学也通过制约黄宗羲的思想而在这一时代的浙学之上留下了多方面的印记。

杨国荣《王阳明》（北京大学出版社2020年2月版）一书，是一部介绍王阳明心学思想的普及读物。全书从史论结合的角度辨析、阐述了王阳明心学的主要内容、思想发展、历史演变，以及其对中国思想文化领域的重要影响，包括心学形成的历史前提、心体的重建、心与物、德性语境中的良知、群己之辨、致良知、知行之辨、心学中的名言问题、心学与晚明思想、明清之际的心学、心学的近代回响等。全书既有一定的学术深度，又具有较好的可读性，适合对中国传统文化及对中国思想史感兴趣的群体阅读。

钟彩钧著《明代心学的文献与诠释》（台北“中研院”中国文哲研究所2020年9月版）一书，系其近年来研究阳明心学的最新学术成果。先是在2018年，钟彩钧著《明代程朱理学的演变》（台北“中研院”中国文哲研究所出版）一书，论述明代程朱理学薛敬轩至高景逸八人的哲学思想，诸儒上承宋儒的理、气、心、性等概念，努力理解并重构彼此间的关系，其发展脉络是理气关系朝向一元发展，心的地位得到提高，至晚明高景逸时竟有心本论的倾向。本书除了论述明代心学家的哲学思想外，为了使读者能理解哲学思想的背景与应用，对于诸儒的教育、社会、政治的思想与实践亦略加触及，最后一章则以明代程朱理学的发展验证当代新儒学代表人物牟宗三、劳思光的诠释理论的得失。

束景南《写出一个真实的王阳明》（《人民日报》2020年6月12日）一文，对《阳明大传：“心”的救赎之路》一书的写作过程予以追述。指出，王阳明的心学超越传统思维模式，是讲精神与物质合一、思维与存在合一、主体与客体合一的本体工夫论哲学体系，突破传统的观念论（唯心论）视域，转向更本真的存在论思考。所以王阳明的心学哲学体系具有强烈的实践精神，贯穿“知行合一”的实践方法论。一方面，王阳明的心学强调理论联系实际和言行一致，说了要做，知了要行，知行要统一；另一方面，其强调行完善知，实践提升认知，实践出真知，真行出真知。王阳明学说的这些有益成分在今天仍有积极意义，值得我们深入研究汲取。

贾庆军《从天人两分到宇宙良知：王阳明天人思想的历史演变与实践》（首都经济贸易出版社2020年6月版）一书，从天人关系的角度系统地阐释了王阳明的思想，认为王阳明的思想经历了天人两分、天人合一、良知宇宙三个阶段。第一阶段，王阳明的天人思想停留在传统天人两分、以人合天的状态观中；第二阶段，他体悟到天人合一、万物一体、心外无理、心外无义、心外无物、心外无事、知行合一，建立了圆融的天人合一思想；第三阶段，他提出良知说，确立了良知宇宙观。该书在对王阳明三个阶段的天人思想进行探讨的同时，也对其相应的实践进行了论述。

韩先虎《晚明儒学“体认天理”观念探析：兼论阳明思想的综合性与超越性》（《晋城职业技术学院学报》2020年第4期）一文指出，如何体认天理是宋明儒学核心问题之一，也是宋明心性论、儒学工夫论困境的根源所在，这一问题在晚明集中表现在陈献章“静坐体认天理”和湛若水“随处体认天理”的分歧，产生这一分歧的原因乃是宋明儒学对心体和天理的理解出现了断裂。王阳明通过“致良知”弥合了这一断裂，从而解决了体认天理的问题，体现了阳明思想的超越性和综合性。然而阳明后学却将体认天理的问题重新提出，这是对阳明学说理解的一种倒退，最终导致了心学乃至整个心性论儒学的瓦解。

张新国《身体、心灵与自然的融通：王阳明心学主体性的结构》

（《哲学研究》2020年第2期）一文指出，主体性属于人在其伦理行动中所展现出的自主的、能动的与合目的性的地位与特性的综合性范畴。儒学以其治世的文化特质而对主体性思想揭橥甚深。宋明理学继承了先秦儒学在阐扬主体性时的“身”与“心”两个维度。相对于程朱理学较为注重人的行动的理据和根由，阳明心学则既注重美德所从出的人的内在良知即“心灵”，同时也颇为注重人的道德行动展开的直接现实性基础即“身体”；在本体论上则显示为，自觉在气论中展开其心学演绎，建构一种主体即本体、既重价值型塑又重现实关怀的道德哲学新形态。

王英《两种身体、两种阳明学、两种政治力量——阳明学的内在张力及其发展》（《当代儒学》辑刊2020年卷）一文认为，阳明学的内在张力本身包括多种发展的可能性。以“身”而言，重视形器之身则重权利自由，主要是对以身体为基础的各种需要或欲望的满足，在社会力量上重视大众、愚夫妇；重视精神之身，“大身子”则重意志自由，视一己之身与万物相通，所以有仁民爱物之责，在社会力量上重视士绅等精英人物，包括在位者和文化承担者，要求精英人物自尊自重，从而承担社会责任。这两种自由，需一定程度的平衡。

黄琳《观念形而上学与直观形而上学：心学思想中的二重向度与道德悖论》（《广东社会科学》2020年第6期）一文指出，王阳明心学兼具二重向度：一者偏重在逻辑推绎中形而上的本体对形而下的情、意、欲、念、物、事的规定：一者偏重在绵延流动的现实经验世界中使其生成与开显。心性论的特色，并非仅止于道德主体性的透显，更重要的是如何在现实的经验世界中开显良知、心体、性体的道德理性。心统性情，隶属于不同范畴的“情”与“理”，惟在绵延俱进的对治对决、感统激励摩荡的一体一元纵贯中开显、呈露先验的道德本体。否则，良知仍只是一先在超验的纯粹形式道德。心有统合、结合、综合“情”与“理”并做出现实价值判断的功能和职能，良知“心体”不应僭越“心”做出现实的价值判断。

（三）王阳明的哲学思想与哲学范畴研究

王阳明是“明代最伟大的哲学家”的判定，是无可置疑的。围绕王阳明哲学性质的判定及对阳明哲学思想所涉及核心范畴的解读，诸如“心即理”“良知即天理”“知行合一”“致良知”“天地万物一体之仁”“立志”“诚意”“本体与工夫”“四句教”等，2020年，学界同仁开展了颇有意义的研究，并取得了丰硕的理论成果。

1. 王阳明哲学的综合研究

李承贵《论王阳明心学格局的形成》（《河北学刊》2020年第6期）一文指出，阳明心学格局的形成是多种元素聚合之果，这些元素至少包括接引弟子、刻印语录、修葺书院、处理事务、协调分歧、抵御毁谤、心灵陪伴、分化一方等。此八种元素各以其特殊功能为阳明心学输送有益血液，成为阳明心学成长的基础；而且，它们相互贯通、相互支援，从而构成以阳明心学为核心，对内可以激活自身、对外可以抵御威胁的学术共同体。这提示我们，作为人文理念的阳明心学乃是由具有社会科学属性的元素综合、转化、升华而来。由此，我们不仅能把握阳明心学格局形成的真实脉络，而且能获得分析和评论阳明心学之形成的可靠数据，从而确立对阳明心学的理性认知。

陆永胜、赵平略主编《阳明学鱼梁讲会》（创刊号）（中华书局2020年8月版）一书，是贵阳学院阳明学与黔学研究院主办的阳明文化讲会讲稿的汇编。“鱼梁讲会”因贵阳学院在鱼梁河畔而得名，旨在继承和弘扬中华优秀传统文化，侧重阳明文化的研究、普及与传播，促进阳明学的当代价值研究，推进传统文化（阳明学）与时代主流文化的融合。“创刊号”共二十讲，由国内外阳明学或传统文化领域知名学者，诸如陈来、杨国荣、张学智、吴震等人的讲稿整理而成，其中对王阳明的哲学思想进行了综合论述。

宁波市王阳明文化研究促进会主编、张宏敏编著《2019阳明学研究报告》（华夏出版社2020年10月版）一书，系对 2019 年中国阳明学界关于阳明学研究论著、学术活动的全面梳理与系统总结。

毛有碧、李承贵主编《阳明学研究新论（第四辑）》（中国社会科学出版社2020年12月版）一书，收集了2018年发表在《贵阳学院学报（社会科学版）》“阳明学研究”专栏的成果，在很大程度上反映了当下阳明学研究状况。论文内容涵盖“当今阳明学研究中的问题及其检讨”“思想研究”“阳明后学研究”“现代阳明学研究”“阳明学与其他学派学说关系”“海外阳明学研究”等。

杜保瑞、梁远洪主编《阳明哲学与阳明文选》（浙江大学出版社2020年10月版）一书，包含两部分，一部分是其关于阳明心学的论文；另一部分是王阳明哲学文选。论述较有启发意义，选文独具慧眼。

王宏伟《王阳明心学的道德自觉思想研究》（西南大学硕士学位论文，2020年5月）一文对王阳明心学体系的道德自觉进行的分析探讨主要集中在三个问题上：第一，在道德根据上解决道德原则与道德主体相分离的问题，使个体道德依据从外在的形上规范，向内在的价值认同转变；第二，在道德修养上解决工夫支离烦琐的问题，通过个体对自我道德意识的把握，实现修养工夫的向内转变；第三，在道德实践上解决道德判断的实行问题，通过论证个体自我道德实现的可能性，完成道德意识向道德行为的转变。论文第一部分，阐述道德自觉在王阳明心学体系中的构成。从学理及儒学传统来看道德自觉，可根据“仁者以天地万物为一体”的道德原则和基于“人性论”的道德努力理解为个体的自我证成和为善去恶的价值追求。同样，在儒学所涵盖的道德自觉实现路径中，王阳明心学所属的诚自我之意的意义世界又不同于格外在之物的宇宙论系统，即指明了道德自觉实现中两个新的方向：一是在道德来源上将道德之理从宋学的循序格物转变为吾性自足；二是在道德内容上将物上得来的外在的实然之理转变为自身所设定的内在的应然之理。论文第二部分，论证道德自觉在王阳明心学体系中的根据：心之本体。王阳明心学的理论基础就是承袭孟子以来的性善脉络，将心体作为个体道德活动的根据，并进一步以心体说明道德主体性。第一，从本体上讲，“至善者心之本体”。王阳明心学中的心体是以“至善”为规定性的本体存在，是道德之根据，是能分辨是非的“道德心”，而非经验意识领域的“知觉心”。第二，从道德来源上讲，“心即理”。“天理”是儒学中至高的道德本原，心体之所以能够成为道德之根据，即在于本心与天理的一致性。第三，从价值规定上讲，“以心释礼”。通过“理即礼”与“心即理”的关联，道德自觉在获得普遍性规范的诠释下，也保证了礼仪本身具有的形式上的连续性与结构上的统一性。第四，从外部规定上讲，“心外无理”。否定心体之外存在道德原则，可以说是确定道德主体性的“强形式”，并以此与上述三个方面共同在道德逻辑中形成以心体总摄天地万物的关系。论文第三部分，剖析道德自觉在王阳明心学体系中的发用：诚意。由心体向诚意的过渡是道德自觉在王阳明心学体系中由本体到工夫的发用，并以此展现主体在道德努力及善恶判断上所做出的突破和遇到的问题。“意”在王阳明心学中的两个向度，一则指向了对象，说明一切意识都是对物的意识；一则指向了价值，说明意识赋予事物以道德性。诚意在“着实用意”和“戒惧慎独”两种工夫中完成了修养意识真诚恳切的要求，并构建了主体意识与客观世界间的道德关联。诚意在面向道德自觉时如何区别“心体善意”与“私意”、如何解决道德修养支离之弊的问题，就是道德自觉在主体中发用的呈现，即对心的根本实在的明见、对道德修养的内在转向及对先验的是非之心的预设。论文第四部分，探索道德自觉在王阳明心学体系中的实现：致良知。道德自觉的实现以良知对意识中善恶的价值判断为起始点，以致良知对道德践行的完成为落脚点，全面梳理了道德主体的道德根据、道德能力及在道德自我实现中所面临的问题和解决途径。首先，由良知在主体中的存在状态出发，明确良知作为先验的是非准则、内在的主体本能、普遍的道德认同为主体道德自觉的实现提供了必要基础。其次，由良知在主体中的具体发用出发，通过道德内省展现主体向善的秉性、对自我意向的判断反思及始终完善的良知本体，探索道德自觉于主体意识中的实现过程。最后，以致良知对主体的工夫要求出发，通过至极其良知、依良知而行、尽良知于事，主体在道德意识向道德践履的转变中实现道德自觉。

2.“心、意、知、物”关系的研究

黄瑶《“责任”视域下的“心”与“物”——王阳明“心外无物”新解》［《大连海事大学学报》（社会科学版）2020年第1期］一文指出，“心外无物”是王阳明哲学里的重要命题。在“责任”视域下，“心”指的是具有主体自觉性的道德本心，“物”指的是生发于道德本心之上的“道德行为”。主动担当的道德行为必然能够搭建起自我与他者的桥梁，担负自我之于他者的责任，“心”与“物”在责任的黏合下交融贯通，最终形成和谐的道德关系。

乔清举《王阳明“心外无物”思想的内在义蕴及其展开——以“南镇观花”为中心的讨论》（《哲学研究》2020年第9期）一文指出，“南镇观花”中花的色彩的“明白”既是客体的呈现方式，也是主体综合地领悟世界的体知方式。由前者说，“明白”是自然的生机与生意的流溢，是“仁”，具有本体性；自后者论，“明白”是人通过“感”建立的与世界的多重联系，与世界形成生命共同体。“寂”不是物不存在，而是人对物的存在无感应，物不在人的意义世界之内，不与人构成生命共同体。接着王阳明的思路讲，“心外无物”的义蕴可展开为：（1）“存在应当被感知”，即人应当通过感知与物相通，构成意义世界；（2）“存在应当被关切”，即人应当让外物成为道德关注的对象，与之构成生命共同体；（3）“存在应当与人为一体”，即人应当通过致良知的道德实践达到与天地万物为一体的境界，使自身的价值和世界的意义同时得到澄明和提升。“南镇观花”本质上表达的是人的存在方式，是人成为圣人的一条路径，而不是物的存在方式。

陈心想《“心”即“认知”：认知框架、社会事实与赋值力》［《南京师大学报》（社会科学版）2020年第2期］一文认为，王阳明“龙场悟道”提出的“心外无物”思想是阳明心学的根基。该文从现代认知科学的视角重新解读“心外无物”，提出“心”即认知的观点。每个观察者的认知是不同的，造成了同一个事物在我们每个人眼里不同。这个不同就造成了每个人所认为的“事实”在实际上的差异，这个差异经过个人的“认知

框架”的棱镜进行了框定和过滤，从而使同一个事物在不同人的眼里，其形象、价值和意义有了差别。从认知角度来看，“心即认知”，通过分析认知框架对社会事实的建构，可见只有提高认知水平，“心外无物”的心学才能真正发挥其提高个体和社会认知"社会事实"心智层次的作用。

张可可《王阳明“格物”思想辨析——以〈传习录〉为中心辨王朱异同》（《智库时代》2020年第7期）一文指出，王阳明的“格物”之说，以旧本《大学》为正，解“格”为“正”、“物”为“事”，与朱熹所定新本中“格物乃即物穷理”之义大相径庭，在当时被视为“立异好奇”。王阳明虽然不欲与朱熹抵牾，仍不得已而为之，用以明道。以《传习录》为中心，其中所有关于“格物”论述共十八处，按照“格物”的提出、王朱二人对“格物”的不同见解、王阳明对朱熹说的破析、王学建立自己的“格物”说的顺序逐一分析后，可以清晰呈现王阳明所言“格物为实下手处”的指导思想。

陈来《王阳明晚年思想的感应论》（《深圳社会科学》2020年第2期）一文认为，王阳明晚年在越城讲学明道，其中主要的内容之一是阐发感应论思想。王阳明晚年的感应论有两方面的意义。首先，以感应论来证明万物一体的思想。王阳明通过心与物的感应关系来证明心物的一体性，主张在这种感应的关系中，不是心意构造对象物，而是感应关系构建起了心物二者的一体性，从而证明万物的一体性。其次，用感应论重新定义何谓“物”。王阳明中年讲学，确立了“意之所在便是物”的哲学定义，以此来支持他的格物工夫论。而这一具有基础意义的对“物”的定义，在其晚年有所变化。他不再以“意之所在”定义物，而以“明觉之感应”来界定“物”，宣称“物”就是与心发生感应关系的对象，这表明王阳明晚年学问工夫向肯定物的实在性方面发生了变化。

王明华《王阳明心物关系论探析》（西藏民族大学硕士学位论文，2020年5月）一文指出，王阳明早年立圣人之志，格物失败后对“朱子格物论”始有疑难，直至在龙场危难困境中悟得“圣人之道，吾性自足”，方才解开之前种种通“志”之疑惑。龙场所悟之道的凝练便是“心即理”。

“心即理”是统贯阳明心学之基，其将世间万物统摄于人心，王阳明也由此延展出其心物关系论。王阳明所言之心，即天即性即理即良知。“心即理”“心在物为理”，王阳明所言之心是本体论意义上的“心”，是人人具足之本体。王阳明所言之物分别为意之所在之物和明觉感应之物，前者多训“物”作“事”字解，强调的是道德实践意义上的知行合一；后者“物”与“事”往往各有所指且相互彰显，强调的是致良知下的“万物一体”。阳明心物关系论主要由“心外无物”与“物外无心”及“万物一体”三个命题构成。阳明“心外无物”所强调的是“心”对外部客观世界之感通关联，即一种实践行为，客观存在物之意义依靠“心”之彰显。主体之“心”不仅收摄了“物”“事”“理”等事实概念，还收摄了“义”“善”等价值概念，由此延伸出“心外无义”“心外无善”等命题。王阳明针对当时静坐之修养工夫所带来的“悬空守静”“喜静厌动”之弊病，教人致良知于一切事物，强调“事上磨炼”，阳明“物外无心”之论便由此而来。阳明“物外无心”是本体必落实于工夫的“即用求体”，是在良知前提下，本体与工夫在现实生活中的合一。王阳明提出“天地万物俱在我良知的发用流行中”，内含良知与万物的关系。阳明“致良知”提出以后，其心物关系论往往被转化为良知、仁等与万物的关系论，王阳明也基于此阐释了己之万物一体思想。王阳明创造性地把“万物一体”建立在良知本体的基础之上，在彼此关联、互相感通之关系中，考察与定位人之存在及其价值，并经“拔本塞源”“重建秩序”“大人之学”“圣人之境”四个方面表征出内圣带动外王之为学进路，以人己不分、物我无间、圣愚一致等观点将“一体”观用于社会伦理、社会秩序的重构之中。

丁儒贤《王阳明格物致知思想研究》（西北师范大学硕士学位论文，2020年5月）一文指出，王阳明是宋明理学之心学一系的代表人物与集大成者，也是中国历史上继周公之后第二位“立德、立功、立言”的“三不朽”人物。其思想是每一位研究宋明理学的学者都无法绕开与回避的。宋明理学发展至中晚期，国家内忧外患不断，社会矛盾层出不穷，而被奉为官方哲学的程朱理学，却无力解决如此忧患与矛盾。在此背景下，以成贤成圣为人生“第一等事”的儒生王阳明，对程朱理学进行了学术上的反思与考察，而且，就是在对朱熹“格物穷理”说的反思中，开始了其哲学思想的建构。该研究致力于王阳明的“格物致知”说，主要分以下三个部分：首先，针对格物致知问题的提出与渊源予以总括性论述，然后在宋明理学的框架内，就王阳明对朱熹和陆九渊的“格物致知”说的反思和继承分别加以论述。通过此论述，旨在阐明王阳明继承并发展了陆九渊的心学思想，承认心的本然状态与天地万物的本然状态是统一的，强调人可以通过内省尽心知性以知天，从而达到对天理的真实体认，表现在格物上便是求理于内。同时指出，王阳明思想与朱熹思想之间也并非完全对立，至少在理学框架内是有着一定程度的相通性或相关性的。其次，依清代黄宗羲之说，王阳明一生的学术之路总共有六变，其中为学有三变，为教又有三变。以此为据，重点就王阳明为教中的三变展开论述，即从正德三年（1508）龙场悟道开始，直至其晚年将近20年的思想发展中，针对其思想发展的各个阶段，对其“格物致知”思想的依次变迁予以论述。再次，对王阳明“格物致知”思想在工夫论层面的展开进行论述，具体分为三个向度，即事上磨炼与静坐、知行合一与致良知。最后在结语部分，针对王门后学对“格物致知”的辩论予以总体概括，从总体上来把握说明王阳明对“格物致知”的诠释是在对前人学说思想综合性的反思中达到了一种创造性的统一，从而完成了对“格物致知”内涵的全面性认识，即本体论、认识论和修养工夫论三位一体的理解。

3.“知行合一”的研究

姚新中、隋婷婷《当代社会心理学视域下的知行合一》（《江苏社会科学》2020年第1期）一文认为，当代社会心理学的研究成果对阳明心学所提出的“知行合一”既给予了实证性论证和解释，也提出了挑战，呈现出“知行合一”在心理结构和认知发展中面临的诸多困难，如群体一致性压力下个体的知行背离、大脑前额叶损伤引发情感缺失所导致的知行相悖及“电车难题”中情感认知双加工竞争造成的知行两难等。然而，从阳明心学“一念发动即是行”与魏格纳“白象效应”的相互佐证到阳明心学与社会心理学在情理并举层面上的所见略同，从克除不善之念、抵御外物之诱的自律与认知心理学中内驱力的对应到飞轮效应与“一万小时定律”对知行工夫的具象性推演与实证性勘测，我们发现阳明心学与社会心理学不但在思想中有诸多共鸣，其理论交叉与互补也为把握情感与认知的平衡、推动知行一致的自验期望、去除蔽染引人习行、为“知行合一”在当代社会的嵌入与施行开启了更大的空间，提供了更多的可能性。

丁为祥《“践行”还是“践形”？——王阳明“知行合一”的根据、先驱及其判准》（《哲学动态》2020年第1期）一文指出，自《尚书》起，中国人便形成了一种建立在认知基础上的“践行”系统；此后，由于传统天命观的崩塌和德性生命的凸显及其个体化的落实，因而从孔子起，经过子思、孟子之继起阐发，儒家又形成了一种建立在个体之慎独、诚意基础上的“践形”系统。所以到了宋明理学，其知行观便既有发自认知系统基础上的“践行”系统，也有以《孟子》《大学》为基础的“践形”系统；而王阳明的“知行合一”说，则属于从“践形”系统出发对程朱建立在认知基础上之“践行”系统的一种根本性扭转。这一扭转，固然在一定程度上干扰了人们的认知程序，却由此凸显了道德理性与认知理性的深层分歧及其不同的人生作用。

冯骏豪《“主体与工夫”——陈来、劳思光“知行合一”诠释比较》（《特区实践与理论》2020年第1期）一文指出，王阳明的“知行合一”是其重要理论，直到现在仍然不乏学者研究。王阳明的“知行合一”具有两个层次的意涵，一方面为心性论的理论说明；另一方面，则为工夫论的实践。现代学者陈来对王阳明的“知行合一”诠释进路着重于前者，而劳思光的诠释进路则着重于后者，二人的诠释进路分别展示了王阳明“知行合一”理论的不同面向。相对于劳思光，陈来对于“知行合一”的“知”与“行”的理解较为宽泛，能够包含“知行合一”的两个层次，更贴合王阳明“知行合一”的本意。

李令晖、史千里《“知行本体”与“心之本体”——再论王阳明“知行合一”》（《人文天下》2020年第13期）一文指出，“知行合一”是阳明心学体系中独具特色但又很难正确理解的命题。正如陈来在《有无之境：王阳明哲学的精神》中所说：“他对‘知’与‘行’这对范畴的使用较宋儒有一定的区别，其‘知’的范围要比宋儒来得狭小，而行的范畴在阳明哲学中则较宋儒的使用来得宽泛。”要正确把握王阳明对知行范畴的用法，必须要结合王阳明整个心学体系来看，而不能将“知行合一”看成一个孤立的命题，否则就会造成很多误解。

张祥云、李俏丽《知行合一：人文教育根本原则》［《贵阳学院学报》（社会科学版）2020年第4期］一文指出，重申知行合一不仅是中华传统智慧复兴的要求，更是对现代人外在强大精致、内在虚空贫乏的精神性困境问题的回应。知行合一具有双重内涵，在人文认知层面，知行合一意味着口念心行，它是一种心上工夫；在人文实践层面，知行合一体现在理念与行动的统一，它是一种事上磨炼。领悟于内，作用于外，彼此交养互发，内外本末，一以贯之。在文化自觉视域下，我们不仅要自觉学习中国传统智慧的内容，更要从方法论上进行自觉吸收。知行合一是教育达至成己成人本源性目的的前提，这意味着生命性教学需要教师“教行合一”和学生“学行合一”的统一，只有师生双主体共同的“行”才能真正实现师生内在生命的和谐与丰盈，文化生命与文化价值才能不断更新和提升。

郦波《伟大的知行合一》［《新理财（政府理财）》2020年第4期］一文指出，王阳明的“知行合一”有一个十分重要的口诀，叫作“事上练”，碰到事，不怕事，刚好事上练。王阳明的知行合一学说，五百年来让无数的有志青年、风云人物为之痴迷、为之激动，因为它能帮人找到真正的自己，塑造自己，成就自己；乃至成就这些人的团队、组织、家国。这就是阳明心学的伟大之处。

高正乐《王阳明“知行合一”命题的内涵与局限》（《中国哲学史》2020年第6期）一文指出，王阳明在龙场悟格物之旨，不久便提出了“知行合一”的早期教法。他龙场悟道的内容，主要是明确了意向是“事”的表征。进而，他将“格物”解为“正事”，又进一步解为“正念头”。意的本然状态是心之知觉，故心之知觉是“事”最根本的决定因素。心在吾人行为活动中的知觉状态，决定了这些行为活动属于何事，此即“知行合一”。心的知觉与事件的展开可以相互促进，此即“知行并进”。知行合一与并进，需要“心即理”作为前提与保证，这样践履工夫才有明确的准则：省察过往念头与克治当下念头都是以天理为准的。因为“知行合一”命题一定要与“心即理”配合才完整，故王阳明的教法最终变为“致良知”。

陆永胜《王阳明“知行合一”的理论效力与实践能力》（《江淮论坛》2020年第6期）一文指出，王阳明的“知行合一”不仅仅是一种工夫方法，同时也是一种工夫哲学，具有自身的理论效力和实践能力。阳明心学的知与行具有特定的德性内涵，王阳明的“知行合一”是中国传统知行观发展到宋明时期理论特质的集中体现。修养论、价值论、理性主义、道德实践规定了“知行合一”的理论效力范围。作为具有时代特色的儒家哲学命题，王阳明的“知行合一”是时代问题意识性建构的结果，并在政治哲学领域延展，是解决时代问题的实学。其实践能力突出表现在批判与建构、教化天下和价值落实三个方面。王阳明“知行合一”的理论效力与实践能力分别关涉意义的有效性和价值的有效性，为我们于当代文化语境中理解王阳明的“知行合一”提供了诠释边界，同时也意味着践行“知行合一”的局限性。

4.“心即理”与“良知即天理”的研究

李承贵《“心即理”的构造与运行》（《学术界》2020年第8期）一文指出，“心即理”是由具有觉知、主宰能力的“心”与综合所有善德的“理”组合而成的至善本体，此至善本体可直接展示为“万善之源”“自善自信”“心定善恶”“圣凡之鉴”“收礼归心”“实有其事”等六个面相，从而成为一种滋润万类、善化四方的道德本体；而构成道德本体的六个面相，无不含有“‘心’努力成为‘纯乎天理之心’的心理活动”，从而表明“心即理”绝不是一种专制性、固化的本体，而是民主性、动态的本体，蕴含了复杂的心理结构和运行机制，表现为一种特殊的合德性与理性于一体的心理构造。也许，此乃值得期待的理解“心即理”之为阳明心学基石之视角。

陈海威《王阳明“心即理”命题内涵及当代价值》［《杭州电子科技大学学报》（社会科学版）2020年第4期］一文指出，“心即理”是王阳明在特定历史背景下提出的哲学命题，是阳明心学的逻辑基础，包括正心、用心、恒心三层含义。工匠精神分为匠心、匠艺、产品三个层次，其中匠心是根，匠艺是干，产品是梢，匠心磨炼是工匠精神形成的关键。“心即理”可以从价值观、方法论、实践途径三个层面对工匠精神培育提供参考。

张海丽《王阳明“良知学”的理论探析》（《今古文创》2020年第43期）一文指出，王阳明的良知学认为“良知”是社会所有个体之间先天具有的道德准则，良知是一种本然之知、先验之知。在依从良知的基础上时时省察，通过知行合一的工夫去除内心的私欲完成真知的发掘，并完成个体的修养与磨炼。良知作为道德理性原则，指引我们明白何者为是、何者为非，由内而外逐渐展开实际行动。尽管王阳明的致良知有着主观唯心主义色彩，但对于市场经济环境下受到物欲影响而舍本逐末的个体，能在一定程度上从道德本体的角度为解决当下的矛盾提供一些启发。

左克厚《王阳明良知思想及其限度》［《青海师范大学学报》（哲学社会科学版）2020年第1期］一文指出，良知是王阳明最重要的思想，良知思想源于王阳明独特的精神气质和生活经验。王阳明良知思想的内容是不可模仿的，形式则是可模仿的。该文从良知质量与数量、良知与致良知、良知的现在与历史、良知独知与共知四方面论述良知概念的二重性质，说明良知的限度。

王健《王阳明哲学思想中“良知”的概念探讨》（《黑河学院学报》2020年第1期）一文指出，“良知”是王阳明哲学思想体系的核心，“良知”概念承继于先秦时期的孟子及两宋时期的朱子，释义为“不虑而知”是指人在最为自然的状态之下而呈现出的行为状态，是人最为本质特性的体现。王阳明哲学体系以“良知”为目标，探讨“致良知”工夫，是对先秦孟子思想及两宋朱子思想的承继与发展。

姚军波《王阳明“良知”本体辨析》（《西安航空学院学报》2020年第4期）一文指出，王阳明把源于《孟子》的良知发展成了“良知”本体。在王阳明的话语体系中，“良知本体”一词是指良知的本然之体、本来面目。同时，在他的哲学体系中，良知又有着形上本体的意义。王阳明的良知本体论可以称为主体本体论，意即在良知的观照下，这个世界才呈现出价值和意义。因此，在研究王阳明哲学时，不能径直将话语体系中的“良知本体”等同于今人所讲的形上本体，也不能将王阳明的良知去本体化，认为王阳明没有本体论的思想。

周芳宇《阳明良知学的主体性研究》（山东大学硕士学位论文，2020年5月）一文在“心即理”结构下的良知与致良知之间，展开了对阳明良知学的主体性研究，但并没有以良知为研究起点，而是以良知的情感化表达为起点，因为情感是人的真实存在方式。孔孟仁学始终有着重情的传统，因为孔孟讨论仁义并不是从形而上学的建设下贯，而是就真实存在的人去谈人性仁义的真实，即以不安、恻隐等本源情感指点“仁”，如此便有双向的解读：一方面，仁的存在需要通过本源情感来证明；另一方面，仁通过情感展现，这些本源之情所要表达的就是人天生具有的道德直觉。孔孟同样重“智”，此智并非纯智，而是建立在“仁”上的“仁智”。王阳明继承以上的情感传统，发挥良知作用，将道德直觉从本源情感层面上溯到更根源的良知本体层面，其对仁的情感化表达、仁智双彰的继承表现在良知、是非之心、好恶之情的降级化表达中，其“良知”概念融合了孟子的良知与良能，并在宋明理学的“性理”结构下将之上升到本体层面，汲取了孟子是非之心和羞恶之心的概念精神，指向“良知”自知的内外两个向度。好恶之情也是孔孟的传统表达，好恶之情的正当性诉诸“仁”，而不是人的一切好恶都具有道德合法性。王阳明通过是非之心、好恶之情的情感化表达使得良知能真实贴合人的存在，使人人皆能成圣的道德追求成立，同时也使得人之情感的道德性诉诸良知。孔孟停留在本源情感层面的道德直觉，被王阳明推进到本体层面，良知作为一种自知的能力，具有指向是非判断的“自明”和指向实践的“自觉”的两个向度，良知作为心之本体无论是寂然不动还是感而遂通，其状态为“定”而非动静之静。人天生具有良知全体，但是因为气质遮蔽，所以每个人的生之分数不同，但无论是生之分数多的圣人还是生之分数少的常人，都需要通过致良知来保全或者扩充良知，并不是空守心性就可以，王阳明非常强调在实践中存养良知。人之所以能认识到天生具有良知全体就在于王阳明通过“心即理”的命题将天理去实体化，其前期为反对朱熹“即物穷理”所提出的“心即理”与后期在“百死千难中得来”的“良知”相结合，彻底消除了理的外在性、既定性和认识论意义上的对象性，心、性、理达到了本来一体，超越了朱熹的统合一体，天理为人所独得，就主体方可言天理。实际上，这也是将天理重新放回价值层面的动作，精化天理的意义，在天理与人欲的框架下，使其直接与人欲相对。天理的去实体化成就了良知的“良”之向度，也就成就了“良知”作为道德准则的身份。在“心即理”的命题下，王阳明通过天理去实体化完成了对良知及好恶之情的赋权，将道德的最高权威从外在之天理转移到内在之良知，万事万变不过人之是非好恶，无逃乎人之良知，其以是非之心表达“良知”的目的在于表明是非大义在内不在外。但王阳明并没有取消“天理”这个概念的使用，而是采用了“良知之天理”的表达，在宋明理学“性理”结构下，“天理”这个概念始终是最高权威。具有了良知的主体通过致良知活动流行良知之天理，万事万物获得其价值之理，主体也在这心物感应之间获得了自己的价值，从而构成了自己生命的价值世界。在“心即理”的命题下，天理去实体化以良知的形式存在，使得人成为一个情感与理性并具的主体，在致良知的实践中，天理贯穿了主体的生命，人不仅仅是个具有道德明觉的实践者，更在此实践中对万事万物进行了价值赋予，在这过程中自己也成为一个价值存在。

魏黄玲《探析王阳明的“良知学”》（《太原城市职业技术学院学报》2020年第1期）一文指出，良知是一种人先天具有的道德意识，王阳明的“良知学”将“良知”作为其思想的核心，从中可以看出他对人的道德修养的关怀。该文以良知为主线，通过对王阳明“良知学”的主要理论渊源的梳理、“良知学”的学理内涵的阐述及对阳明后学“良知学”的简要阐述来揭示“良知学”的时代意义。“良知学”的时代意义就在于通过道德自律，人在道德实践的过程中达到知行合一，提高个人的道德修养。体现在整个社会中，就是社会整体道德水平的提高及社会的和谐与发展。

李健芸《真诚恻怛：良知的本然朝向——良知之真诚恻怛与知是知非关系辨析》（《特区实践与理论》2020年第1期）一文指出，良知对是非的判断根源于良知活动固有的本然朝向，对与此朝向相同的意识活动和行为，良知好之、是之，反之则恶之、非之，这是良知的本然朝向与良知之“知是知非”的关系。良知的本然朝向即良知以其根源上具有的指向他者、与他者贯通为一的活动能力为动力，走向自身本有的对万物一体的醒觉和成全，这是良知对自身的恢复。良知在具体个体的实现过程中，依其真诚恻怛展开为一种厚薄分明的差异结构，对厚薄的判断是否适应于此差异结构则为具体的是非判断确定了标准，对此差异结构的实现是良知实现自身的必然要求。

苏晓冰《道德之普遍性的根据何在——从王阳明对“良知”之实在性的论证来看》［《海南大学学报》（人文社会科学版）2020年第4期］一文指出，“良知”是阳明学中的核心概念。王阳明对良知的重视既源于良知构成“成圣”这一“第一等事”的前提，也因为良知在实质上奠定了道德实践的基础，而这些功能与作用是建立在良知之实在性这一前提之下的。然而，在作为明代官方学说的朱子学中，其以心为明觉而求理于外的理论倾向，实质上是否定了良知的实在性。在上述背景下，王阳明展开了对良知实在性的论证：一是通过对孝、悌、孺子入井等现象的反思进行经验性说明；二是借用体用关系的分析进行形上学探索；三是通过一个否定的角度，进行反向论证。经由此，王阳明证明了良知的实在性，从而为其哲学体系建立了坚实的基础；同时，这也构成了王阳明哲学对道德之普遍性根据这一哲学基本问题的回答。

5.“致良知”的研究

李宇《“致良知”何以可能》［《重庆科技学院学报》（社会科学版）2020年第1期］一文探讨了“良知”的先天性与普适性，认为王阳明的

“致良知”是个体德性与儒家普遍道德原则的统一，最终目的是要实现传统儒家所追求的个人修养与公共秩序相统一的目标。“致良知”学说虽然在当今社会具有挑战性，但是也有其合理性，对提高个人道德修养具有实践价值。

董平《主体性的自我澄明：论王阳明“致良知”说》（《中国哲学史》2020年第1期）一文简要论述王阳明“致良知”说作为生存论的基本内涵。王阳明将《大学》“致知”之说阐释为“致良知”，同时也就将朱熹借此所建构的知识世界转换为主体的生存世界。良知作为人的本原性实在个体的经验生存中的可能“隔断”，成为王阳明“致良知”说的起点；要求去除“隔断”而实现良知于经验生存中的通体贯彻，成为“致良知”的核心要义；“诚意”则是消除“隔断”而确保心体之真实体现的切要工夫。因此而鉴别出“致良知”的二重维度：“良知”即是“中体”，即是“未发之中”，故“致良知”即是“致中和”；“中”的实现，即是事物实在之真实情状的还原，即是真理的实现。

葛跃辉《理解王阳明致良知思想的三个向度——以〈传习录·答顾东桥书〉为中心》［《成都理工大学学报》（社会科学版）2020年第2期］一文指出，王阳明“致良知”的前提在于恢复“中和之德”。“中和”源出《中庸》，“中和之德”就是人之“诚”，是人之天性良知在心物之间的自然绽放，在行事之中的循理而为，只有把中正平和的德性品质作为前提，才能为良知开显营造条件。三代社会之后人们受物欲和积习的牵累，逐渐丧失了这种“中正”的品质。致良知的方法在于格物致知，格物即事上工夫，致知即心物一体，达到融一的状态。王阳明认为，朱子之“理”是“外生”而非“内造”，在现象界中难以使人真正行动起来，容易导致两种错误的倾向：向外探求天理使得“物欲”越来越重，向内探求“天理”又容易陷入禅学之中。应该内外一体，事上见性，以行动带动认识，消除心物之间的紧张。所以，致良知的关键还在于知行合一，在行动中体认本心良知，把“心”落实在“事”上，把“事之理”检验在心上，即知行合一是心物之间双向而一体的过程。

祁斌斌《“致良知”：从任物之心到即体之心》（《安康学院学报》2020年第3期）一文指出，王阳明认为良知不但在人心，它也未曾离却事物。在人心上求良知，工夫既应该在人心上做，也应该在万事万物上做，因为心外无物。但意之所在即是物，人心任物、肆情纵欲，此即任物之心。在任物之心上求得的良知即为即体之心，致良知就是从任物之心走向即体之心。

6．“立志”与“成圣”的研究

戚杨泽《王阳明“立志诗”中的心学思想发微》（《名作欣赏》2020年第35期）一文指出，“立志”是王阳明诗歌创作的重要主题。在心学体系建立后，王阳明不但在“致良知”学说的基础上展开对“立志”的艺术性阐述，更在“立志诗”中极言“立志”的实践性品格，并结合具体的实践情境强调“立志”需“知行合一”；同时，其“立志诗”追求精神人格的超越之境，以求达到心理圆融，乃至天人合一的境界。

杨道宇《学由志成：阳明心学的学习意志论》［《山西大学学报》（哲学社会科学版）2020年第2期］一文认为，与西方主张的“兴趣是最好的老师”不同，王阳明认为志向才是最好的老师，学习只有在志向的“立持信责”中才可以更好地生成，从而形成心学特色的学由志成论。其核心观点主要有四：一是“立志”以使“学而有根”，立志是为学之本，只有立志才能使学习拥有明确的奋斗目标与方向，才能让学习充满活力；二是“持志”以使“学成于恒”，人要学有所成，就必须持之以恒地执着追求自己的志向，不仅要“持志以实”地使志在事上磨，而且要“持志以恒”地使志成为长志，而不是常立志；三是“信志”以使“学成于信”，人要学有所成，就必须坚定不移地信仰自己所立的志向，从而使自己心态积极、斗志昂扬、人性完善；四是“责志”以使“学成于责”，人要学而有成，就必须学会慎独自责，努力克制不利于自身志向实现的私心杂念，尤其要在公共监督难以到达的“独知之地”使自警之钟长鸣。

陈延斌、麦玮琪《王守仁修己思想及其时代价值》（《中国哲学史》2020年第5期）一文指出，王守仁修己思想具有丰富的内涵，其中“明明德”是修己的核心要义，“致良知”是修己的根本宗旨，“止至善”是修己的最高追求。省察克治以扫私念、断思虑，事上磨炼以端私欲、持中正，格物以致良知、除私欲，知行合一以尽己心、达内圣，则是王守仁提出的修己路径。王守仁修己思想的时代价值在于：明德、良知和至善思想能为个人品德修养提供导向参照；“凡人亦可成圣”的修德理念仍可作为今人理想人格塑造的基点；省察克治、事上磨炼和知行合一的修身路径，依然是我们新时代公民道德践履的重要借鉴。

邵通《王阳明圣人观的三重突破》（《唐山师范学院学报》2020年第4期）一文指出，王阳明针砭时弊，突破以往观念，构建了心学圣人观。通过对何谓圣人、人是否具有成圣的能力、人们如何成圣这三重维度的突破，王阳明反思了传统圣人理论的不足，又高度概括了自己的思想，形成了一个完善的圣人观体系。

7.“天地万物一体之仁”的研究

张海燕《中国古代的天人观念与生态伦理——兼论王阳明“天地一体之仁”》［《国际社会科学杂志（中文版）》2020年第2期］一文指出，中国古人曾提出天地万物一体、天人同道合德、天人互感互动、赞天地之化育、仁民而爱物和天地之间人为贵等思想理念。明代心学家王阳明的“天地一体之仁”的学说，与之若合符节，并有所阐发和拓展。中国传统上这些有关生态伦理的看似素朴稚嫩的观念，不仅因为其旧而会给时人某种历史新鲜感，而且，因为它从古代东方特定的视域揭示了人类永恒真理之一角，也许会对调整当今人与自然的紧张关系和失序状态有所启迪。

李史如《“仁者以天地万物为一体”何以可能——论王阳明的环境美德伦理思想》［《南京林业大学学报》（人文社会科学版）2020年第5期］一文指出，儒家学说中蕴含着丰富的环境美德伦理思想，明儒王阳明的“万物一体”学说就是其中之一。“仁者以天地万物为一体”的本质不是“感同身受”，也不是“移情”，而是“生之性”的体现。“生”即存在，“生之性”即存在本性，“生之性便是仁”。首先，仁即存在本性，万物皆有。天地间的自然万物都是一种存在，存在于天地间的自然万物中皆蕴藏着存在本性。人与自然万物因这相同的本性而没有隔阂，相互依存，联结为有机整体，这是“仁者”能够“以天地万物为一体”的根本前提。其次，仁即感知能力。这一感知能力使得仁者能够体认万物之中的存在本性，对万物存在本性有所感知而产生“一体感”，这是“仁者”能够“以天地万物为一体”的必要条件。最后，仁表现为爱的情感。这份爱的情感使得仁者能够主动去呵护万物中的存在本性，将自然万物看作自己身体般去关照与爱惜，这是“仁者”能够“以天地万物为一体”的重要保证。正是存在本性、感知能力及爱的情感这三重因素的共同作用，使得“仁者以天地万物为一体”得以可能，自然万物也因此得以和谐共生、绵延不绝。

张新国《王阳明〈大学问〉的仁学建构》［《南昌大学学报》（人文社会科学版）2020年第1期］一文指出，对于阳明《大学问》，学界主要从万物一体、大人之学、格物致知及致良知等角度展开诠释，实际上这些考察的视角均含摄于阳明晚年的仁学思想建构。王阳明在反思宋儒及明代社会文化状况的基础上，以万物一体之仁为核心理念，熔铸其心即理、知行合一、致良知等一生最为重要的学问理念，建构了融义理与工夫为一个完整体系的仁学思想。这可视为王阳明晚年思想的新动向，也可视为儒家仁学思想在明代的新发展。

李富强《王阳明“一体之仁”的存在论阐释》（《洛阳师范学院学报》2020年第4期）一文指出，在王阳明看来，“仁”是本源、本体，具有创造与活动的特点，所以说它是“造化生生不息之理”。“仁”即存在的显现，亦即显现的存在，心—意—物的意向结构是存在的原初状态，人不能于其自身存在之外去把握、认知、体验作为超验对象的“仁理”，而只能从人自身存在的原初状态——心—意—物——这一意向结构来澄明世界之意义。王阳明认识到存在中的存在者是共属一体的，必须从天地万物一体同源之“仁”来思考存在者整体。天地万物在人的生存活动中显现为一个统一性的整体，即“一体之仁”。

龚晓康《“此心光明”：王阳明的生死觉化与良知体证》（《中国哲

学史》2020年第3期）一文指出，王阳明早年出入儒释道，经龙场大悟觉化生死一念，实现了生命的彻底超拔。考诸王阳明对于生死问题的思考，乃是基于“仁者与天地万物为一体”之理念：人心与天地万物神感神应，即是一体之仁的感通不已，亦即彻生彻死之“真己”；但为私欲执着所遮蔽，众生沉沦于“躯壳之己”，故有“小我”之生死。体证生死的关键，在于挺立知是知非之良知，笃行事上磨炼之工夫，真诚地面对现前一念，破除私欲执着之遮蔽，恢复一体之仁的神感神应，以证入“大我”之化境。然而，一体之仁的体证，不离伦物之感应，故自我的生死超越，关乎他者的生命安顿。因此，王阳明之生死觉化，既未堕于虚无寂灭之窠臼，亦未落于自求解脱之坑堑，正是通过对长生不死的视域转化，王阳明构建起了“致良知”的道德形上学。

8.“拔本塞源论”的研究

欧阳祯人《从〈拔本塞源论〉看王阳明与陆象山的关系》（《孔学堂》2020年第3期）一文依托于孟子的相关思想，以《拔本塞源论》为出发点，从文献入手，对陆象山与王阳明进行了比较研究，从良知之心隔于物欲之蔽与功利之毒沦浃心髓两个方面讨论了王阳明对陆象山思想的继承与发展。陆象山与王阳明都是孟子思想忠诚的继承者。《拔本塞源论》与陆象山的《与邵叔谊》等文献有着惊人的承继关系。王阳明的《拔本塞源论》深受陆象山的启迪，是陆象山的思想之观点、角度、思路、构架的扩充、重构与发展。

9.“四句教”的研究

吕本修《王阳明“四句教”及其道德价值》（《齐鲁学刊》2020年第6期）一文指出，“四句教”是王阳明提出的重要思想命题，它来源于“天泉证道”。“四句教”结构中的心、意、知、物深受《大学》中的格物、致知、诚意、正心的影响，不过王阳明站在自己的心学立场进行了创造性的发挥。时至今日，“四句教”思想对于我们的道德修养理论研究与实践依然具有重要价值。

朱小明《从“有善有恶是意之动”到“为善去恶是格物”——阳明

心学的“诚意”说探析》（《贵州文史丛刊》2020年第4期）一文指出，对于良知自知而不自致问题的解答，既关系到儒学的本体与工夫为一体的修证体系，同时又不可避免地引发了儒学对于恶的思考，暗含着儒学乐感文化和道德精神背后的忧患意识。纵观阳明心学，其主要着眼于“意”的视角，具体阐释了良知的遮蔽或迷失，从“意”与“心”“良知”“物”“情”之间的相互联系中，指出了应物起念的“意”所引发的私欲，以及由此而带来的良知的遮蔽。据此，王阳明指出“恶”在心学中的非本体性质，并通过格致诚正等道德践履过程，将身心修养的重心放在了道德主体的自我努力上。

邹建锋、叶春艳《从天泉证道看阳明弟子钱德洪和王畿的学术论辩》[《贵阳学院学报》（社会科学版）2020年第3期]一文指出，围绕善恶的有无，钱德洪与王畿的分歧形成“四有教”与“四无教”。钱德洪“四有教”依托“下根”之人没法直接顿悟本体，需在意念世界里面反复训练思维，念念致良知，通过持久的工夫上达本体；王畿的“四无教”教法，立意高远，高妙顿悟直觉把握能力，为“上根人”立法，即本体即工夫。这就是阳明心学史上著名的“天泉证道”学术公案，影响深远。无论是直接顿悟，还是渐修而悟，在阳明“四句教”看来，都必须要大彻大悟，体会到万物之理内化于心的契合，至善在心，日用渐修，为善去恶，知行合一，致良知。

10. 阳明心学中其他哲学范畴的研究

郝鑫《论王阳明心学中“诚”之内涵的多重性》（《宁夏社会科学》2020年第2期）一文指出，从王阳明的思想脉络中不难觉察，“诚”于不同的情境中呈现出多重形态，具体展现为“立诚”“诚意”“诚身”“诚心”“诚明”“至诚”，可概括为“诚”的“开启”“涌现”“境界”，分别代表着个体为学历程所涵盖的唤醒信心、践行纲领、生命体悟，并集结为以“诚”为中心的层次鲜明的概念系统。以“真诚”作为本性的“致良知”，整合、吸收“诚”的丰富含义，使之相互切近、贯通，升华为“圆融”，令阳明心学中的“诚”具备多元阐释空间。

田晓丹《王阳明思想中“乐”的探析》（《河南广播电视大学学报》2020年第1期）一文指出，寻“孔颜乐处”不仅是宋儒的必修课，也是明儒王阳明的关注点。王阳明将“乐”这一概念提升至本体的层面，并将其与“致良知”等量齐观，甚至提出“乐是心之本体”“良知即是乐之本体”的观点。这既是王阳明的特殊之处，也是其思想的特色之一。王阳明思想中“乐”这一范式不仅有形上的本体内涵，同时还具有形下的实践意义，这一点尤其体现在圣人之志方面。“乐”与“忧”相对，却皆为圣人之志的发用流行提供了内在根据。王阳明的圣人之志也通过这对范畴得以呈现。

张维珍《析阳明心学之“乐”》（《汉字文化》2020年第15期）一文指出，王阳明关于乐的思想和态度源于先秦儒家的孔颜之乐。王阳明认为“乐”是心之本体，即是人的本心所固有的东西，且并非圣贤独有，而是人人都有，具有本体性。要想达到乐的境界，则需要“反身为诚”“知行合一”，需要修养，这是其工夫论，具有实践性。且王阳明认为“乐”是一种本然状态，虽与“七情之乐”有别，却也不外于“七情之乐”，与道德伦理相适应，需把握适度的情感宣泄，因此又具有了道德伦理的特征。

周庆辉《王阳明未发已发思想探究》（《内江师范学院学报》2020年第7期）一文指出，未发已发是王阳明哲学中重要且灵活的一对哲学概念，王阳明对此讨论不少，但矛盾和含混之处也颇多，所以需要通过多种角度研究才能梳理清楚这个问题。经研究分析，在与发用相对的意义上的本体没有未发已发之分；在与工夫相对的意义上的本体，也就是境界意义的本体有未发已发之分；从时态的角度看，有未发已发之分；从工夫的角度看没有未发已发之分。

傅锡洪《论阳明学中的“真诚恻怛”：思想渊源、工夫内涵及当代意义》［《杭州师范大学学报》（社会科学版）2020年第5期］一文指出，在阳明学中，“真诚恻怛”是一个十分重要却未受足够重视的概念。这一概念由真切等词发展而来。真诚指刻意努力去除私欲之蔽（去恶）的工夫，以及其达到的意识与本体一致的状态。在这种状态中，本体主导意识而促使人为善。恻怛指的是发自本体的对他人不能自已的同感。两者结合，即是说刻意努力地诉诸恻怛之心以为善去恶，并进而保持恻怛之心自然发用以为善去恶的状态。王阳明去世前几年之所以提出真诚恻怛并予以特别重视，就是因为这一概念充分满足了工夫指点语的要求，即它既包含了相对明确的目标指向（去恶与为善），又包含了明确的动力来源（成圣意志与本体）。真诚恻怛不仅有助于我们深入理解王阳明的工夫论，而且对当今个人与社会、权利与责任关系的处理也不无启发意义。

葛跃辉《王阳明气思想研究》（上海师范大学硕士学位论文，2020年5月）一文指出，“气”是王阳明思想中的重要部分，但因为受到西方唯理论和机械唯物主义等“反向格义”影响，大多现代学者对传统“气”的研究是不全面和不“自然”的。阳明思想中的“气”即实即虚，既是实体又是意识，既是现象又是本质，与“心”“性”“理”“良知”是融贯一体的，它在“心”与“物”之间作为实体感应存在，是“心物”贯通和转换的关键环节，是消除“心物”二元紧张的行事要素，是“心即理”“致良知”“知行合一”得以在现象界中实现的核心链条。“心”是阳明思想的本体和基础。王阳明以“心”为本体，认为“气”是“心”的外化，是“心”在现象界中的具体行动和洒扫应对，气是更好表现的“心”、发挥“理”、致其“良知”和化其“性”，“心”最终要落在“气”上方可见“心”，既要合心“与”气，也要合心“于”气，既要气上见心，也要事上见性。阳明“气”贯穿于心、性、理、良知之中，气与任其一的关系即“一体两面”又“合二为一”，气与四者的关系是“一体多面、多面即体”，是为“精一”，惟精惟一是最高的工夫，圣人之学即精一之学，所以“心”为本体，“气”则为其思想的隐位主线。该文从本体论和工夫论两个视角切入，从阳明思想中与“气”相关的9条“目”（范畴）出发，进而探讨气与心、性、理、良知4条“行”（关系），最终得出阳明“气”思想的4条“达”（结论）。在本体层面，气表现为元气、血气、精气、志气。在工夫层面，为“存夜气”，养浩然之气，消“习气”，除“客气”，这些表达了气既是实体，又是感应与意识，万物同此一气，良知以其流行即是气。第二部分论述了阳明气与心、性、理、良知的关系，理是气之阴阳运行条理，即是易。现实之心是气之凝聚精华，心动则气动，动则不失其则即是理、即是善。良知是气的感应流动，良知是本心之惯性运动。性的自然即是气之本然，自然即无所谓善恶，偏执即恶，心气之自然即是最高之善。强调“理”往往导致现象界的旁落，所以在“本体心”上，气贯穿于“现实心”、性、理、良知中。阳明“气”思想之意义在于：第一，使心具万物、万物一体有了现实之基。第二，使心物二元矛盾转向了“心体之气”的内部运动，生发有则成为善恶的标准；不著于相成为行事的原则，突出了个体的良知对万事的统摄能力，“心即理”得以实现。第三，消解了心物之间的二元矛盾，强调事上工夫，事上见性，为知行合一提供了现实保障，正面解决“析知行为二”。第四，气为阳明“心本体”没有流入佛老之“心生则种种法生，心灭则种种法灭”做了现实保障。总之，气为心即理之“即”、致良知之“致”、知行合一之“合”地做出了现实的回应。

（四）王阳明经学史学思想研究

我们知道，《古本大学》是阳明心学诸多命题得以生成的一部重要经典，对儒家传统经典即“四书五经”的诠释是历史上任何一位儒学家都绕不过去的学理思考，王阳明也不例外。在研读儒家经典的过程中，王阳明也形成了自己独特的经学观。

1. 王阳明经学思想综合研究

汪学群《王阳明心学与经学的互释》（《哲学动态》2020年第1期）一文指出，王阳明的思想特色是“心学”，但“心学”并非凭空产生，而是源自解读经典，这正是“心学的经典化”与“经典的心学化”一体两面的过程。王阳明认为，“心学”与“经学”是一种“道”与“经”的统一关系，“心之常道”就是“经之常道”，对“经”的宗旨及源流的考察须以“正人心”为本，孔子删述《六经》等也正是围绕着正人心、塑人伦进行的。一言以蔽之，王阳明的心学不是空谈心性、游谈无根的，而是对经典的诠释。

邹莹《“忘鱼而钓，寄兴于曲蘖”：王阳明的经典诠释学》（《理论界》2020年第2期）一文指出，作为明代心学的集大成者，王阳明以千古不易之“心”取代了宋儒的“天理”，从而建构了其心学道统。在此背景下，王阳明的经典诠释以“忘鱼而钓，寄兴于曲蘖”为总体原则，其基本内涵则是对传统的读书求道观念的反叛，而要求以经典为吾心之印证。为了使得经典可以与吾心相接，王阳明以“良知”为心之本体，从而使得释经者与经典在心之“良知”的本体层面达到彻底的“视域融合”。由此，王阳明得以将“致良知”作为理解与解释经典的“权衡”，进而将明代的“二十四民”全部纳入经典诠释的对话对象之中，最终开启了明末以情抗礼的社会风尚。

李春青《从“文本阐释”到“自我阐释”——王阳明经典阐释学思想的实践性品格》［《山东师范大学学报》（社会科学版）2020年第4期］一文指出，在儒学经典阐释学的历史上，“汉学”与“宋学”分别代表两种阐释模式。前者坚持“章句训诂”之路，称为传注或注疏之学，以“我注六经”为己任；后者则坚持“发明本心”门径，名曰心性之学，以“学作圣人”为鹄。在“宋学”系统中又有两种不同的阐释方式：一者以程朱为代表，主张从文本阐释而达于自我阐释，所谓“格物致知”；一者以陆王为代表，主张以自我阐释统摄文本阐释，所谓“致良知”。王阳明关于“自我阐释”有系统阐述，在突破传统儒学思维方式、张扬个体主体精神方面起到了划时代的作用。

王胜军《王阳明六经“删述”说发微——兼论文化生态的净化》［《湖北大学学报》（哲学社会科学版）2020年第5期］一文指出，孔子删述六经作为一种历史隐喻，历来不乏学者引据，王阳明从哲学层面将其与“始皇焚书”对举，展示了“良知”与“私意”对文化生态的不同引导作用及“删述”的政治文化意义。以“习染”说为支撑，王阳明从良知异于见闻的逻辑出发，提供了由个人的偏见剥落进而到社会层面“著述”式权威知识文本的删述进路。在批判程朱理学的基础上，王阳明又揭示了“存迹示法”和“削事杜奸”的文献编纂原则，并主张通过“拟经”，即表彰正学的方式，渐次淘汰足以诱发人欲和败坏风俗的各种言说，以净化良知发用的外在文化生态环境。六经“删述”说实际上是王阳明良知学建构的重要补益性论述。

2.王阳明的《大学》诠释研究

陈光《王阳明〈大学〉思想研究》（河北大学硕士学位论文，2020年5月）一文指出，在儒家发展的历史进程中，关于“何以成圣”问题的讨论，在宋明时期达到了前所未有的高峰。北宋张载主张“穷理”以“尽性”，达到“变化气质”的“大心”境地；周敦颐则提出了通过“主静”的修养方式，达到“中正仁义”的圣人境界；程颢继承周茂叔推崇的“孔颜之乐”观点，主张通过诚敬存养的方式，实现自我精神的超越；自小程子至朱熹的程朱理学，则主张通过格物穷理的方式达到豁然贯通“天理”的目标；明代陈白沙提出以自然为宗，追求内心的自由。而这一问题同样贯穿了王阳明为学的一生。王阳明中年经历“龙场悟道”后，真正确立了心学的立场，由此提出了“心外无理”的理论学说，即人之心体包含天理的全部，寻求天理的向度不在外界，应该反身内求，才是正途。王阳明心学立场的确立，是对当时程朱理学在明代出现困境所做出的反动。他与程朱理学对战的主战场，在双方对《大学》的不同解读上。《大学》本是《礼记》中的一篇，唐宋时期引起了学者的高度重视，朱熹将其提到了与《中庸》《论语》《孟子》同等的地位，合编成《四书》，此后成为科举考试官方用书。王阳明反对程朱对《大学》的增改，他提倡学者恢复使用古本《大学》，并且在古本《大学》的基础上进行了新的理解和发挥。有关《大学》中的“格物致知”理论，程朱理学认为，就实践主体而言，通过对客体的观察和接触，认识事物存在和发展的规律，进而进行归纳和总结，以这种方式积累知识，做到触类旁通，争取一朝“豁然贯通”体认天理。王阳明批评程朱理论中出现的心物二分现象，他认为这会导致工夫的支离和烦琐，并且背离了先秦儒家强调的反求诸己的观念，且人的本心既然完整地包含了天理，那么格物的工夫也应该落实在人心上，去除私欲，从而恢复人心的本来样貌。除了对“格物致知”这一工夫理论提出新的理解外，他以《大学》首章提到的“明德”发挥心体理论，用“至善”解读圣人境界。王阳明晚年时又通过“致知”提出他的“致良知”学说。王阳明思想的形成与《大学》密不可分，在此基础上他还提出了独具特色的“知行合一”思想和“四句教”教论。

3. 王阳明的《论语》学研究

乐爱国《王阳明对〈论语〉“克己复礼为仁”的解读及其后学的变异——兼与朱熹的解读比较》（《贵州社会科学》2020年第2期）一文指出，王阳明对《论语》“克己复礼为仁”的解读，源自朱熹《论语集注》将“克己复礼”分为“克己”与“复礼”两个部分，将“克”解读为“胜”，“己”解读为“身之私欲”。与朱熹一样，王阳明强调“克去己私”，讲“克己工夫”。然而，阳明后学的解读却发生了变异。他们明确反对朱熹把“克己”之“己”解读为“己私”，或将“克己”解读为“修己”，或将“克”训为“能”。这些解读不仅不同于朱熹，而且与王阳明的解读也有很大差异，但还是与朱熹、王阳明的解读一起为后世所接受。

4. 王阳明的《诗经》学研究

王公山《王阳明的〈诗经〉观及其学术价值》［《井冈山大学学报》（社会科学版）2020年第1期］一文指出，心学家王阳明对《诗经》有着独到的理解。他认为：孔子删诗说是合理的，圣人删去繁文，后儒却强加上；“淫诗”非孔子所选，而是汉儒在秦火后附会之作；“《六经》皆史”，以劝善惩恶为目的；《诗经》是心的记籍，“吾心”是第一性的，《诗经》是第二性的，世人重训诂轻心性是舍本逐末、背道而驰。王阳明的《诗经》观传播了唐宋以来的疑经精神，助长了明清的疑古思潮；承传了前人的经史观，催发了清人“《六经》皆史”的经典观；发展了“《六经》皆我注脚”的阐释观，激发了学术界研究经典的创新意识。其《诗经》观虽非独创，却在前人学说的基础之上阐扬发挥，扩大了前人《诗经》观的社会影响，开启了后学思路，其学术价值应该受到学界的重视。

5. 王阳明的礼学思想研究

2020年，不见有研究王阳明礼学思想的论著。

6. 王阳明的易学思想研究

赖少伟《王阳明易学思想之发展路径》(《赣南师范大学学报》2020年第5期)一文指出，王阳明易学思想之发展可分为前、中、后三个阶段。以“龙场悟道”为分界，此前之阳明易学思想主要表现为对程朱易学之因循，而基本不做自身之发挥；“龙场悟道”之后，王阳明则是发挥易理以证其“道”；随着工夫之精熟易简，王阳明又提出“良知即是易”，指出二者本体与工夫之一致性，此为阳明易学思想发展的第三个阶段，良知与易道圆融。

黄黎星《论王阳明〈易〉说》(《福建江夏学院学报》2020年第6期)一文指出，王阳明虽没有以专著的形式对《周易》这部奇特玄妙的经典进行过全面、系统的阐释，但他也曾就《周易》经传及相关《易》理发表过许多精辟的见解。梳理、归纳王阳明各类著述中的《易》说，可以发现，从其系狱谪居中研读《周易》，到由“易之阴阳消息”感悟“明吾心”，再到由“知至至之”印证“致良知”，以及从“致静守谦”阐述修养工夫，到“乾坤易简”推论心学简易法门，都体现出王阳明《易》说与“心学”思想体系的紧密关联。

7. 王阳明的《春秋》学思想研究

田晓丹《王阳明经学观视域下的“元年”探究》[《成都理工大学学报》(社会科学版)2020年第5期]一文指出，《春秋》的重要概念“元年”不仅是《五经》微言大义的缩影，也是王阳明核心经学思想的缩影。王阳明在《五经臆说十三条》中对“元年”做了首条阐释，并给予它心学的理路。在王阳明思想中，“元年”充分展现了其“尊经即尊心”的经学观路向、“得鱼忘筌”的经学诠释方法，以及在格物致知中体认圣人的为经之道。此外，在王阳明的经学观视域下，“元年”还有了“天人合一”的核心观念。

8. 王阳明的史学思想研究

2020年，不见有研究王阳明史学思想的论著。

（五）王阳明政治军事教育思想研究

1. 王阳明的政治思想、社会治理思想研究

朱伟《王阳明基层治理的理论价值》（《宁波日报》2020年7月9日）一文指出，王阳明深受儒家治理思想的影响，在理论层面，他吸收了儒家传统的仁政爱民、礼乐教化、德主刑辅等治理思想；在实践方面，他借鉴了传统的家族宗法、长老权威、乡里组织等乡村治理手段。既尊崇儒家的德礼之治与仁爱之治，也吸收了法家的法因时变与赏罚必信。王阳明认识到，在实际治理过程中，单纯依靠道德手段缺乏威慑力。因此，为了维护德治和社会秩序，必须借助一定的强制手段作为辅助。王阳明将道德教化和刑罚手段结合起来，用刑罚作为德治的必要补充，从而抑制人性之恶，发扬人性之善。在维护封建礼制的同时，强调封建法制，推崇“礼义教化优于刑罚”，同时主张赏罚分明以奖功振威。礼与法相辅相成，“礼法合治”的治理思想在王阳明的治理实践中得到了有效贯彻。

黄文杰《王阳明基层治理思想的当代启示》（《宁波日报》2020年7月9日）一文指出，民生是人民幸福之基、社会和谐之本。关注和改善民生，让全体人民共享发展成果，事关群众福祉和社会和谐稳定。王阳明的“亲民”思想，在当代基层治理中可转化为从实际出发，集中力量做好普惠性、基础性、兜底性民生建设，织密扎牢托底的民生“保障网”。“民之所望，政之所向”，对群众最急最忧最怨的问题要苦干实干，打通堵点、纾解痛点、化解难点，把脱贫攻坚与乡村振兴紧密结合起来，真正创造“良知”政绩。

方东华《王阳明基层治理的实践探索》（《宁波日报》2020年7月9日）一文指出，王阳明在治理基层社会期间，深感基层官吏习气恶劣，他采取措施对吏治进行严厉整肃，以减少官吏的盘剥，给百姓带来切实好处。江西发生水患时，官员无视民生疾苦，“乘机窃发，惊扰地方”。王阳明发布禁约，对官员活动做出严格规定，告谕属地官员“务须轸念地方，痛恤民隐”。他要求各地大小官吏廉洁奉公，在处理军需的粮草和兵

役时要亲自编派任务，按照规定秉公处理，不得私下收受贿赂，不得扰乱百姓生活，“敢有抗违生事惊扰地方者，就便拿解赴官，治以军法”。王阳明的禁约切中基层吏治的要害，严厉督促基层官吏体恤百姓，一定程度上改善了基层官吏的作风，提升了基层行政效率。

崔树芝《从书院到乡约——王阳明乡治思想研究》［《贵阳学院学报》（社会科学版）2020年第2期］一文指出，王阳明的乡治思想主要体现在乡约实践中。在乡约由民间走向官方，由地方走向全国的发展过程中，王阳明是过渡性的人物，他既焕发了乡约的新生命，某种程度上也牺牲了乡约的民间自治精神。王阳明的乡约实践借助于他的行政权力，但不能简单理解为官方性质。与宋儒的君行道不同，王阳明选择觉民行道，并以书院讲学为主要载体。书院与乡约呈现体用或本末关系，乡约是书院讲学的延伸，是良知发用的治民事业，目的在于移风易俗。阳明的乡治思想对当前的乡村振兴有启发意义：乡约精神对完善乡村治理、扩大民治基础、加快乡村振兴的步伐有一定的借鉴意义。

陈睿超《王阳明〈南赣乡约〉的思想、现实基础及其当代启示——一个传统中国的“简约治理”个案》［《哈尔滨工业大学学报》（社会科学版）2020年第6期］一文指出，王阳明创立的《南赣乡约》在中国古代乡约发展史上占有重要地位。着眼于乡约与理学的思想渊源对《南赣乡约》加以分析，可以看到其一方面继承了宋代理学的乡治思想传统，另一方面又以阳明心学为思想基础，结合明代南赣地区的社会现实而有所调整、改造，相较于宋代乡约呈现出道德教化简易化、乡约形式官方化、乡约与保甲制度并行的新特点，深刻影响了明代乡约的发展。《南赣乡约》可谓提供了一种制度与道德协调共举、官治与民治相互促进的乡治思路，对现代中国的乡村治理具有启示意义。

贾庆军《王阳明管理思想探析》（《武陵学刊》2020年第1期）一文指出，王阳明的管理思想可以分为以下几个方面：以德为先的人才观；约束滥权、赏罚分明的官员管理思想；情法并用、杜绝形式主义的政务管理思想；教管一体的民众管理思想；随机应变的临时管理思想等，这些思想对我们现今有一定的借鉴意义。王阳明的管理思想也是其良知思想的具体实践，且阳明管理思想的特点与其良知学说的特点是一致的。

王杨秀《王阳明心学与其现代政治哲学的价值》［《贵阳学院学报》（社会科学版）2020年第5期］一文指出，王阳明心学的现代政治价值：一是其生命哲学走向实践哲学，将道德本体置于宇宙本体的天赋之中，事实上其哲学并未远离有为的经世致用；二是从历史情境入手，其哲学思想对当时及后世产生政治影响；三是儒家内圣外王在政治方面有所体现，人人可为尧舜、人人可以战胜心中的善念恶念之差、人人可做到自己的内圣外王。

钟海连《王阳明危机管理策略简论——以“投江游海”事件为例》（《中国文化与管理》辑刊，2020年卷）一文认为，王阳明一生经历多次事关朝政安危和个人生死的重大危机，但每次都能以过人的智慧和勇气渡过难关，转危为安，其中他所独具的危机管理策略及对策略的娴熟运用，是他能够扭转不利形势、化险为夷乃至取得胜绩的重要原因。王阳明在遭遇人生第一次仕途险境乃至生死危机——上疏救言官而忤逆权宦刘瑾，被下狱廷杖、毙而复生、谪龙场驿时，为阻止危机的蔓延扩大，采用了制造“投江游海”的传奇故事——新的焦点事件——这一危机管理策略，在把握时机、转移焦点、选择传者、获取同情、掌控路径等方面均展现了此危机管理策略的高明之处，是古代成功地将危机管理策略应用于政治危机处置的一个经典案例，极富跨时空的启发意义。

任健、徐婷《王阳明治家思想及其价值分析》（《学术研究》2020年第6期）一文指出，王阳明的治家思想包括正心诚意的修身之道、忠孝敬信的立德之方、勤俭积善的齐家之道、立志勤学的为学之道、谦虚恭敬的为人之道、责善改过的交友之道、清静知止的处世之道、经世济民的治世之道等八大方面；蕴含修身立德的修己方法、待人接物的处事智慧、谦逊礼让的交往态度、清静知止的处世智慧、经世济民的参与意识、转消极被动为积极主动的良好心态等；呈现以良知教育为主要内容、以知行合一为主要途径、以治平天下为最终旨归的总体特征。王阳明治家思想对当今道德教育、家风重塑、青少年德育和价值观引领皆具有借鉴意义和参考价值。

刘孟珂《人性之善，天下无不化之人——王阳明对贵州民族地区的治理思想》（《汉字文化》2020年第14期）一文指出，王阳明作为明朝中叶著名的大家，在政治和教育方面都有极高的造诣。在被贬谪到贵州期间，王阳明充分利用其心学思想治理贵州，秉着“人性之善，天下无不化之人”的观点，在贵州创办书院，大兴讲学，教化民众，与当地的居民、土司友好交往。对于当时增进与少数民族的感情，以及维护地区之间的稳定与促进文化的发展都具有极为重要的作用。

2. 王阳明的税收法律思想

华建新《王阳明良知法治思想的形成、内涵与法治宁波建设》（《宁波通讯》2020年第15期）一文指出，王阳明良知法治思想的形成经过了长期的思想探索。他在明弘治十二年（1499）入仕后，上《边务八事》，在刑部提牢厅担任轮值主事时撰写了两篇具有法治价值的狱政文，是其法治思想的初步展示。弘治十四年（1501），王阳明被派往南直隶淮安等府“录囚”，冤假错案多有平反，这为其良知法治思想的形成奠定了实践基础。

3. 王阳明的廉政思想研究

张天社《〈南赣乡约〉中的廉洁思想》（《中国纪检监察报》2020年6月5日）一文认为，王阳明在任南赣巡抚时推行《南赣乡约》，倡导廉洁公正的思想，教化人心、整饬官风、治理社会，成为明代地方官员推行乡约的成功范例。王阳明生活的年代，商品经济有所发展，造成了信仰危机、道德缺失、人欲泛滥，特别是官场腐败现象十分严重。清除腐败现象，形成廉政风气，已成为当务之急。王阳明以“致良知”为行廉治政的方法，时时劝谕、教化人们，引导官吏去贪欲，抑贪念，正心为善，廉洁奉公，并以此来整饬吏制、整肃政风、净化民风，重建社会秩序，收到了良好的效果。

易中梅《浅析王阳明官德思想》［《科学咨询（教育科研）》2020年第8期］一文指出，在王阳明博大的心学思想和长期的为官实践中蕴藏着极具历史意义与时代价值的官德思想。他从良知、善治及知行合一等多方面开拓了官德思想的新境界，对当时及后世都产生了极大的影响。直至中国进入中国特色社会主义新时代的今天，其思想仍有很多值得借鉴和学习的地方，对进一步提升领导干部道德修养及推进领导干部道德建设具有重要的参考价值和指导意义。

4. 王阳明的军事思想研究

贾庆军《王阳明的军事谋略》（《书屋》2020年第1期）一文指出，王阳明不仅学问卓著，在武功上也是赫赫有名。他一生经历平南赣贼寇、平宸濠叛乱、征思田、平八寨等诸多战事，几乎是攻无不克，战无不胜，达到了文人用兵的顶峰。王阳明的军事谋略并非天生，他对兵书、兵法有着深入的研究。他曾经写过四种军事著述，即《兵志》《阳明兵筴》《武经七书评》《历朝武机捷录》。

黄朴民、熊剑平《知行合一：王阳明兵学思想管窥》（《浙江社会科学》2020年第9期）一文指出，王阳明不仅精研儒学，还对包括《孙子兵法》在内的古典兵学有过深入研究。他善于将用兵理论运用到战争实践中，在平叛战争中很好地运用了用兵理论，成为“知行合一”的最好注脚。就战争观而言，他主张“求善”与“去患”；就实力运用来说，他力倡“兵民合一”；就战争谋略的运用而言，他注重奇正结合。正因为如此，兵儒合流的特征在他身上有着集中的体现。

邓荣宗等《论明中叶赣南的地方军事化——以王阳明巡抚南赣为中心》（《江西理工大学学报》2020年第2期）一文认为，明中叶以来，传统中国地域化表现尤为明显，军事制度也不例外。王阳明巡抚南赣职内，顺应国家军制的演变和地域社会的变迁，通过选拣民兵、推行乡约保甲、倡导筑城设隘和借用“新附势力”等弭盗安民举措，促成了地方军事化的发展，并呈现出区别于晚清地方军事化的一些主要特征。从军队内部选拣民兵，与晚清曾国藩等从民间招募组建湘军有所不同。伴随着乡约保甲的推行和乡村城寨的构筑及“新附势力”的崛起，乡族势力得到不断发展并日益军事化。明中后期赣南地方军事化过程中形成的乡族武装，主要是由老人、义官、义民、新民等乡村中的有力阶层组织和领导的，这也不同于晚清时期主要由士绅阶层所领导的地方团练武装。

刘娜、刘鲲《王阳明与射艺》（《体育科技文献通报》2020年第8期）一文，运用文献资料法、逻辑分析法、文本分析法等方法，对王阳明本人及阳明心学与中国传统武术射艺进行了深度分析，研究发现：王阳明与中国传统体育射艺存在着十分密切的关系。王阳明本人是一名武林高手，行侠仗义是他的思维方式之一；射艺是他十分喜爱的运动，同时他也是一位能够百步穿杨的射艺高手；射艺中对个人的要求和阳明心学紧密相连，“射以观德”成为衡量一个人品德高低的方法。

5．王阳明教育（含书院教育）、教化思想研究

周建华主编《一盏不灭的心灯：王阳明家训三字经》（广东旅游出版社2020年9月版）一书，以“三字经”的形式改编《示宪儿》这篇被称为王阳明家规“三字经”的家书。《示宪儿》整篇家书，呈歌谣体式，三字一句，共三十二句，一韵到底，朗朗上口。后来，王氏后人秉承了王阳明的训子家规理念，形成了以“三字十二条”为代表的姚江王氏族箴，成为这个家族安身立命的旨要与规范。

徐红日、洪杰英《杨贤江与王阳明教育思想比较研究》（《教育现代化》2020年第3期）一文指出，20世纪初，伴随着西学东渐，一批批包括杨贤江在内的有识之士对中国的传统教育进行深刻反思，并且吸纳马克思、康德等人的先进教育理念来探寻中国教育的新出路。杨贤江将之与中国的国情、教育现状相结合，提出了“全人生指导”教育思想，而王阳明倡导以“知行合一”“致良知”为教育理念，重视德育的培养。因此，对两者教育思想进行比较分析，对当代社会青年教育的理论和实践都具有重要的借鉴意义。

邓凯、胡蓉《王阳明与教育》（《宁波通讯》2020年第23期）一文指出，中国历史上的一些大思想家往往也是教育家。王阳明先生在教育方面提出了颇具心学特色的主张，包括著名的“随才成就”“知行合一”，等等。我们回顾王阳明受教育、成长经历，有助于理解他为什么能够取得这些成就。

李慧敏《王阳明心学为学观的价值导向再认识》［《齐齐哈尔大学学报》（哲学社会科学版）2020年第12期］一文指出，王阳明心学为学观，倡导从良知者心之本体的本原出发，主张以致良知为事的实践工夫，以实现心之本体复归之现实可能。心学为学观，继承儒家内圣外王之学，开创心学为学篇，即为圣之学的心学路径。文章旨在论述王阳明心学为学思想的智慧及逻辑体现，挖掘心学复归心之本体的现实可能。同时，分析心学为学观将价值原则当成贯穿一切精神活动及教育活动统率之纲的价值内核和时代弊端，以期对当下某些德育问题及培养担当民族复兴大任的时代新人提供有价值的思路和内容。

金世贞《王阳明的生命哲学和实现真我的教育论》（《教育文化论坛》2020年第3期）一文以现代教育危机为切入点，深入分析阳明心学思想体系三大命题所包含的丰富而生动的主体性、实践性及有机体的人生观和生命观，强调阳明心学作为一种生命力极强的生命哲学，可以为实现真我的教育观提供强大的动力源泉；并进一步讨论了王阳明实现真我的教育观的内容和意义，分析了实现真我的教育方案，指明了阳明教育理论在解决当今社会存在的整体教育危机中的启示和借鉴作用。

刘媛《王阳明与中晚明贵州书院精神》［《贵阳学院学报》（社会科学版）2020年第3期］一文指出，书院是中国古代教育的重要载体之一，书院文化也是时代精神的缩影。中晚明贵州书院教育经历了以理学为主到以心学为主的思想背景转向和以官学为主到以私学为主的书院体系变化，在王阳明心学和讲学之风的影响下，实现了在讲学形式上从侧重体制内生员讲学到侧重体制外平民化讲学、在讲学内容上从注重理学教化到重视心学启迪、在讲学性质上从以规范性讲学为主到以自由化讲学为主、在讲学目的上从学以成吏到学以成人的转变，从而形成以平民化和自由化讲学为主、注重心学启迪、培养人的主体性的书院精神。

侯丹、温骞骞《王阳明的书院讲学活动及影响》（《宜春学院学报》2020年第11期）一文指出，讲学之风盛行是明代学术思想的一个突出特点，王阳明的书院讲学活动是其中的重要组成部分。王阳明重视学术思想的传承，二十余年书院讲学不辍。他在贵州、江西、浙江等省创建并修复书院、广收弟子门生、主持讲学等教育活动，不仅促进了明代平民化讲学的发展，更是在阳明心学形成、传播并得以践行上起到了关键作用。王阳明以卓越的功业，精湛的学问，倡导知行合一的良知之学，激起讲学之风并延续百年之久。王阳明的书院讲学活动丰富并完善了中国古代书院教育思想，对推进明代思想文化的发展做出了极大贡献。

王文君、杨包生《王阳明教育理论对当代大学生的启示》（《教育教学论坛》2020年第40期）一文指出，王阳明的教育理论是我们珍贵的文化遗产，他创办的龙岗书院是古代高等教育的一种形式载体，他在授课过程中提出的一些方法论对我们现在的大学生有着积极的作用和启示，对于我们现在高等教育改革有较高的参考价值。

管华香《浅谈王阳明的教育观——以〈传习录〉为中心》（《汉字文化》2020年第18期）一文，通过分析《训蒙大意示教刘伯颂等》《教约》及《传习录》师生之间的语录发现王阳明的教育目标：致力于培养一个正直、善良之人，注重对学生的德性教育；在教学过程中，通过经常与学生沟通交流，建立了比较亲密的师生关系。

李兴韵、张杨旭《王阳明儿童"自得之美"教育思想研究》（《教育研究与实验》2020年第5期）一文指出，王阳明的儿童教育思想深刻并富有启示作用，对我们认识儿童、帮助儿童成长具有现实意义。王阳明以儿童的良知，即自然本心为前提奠定儿童的成长之基。在考德、读书、习礼和歌诗的儿童成长之序中，以考德正其心、立其诚，复归其性情本体，佐以自然环境之陶冶，使其入于中和；以书开智，明心见性，培育修养工夫中良知辨是知非的智力基础；以礼约行，导引儿童外在行为规范，以达精气日足的体貌状态；以诗兴情，涵养儿童自然流露的情感，使儿童保持中心喜悦。由是培养儿童生命的精神内核，从"自得之美"出发，达至与天地万物为一体的生命气象，展现生命的千姿百态。

张明、王建明《"成色"与"分两"：阳明心学视域下的德艺观》

（《教育文化论坛》2020年第3期）一文指出，阳明心学既是主张知行合一的行动哲学，也是强调德性修养的心灵哲学。王阳明通过黄金的“成色”和“分两”隐喻，形象地论证了“德性—才艺”的关系问题。在阳明心学视域下，德性与才艺是一体成就的，德性的修养自然会带来才艺的养成，而才艺的养成也会促进德性的成就；在才艺的培养上，王阳明主张“随才成就”和“素位而行”。王阳明的德艺观在中国思想史上具有重要价值和意义。

（六）王阳明文学书法艺术思想研究

1. 王阳明的文学理论研究

华建新编注《王阳明诗文选》（中州古籍出版社2020年1月版）一书，是国内外迄今首部分类辑录、注评王阳明诗文的读物。书中诗文选以《王文成公全书》为底本，精选诗123首、文60篇。诗选部分设山水游览诗、罹难谪居诗、军旅征战诗、讲学论道诗和交谊乡情诗等5个专题；文选部分设以德理政文、龙场谪居文、平乱征战文、传道论学文、交谊游览文和家风家教文等6个专题。内容几乎涵盖了王阳明“立德、立功、立言”三不朽人生之伟业的整个过程。书中首例导读，注释详尽、评析精审，并附录王阳明辞赋作品及其生平简谱。

沈斌《王阳明心学及其对晚明性情文学的影响》（《闽西职业技术学院学报》2020年第1期）一文指出，王阳明常以哲学家的身份为人们所熟知，而他在中国文学史上的影响也应受到重视。在孟子“性善论”和陆九渊心学思想的基础上，王阳明提倡“良知、吾心、致良知”等心学主张，不但影响明清时期的哲学思想，而且影响晚明性情文学的创作，促进晚明文学创作提倡自我意识，注重文学作品情感抒发。

2. 王阳明的诗词歌赋与戏曲研究

徐泉华、章立权编著《诗话阳明》（吉林文史出版社2020年6月版）一书，按《王文成公全书》中收录的诗歌编写，在排列次序上略有调整。正文部分按王阳明一生轨迹分为“少年诗作”“赋骚诗”“归越诗三十五首”“山东诗六首”等十七章。在编写过程中，该书把每首诗用故事的形式写出来，然后附上原诗，使读者在阅读时比较轻松，又便于理解。在诗歌的通释中，该书尽量体现王阳明的心学思想，且语言生动易懂，使广大读者能基本理解诗歌的意义，是一本王阳明诗歌的普及性读物。

王利民、江梅玲《从王阳明诗歌看其生命抉择》（《北方论丛》2020年第1期）一文认为，王阳明诗歌呈现出儒释道三教因子的交叠和异趋。道教既给王阳明造成了迷思，也带来了乐趣，使他的诗歌的措辞寓意多带飘逸凌云的仙气，而佛寺的一朝风月也往往染上道教的色彩。相对于佛寺道观幽邃庄严的气氛来说，王阳明的诗歌所呈示的画面总体上显得过于跃动而不够静谧。其诗中有掉弄禅语禅典的情形，却跳脱了禅宗语言的藩篱，不具有禅宗思维的跳跃性和不定性。其性理诗出于真性而气象光昭，出之简易而不离本体。王阳明诗歌中有政坛风云、兵戈战事、个人传奇、性理言说、心态嬗变，也有景物玩赏、山水体验，可谓他波澜壮阔一生的写照。从诗学渊源上看，王阳明是宋代理学诗派的继承者。宋代理学诗派可分为放旷派、洒落派、敬谨派。邵雍是放旷派的宗师，周敦颐和程颢属于“光风霁月”的洒落派。王阳明早期诗歌有放旷的特点，确立良知境界后的诗歌呈现的是洒落风格。

梅国春《王阳明诗歌中的心学色彩探究》（《桂林师范高等专科学校学报》2020年第3期）一文指出，王阳明不仅是一位心学家、教育家、军事家，更是一位极具天赋的诗人。从诗歌中可探究其心学思想的演变轨迹：闲适诗揭示了其初心的建立是为了摆脱生命中的限制，实现生命闲适状态下的自由意志；遭遇人生磨难之后的困境诗体现了“良知”的建构，为约束之中的身心提供精神支柱；晚年的哲理诗阐释了心学的体悟，融汇了宇宙自然之道。

赵健发《论王阳明诗歌对“心即理”的艺术阐释》（《名作欣赏》2020年第29期）一文指出，王阳明诗歌对“心即理”的阐述可分为“心外无物”“心外无理”“心理圆融”三个层面，三者共同构成了王阳明关于“心”与“理”的人生体验。其中，“心外无物”是指具体生活实践中形而下事物的价值必须统摄于“心”的先验判断，其在王阳明诗歌中主要表现为“价值属性”对“经济属性”“知识属性”“情艺属性”“社会属性”的统摄；“心外无理”是指超脱于主观价值自觉的客观形而上标准的存在，其在王阳明诗歌中主要从“发生”“本质”“实践”几个角度表现出来；“心理圆融”是指主观先验的“价值自觉”与客观经验的“价值标准”圆融互通所展现出的自在自得的境界，其在王阳明诗歌中集中体现在“楚狂凤歌”“沧浪”“曾点气象”“孔颜之乐”几个典故的运用上。

梅国春《王阳明诗歌的山水审美之乐》（《佳木斯大学社会科学学报》2020年第5期）一文指出，王阳明一生喜好访寺游山，登临不倦，但凡遇佳山好水，便会欣然下笔书写他的山水审美体验。王阳明的山水审美体验充分体现了中国文化的乐感精神。而就王阳明诗歌抒发的山水审美乐态类型加以分析，则又可分为仙境之念、乐土之思——超世出尘之乐、翠碧幽芳、野逸情怀——物我相契之乐、相携同游、传杯共饮——人情相得之乐、登临山水、触目会道——理趣相融之乐四种。这四种类型体现了儒家智者之乐与道家游心物外的畅神审美。

武晴《阳明心学对明代戏曲艺术发展的影响》（《文化学刊》2020年第4期）一文认为，学界对于王阳明的研究焦点主要集中在他的思想与理论方面。王阳明作为明代著名的思想家、文学家，他在思想脉络中除了对于“心本理同境”的强调之外，还将思想从纲常中抽离出来，强调天下皆是一家、天地万物为一体的“修齐治平”的圣人之道；并将这些理论运用到实践中，他从“致良知”和“圣贤教果论”出发，使“文化”走向了平民，并与大众喜闻乐见的戏曲表演艺术相结合，最后得出了从重“儒”到重“情”再到“文艺为政治服务”的结论。该文对于王阳明的思想理论及其影响进行进一步的探究，通过对大量的史实资料、野史杂录等的研究，进一步论证自明以来，“人”皆有豁、“文”必载道、“情”之宣泄、“戏”利风化的结论。

3. 王阳明的书法艺术思想研究

王福权《王阳明楷书取法与〈平浰头碑〉的书风问题》（《美术大

观》2020年第6期）一文指出，王阳明书风瘦硬俊朗，颇为可观，惜其传世书作并不多见，书名又为其人所掩，故疑窦颇多。《平浰头碑》系王阳明“赣南平乱”时期的楷书题刻，现存书风为颜体面貌，人皆以为王阳明师法颜真卿。通过对王阳明楷书“标准件”加以考察，可发现其楷书主要取法苏轼、褚遂良，并非颜真卿。现存《平浰头碑》文字有不通之处，书风亦非王阳明书风原貌，系后人修复所致。

王福权、曹卫民《王阳明玉石仙岩题刻文献探微》（《赣南师范大学学报》2020年第5期）一文指出，不同文献对王阳明“平浰头碑”与“玉石仙岩题诗”这两处题刻的著录有所不同，这对理解王阳明和阳明心学造成了一定的困扰，在实地考察的基础上对这些材料进行校勘辩证，进而对王阳明题刻中流露出来的思想进行分析，或可得出新的结论。

胡念望《王守仁致谢源书札五通连裱长卷考》（《收藏家》2020年第6期）一文指出，温州博物馆藏明王守仁《致谢源书》五通书信写于明正德十五年（1520）至正德十六年（1521），是王守仁在率兵平定南昌宁王宸濠谋反之乱后，与纪功御史谢源探讨功次册分类立目问题而写的函件。此卷由五通函札合裱一卷，横382厘米、纵26厘米，共1200多字，每通三四页。信札合成长卷，有晚清学者俞樾“王文成公遗墨”六字篆书引首，前首钤白文“恩奖耆儒”。题签落款处钤章两方，分别是朱文印“禅心录”、白文“臣俞樾印”。卷末有俞樾、孙诒让、王岳松等人题跋。

袁宪泼《王阳明“游艺”工夫实践与文艺观念突破》（《民族艺术》2020年第5期）一文指出，王阳明以心学闻名于世，但同时也继承“游于艺”传统，兼擅诗文、琴棋、书画诸艺。在贯穿其一生的“游艺”实践中，他追求道技的并进，众艺会通，尤其是诗歌的创作，因揭发心体，从而使琴棋书画跨越媒介界限，融汇于诗文领域，创作出大量引用艺典、重视书写性和音乐性、以画入诗的诗歌作品，开创了有宋以来性气诗创作的新境界。王阳明的“游艺”工夫实践，最终促使他在晚年形成了具有突破性的文艺观念——“游艺”以志道调心为主要目的。王阳明的文艺观念提高了文艺在心学体系中的地位，彰显出文艺独特的审美价值。

（七）王阳明美学伦理生态思想研究

2020年，学界同仁对王阳明的美学思想、伦理学思想、生态思想进行了研究，尤其是对王阳明道德伦理、道德哲学的研究阐释发表了不少研究论文，值得关注。

1. 王阳明的美学思想研究

2020年，不见有王阳明美学思想研究的论著。

2. 王阳明的伦理思想研究

涂可国《良知与责任：王阳明责任伦理思想再论》（《孔学堂》2020年第2期）一文指出，作为儒家心学的集大成者，王阳明以儒为主吸收了佛家的心学思想元素，形成了较为完整的、系统的心学体系。王阳明虽然更多地使用"良知"范畴，创建了以"良知学"为核心、为主线的心学体系，但是他使用过的"良知"本质上指的就是"良心"。当今尚未有人从责任伦理角度对儒家良心良知说包括阳明良知说进行解读。王阳明的良知说，诚然没有上升到自觉理性的层次来思考良心与责任二者之间的关系，但是，其良知说也自发地触及二者的关联，因而，加强对王阳明有关良心与责任关系思想的研究，既可以深化阳明心学的研究，拓展它的学术空间，激发它的生命活力，也能为当代儒家责任伦理学的构建提供思想资源。可以从隐含的、实质的维度分别从良心之学与责任伦理、良知本体论与责任伦理及良知工夫论与责任伦理三个层面对阳明心学与责任的关系问题进行阐释。

吴瑾菁、刘光华《作为能力的道德良知》（《江西社会科学》2020年第6期）一文指出，道德良知问题在伦理学研究中意义重大，是伦理学史上讨论的重大问题之一。中西伦理学在对这个问题的思考上，经常将"良知"等同于"良心"，并不明确区分二者，这也反映了二者在概念内涵上存在着千丝万缕的联系。对是非善恶的认识与判断，从道德心理上说，是"良心"；从道德认识上说，是"良知"。中西伦理思想家们在良知（良心）的起源、构成、价值判断和本质问题上提出种种不同见解。作为能力的道德良知，是主体对道德知识、原则、规范等道德现象的辨识能力，是主体以自我道德认识贯穿于行动之中的行动能力，更是主体在不同的场合、不同的时间都能坚持自我良知的同一能力。

王振钰《是非即好恶：阳明心学的道德动机论初探》（《求是学刊》2020年第4期）一文指出，知行关系是宋明儒学探讨德性之知的一个主要面向，也是当代道德动机论研究的核心内容。不同于朱熹的“理不容已”将情感好恶仅视作当然之则在主体身上的偶然反应，王阳明在“心即理”和“是非即好恶”等命题的基础上，将道德情感作为道德真知的来源和道德实践的动力，由此形成“情理之不容已”的道德动机论。通过阐述主观性的道德情感如何确保道德客观性的发挥，道德认知主义的可错性与良知的可靠性如何兼容，以及人类道德心理的真实发生机制，可以进一步证成王阳明道德动机论的合理性。

黄勇《“道德运气”是个矛盾概念或悖论？——王阳明的解决办法》（《求是学刊》2020年第4期）一文指出，德涉及的是道德主体能够控制的东西，而运气涉及的则是道德主体无法控制的东西。因此，即使是最早系统阐述这个概念的威廉斯和乃格尔也认为，“道德运气”概念是一种矛盾（oxymoron）或悖论，尽管他们还是坚持认为这是一个合理的、我们应该使用的概念，但作为矛盾或悖论的概念怎么是合理的、我们应该使用的概念呢？通过考察王阳明关于恶的起源的说明，我们可以看到王阳明提出了道德运气的概念，而同时又能避免这个概念的矛盾或悖论性质，从而使我们真正能够合理地使用这个概念。王阳明将恶的起源归于人与生俱来的自然之气的不纯和生于其中的社会之习的恶劣，即习气。由于这两者都是人所无法掌握的，因此王阳明承认道德运气的存在。但他同时指出，这两种因素是一个人变恶的必要条件，但不是其充分条件，因为人可以通过立志抵制这两方面的影响，因此一个人应该为其变恶负责，而不能简单地将它归于这两个方面。而在强调这个合理的道德责任概念的同时，王阳明也没有转而否定道德运气的作用，因为要避免恶并成善人，不同习气的人所要付出的努力不同，道德运气好的人需要付出的努力少，道德运气差的人需要付出的努力多，而如果这两个人一样实现了避恶成善的目标，则后者比前者更可贵。

崔海东《明代王学视域中“人的重建”》［《贵阳学院学报》（社会科学版）2020年第2期］一文指出，明代王学关于“人的重建”理论极具特色。在理论背景上，其视人民为一动态发展、辩证否定、自我生长的历史群体。其将社会发展分为三期，三代之时民众乃和谐有序之圆满整体，其后则道绝学丧，人被异化，民众析崩，故王门展开第三期之重建。其理论内涵有三者，首先是平等性，致良知以圣凡平等，倡友道以君臣平等，重工商以四民平等，纠性别以男女平等。其次是主体性，由存在与本质之辩出本体转向，从物质欲望与精神性灵两方面重塑个体性；由本体与工夫之辩出工夫转向，从知行合一和能动创造两方面建构实践性。再次表现为生活性，以人伦日用之日常性、多元一体之开放性恢复生活此一存在的本来面目。其实践向度则以教化为主，广兴书院，自由讲学，以觉民行道，重塑三代之主人翁。

王玉明、申静思《论王阳明的仁孝思想》（《文化创新比较研究》2020年第14期）一文指出，儒家强调“仁”与“孝”，并将其视为根本的德目。对于二者之间的关系，学界给予的关注显然不够。且历来学者对其解读又不尽相同，可谓仁者见仁、智者见智。在宋明理学的视域中再次回顾这对概念范畴，可以看到，王阳明不仅为躬行孝道的典范，而且在理论上从体用的维度对儒家之核心概念“仁”“孝”做了新的阐发和诠释。他认为，“孝”是“仁”体之用。而体认万物一体之“仁”，则需要从对父母尽孝开始。并以此为孝的一念之良知扩而充之，以至于延及宇宙万象，社会的秩序便会合理有效地展开。此外，阳明就工夫与境界层面言及仁孝之于圣凡的意义，这对于彰显个体自我的良知本心，亦具有不可忽视的理论价值。

3. 王阳明的生态思想研究

2020年，不见有研究王阳明生态思想的论著。

（八）王阳明佛教道教思想研究

我们知道，王阳明早年有出入佛老的经历，关注作为一个儒家圣人的“王守仁”，也应该关注王阳明的佛教、道教的思想，毕竟王阳明的别号“阳明山人”即来自道教的“阳明洞天”。

1.王阳明的儒学与佛道关系综合研究

陈立胜《“王阳明模式”——一种新的宗教对话模式之提出》（《哲学动态》2020年第2期）一文指出，与当今宗教学通行的四种对话模式（“置换模式”“成全模式”“互益模式”“接受模式”）相对照，王阳明对待佛教与道教的态度展现出一种独特的模式——“王阳明模式”。它既承认每一种文明都有其本己的宗教，同时又汲取了“置换模式”下对本己宗教的强烈认同与归属感；而相较于“成全模式”与“互益模式”，“王阳明模式”更注重自我的开放性与对自我的成全，而不是以本己宗教去“成全”异己宗教。“王阳明模式”的重点在于向宗教的“他者”保持开放性，而其始终如一的“人道”取向可以把宗教向度固定在人性的肯定与实现这一面向，避免宗教信仰走向迷狂、偏执与蒙昧主义。

黄诚、包滢晖《转仙释之识，成“儒门”之智——儒释道三教关系视域下的阳明心学思想建立之检讨》［《贵阳学院学报》（社会科学版）2020年第2期］一文借用“转识成智”的佛教语言结构与思维逻辑来分析、阐释王阳明圣学（儒家学说）之建立，指出阳明心学经“初识”“迷识”“真识”阶段的发展，在“龙场悟道”中实现“转识成智”，初步建立其心学思想，认为“龙场悟道”非彻底之悟，但却是阳明思想的重要转折，并在儒学史上具有重大意义，特别强调了阳明“龙场悟道”乃是钱德洪建构起的一个既具有完整意义又具有真实性的龙场悟道概念认知系统，即他以龙场空间的独特形式压缩了具有连贯性的悟道一系列实践过程，形成了一个完整概念印象中绝无仅有的“龙场悟道”的“单体事件”，指出阳明在思想飞跃中实现了对“良知”的体认与创造性言说，从而开启了心学在中国儒学史上的新篇章。

2. 王阳明与佛教关系研究

刘继平《阳明心学对禅学的融摄》［《贵阳学院学报》（社会科学版）2020年第2期］一文指出，王阳明的心学体系建立在明代儒佛道大融合的背景之下，心学思想的心性本体论、知行合一与致良知等思想的基本观点都对禅宗思想进行了改造与吸收。当然，二者毕竟是两种截然不同的思想体系，心学对禅学的借鉴主要体现于语言文字与思维方法方面，但二者在具体内涵方面是完全不同的。

曾燚《同境不同路——王阳明对华严宗的继承与扬弃》［《绍兴文理学院学报》（人文社会科学）2020年第2期］一文指出，王阳明与华严宗都用一心来构建自己的学说，心不仅是万事万物的本原、清静圆明的本体，还是烦恼妄想的根源和众生迷失的依据。因此，修行始终都是着眼于此心展开的。对华严宗而言，“心真如门”为体，“心生灭门”为用，本体与现象统一于一心；对王阳明而言，“良知”为体，“意”为用，体用一如不二。王阳明作为后来者，在其哲学建构中认可并借鉴了华严宗诸多内容。不同的是，华严宗在追求解脱轮回、涅槃证真的过程中以出家为形式，阳明成圣明德、止于至善的过程则不拘于形式、专注一心。华严宗继承释迦牟尼的态度，以真如理体为世间之本体，万物皆无自性。王阳明在理论建构过程中以“气”为基础，认定万物皆是由气而成，确立万物即是实有，以有无双存体系实现学术史上对华严宗的超越。

方旭东《悟致知焉尽矣——禅学对诠释王阳明思想的一个启发》［《贵阳学院学报》（社会科学版）2020年第5期］一文指出，王阳明的《大学古本序》定本是心学的一部纲领性文献。其末句“乃若致知则存乎心悟致知焉尽矣”，如何断句，由于晚近两位学者的加入，而成了一个未解公案。从王阳明弟子以来，即读作“乃若致知则存乎心悟。致知焉尽矣”。陈来认为，当读作“乃若致知则存乎心。悟致知焉尽矣”，而林乐昌则力辩传统读法无误。该文从禅宗“迷即众生悟即佛”的表达得到启发，提出一种新的读法：“乃若致知则存乎心。悟，致知焉尽矣。”其要义在于，“悟”是衡量“致知”与否的标准，“悟”是“致知”的最高阶段。

潘建国《当心学遇上禅学——从“四句教”和“悟道偈”说起》（《新阅读》2020年第5期）一文认为，谈阳明心学，有一个绕不过去的话题，就是禅学。从佛家的角度看，阳明心学与慧能禅学极其相似。王阳明的“龙场悟道”像极了“释迦悟道”；王阳明天泉证道的“四句教”像极了慧能的“悟道偈”。所以，佛家人士认为，阳明心学表面上是儒学，骨子里是禅学。如果我们不了解慧能禅学，不懂佛法，还真的不好辨别其中的异同，不易理解阳明心学。

姜晓琨《论佛学对王阳明心学的影响——以南宗禅为主的讨论》（山东大学硕士学位论文，2020年5月）一文，通过考察佛教特别是南宗禅启发王阳明建立心学的内容及其程度，来为鸦片战争以来背负着“灵根再植”命运的中华文化提供一个异质文化成功交融的借鉴。佛教传入中国后，在中国的文化氛围中，在不违背佛教义理的条件下，表现出了鲜明的特点，这个特点即是吕澂所概括的“心性本觉”。南宗禅是这一心性论的典型。在与南宗禅“心性本觉”心性论的对话与抉择之中，朱子学和阳明学分别确立了自身“心性本寂”和“心性本觉”路向的心性论。王阳明之所以能主张“心性本觉”路向的一个重要因素，是其工夫重在剥落私心物欲，树立廓然大公的善良意志。如果把象山心学和白沙心学都看作“心性本觉”心性论，那么阳明心学的心性论因其侧重下学而上达、即用以达体的工夫论，而成为心学内部心性论的一种新范式，其下学上达是继承了朱子学，而体用关系则是受南宗禅启发。此外，良知本体知善知恶的设定，当亦是受到儒学和禅宗的双重影响。“心性本觉”的心性论建立在心体与理体为一的基础上，后来王阳明用良知这一概念统合了心体与理体，并使其亦具有“有”与“无”两个面向，为境界上的有无合一提供了本体上的根据。这受到了佛教“空如来藏”与“不空如来藏”，道家人心混沌的启发。同时，良知的这两个面向也为敬畏与洒落的实现奠定了本体上的基础。再加上良知本是体用一如的，因而阳明心学能同时实现本体和发用上的敬畏与洒落，而朱子学只能于发用上实现敬畏。就这两点而言，阳明“心性本觉”心性论更成其为一种新范式。心性论模式上的相似，使阳明心学在凸显根本宗旨、处理心物关系及工夫的内转三个方面受到了南宗禅的影响。中国文化向来重视身心修养实践。在此文化氛围中，南宗禅不注重烦琐的名相分析和复杂的理论说明，大唱顿悟法门，取消先定后慧的工夫阶次，直接追求开悟，凸显了佛教求解脱的宗旨。而阳明心学取消先知后行的步骤，主张知行合一，将朱子提出的“过于剖析”的多种工夫合并归一，确立了易简之学，而且非常强调立志的重要性。针对困扰自己的“格物”难题，王阳明通过对“物”的意向性解释，使其服务于自己的思想体系。在这点上，唯识学对见分、相分的设定和禅宗主张的“心物一体”很可能启发了王阳明。佛教与儒家之修行，都有外在的规范，也有内在的努力。但南宗禅与阳明心学使修行工夫完全内在化，站在佛或圣人的高度将外在的戒律、经典、圣人等均用心的状态来解释，确立了最为高明的修行路数，也为两种学问走向其反面埋下了伏笔。最后，在境界论上，阳明“无善无恶”的境界很难说“主要”受了南宗禅的影响，道家道教和先秦儒学中也有“无”的精神传统，从王阳明自己的话语中可以看出，他继承了三家的思想资源。

车辙《王阳明“知行合一”与祖师禅“明心见性”比较研究》[《贵阳学院学报》（社会科学版）2020年第4期]一文指出，阳明学与禅学究竟存在怎样的异同性？学界虽有讨论但莫衷一是。“知行合一”作为阳明心学中一种本体与工夫相结合的修养方式，与祖师禅“明心见性”的修行法门有一定可比性，而概念、理论起点、运作过程、最终境界四个方面或许是探讨二者异同的最佳切入点。

谭振江《阳明心学“知行合一”说的佛学关联》（《山西高等学校社会科学学报》2020年第12期）一文指出，宋明时期儒道释三教交融，各学派之间互学互鉴成为常态。王阳明早年“笃志”于佛老，深受熏染。尽管他后来对佛学持见偏颇，但还是难以割舍。为抵制“先知后行”说并消除知行分割的危害，王阳明援佛入儒，倡导“知行合一”。在佛学视域下就不难领悟其观念内核。知，之所以为行的起端，因“知”为意的“造作”，就已构成了“行”的“业”；而“行”包含身、口、意的“造作”，所以知行不可分割。故王阳明提出“致良知”作为补充。通过对“知行合一”说与佛学观念及经典的比照，印证了阳明心学“儒表佛里”的特质。

傅伊岚、卓光平《论王阳明诗歌中“月”的佛禅意涵》（《名作欣赏》2020年第29期）一文指出，王阳明深受佛禅思想的影响，其诗文作品中的许多意象都流露出佛禅的思想意涵，如其诗歌中的部分“月”字就含有“指月”“经月”“满月”三种佛禅意涵。其中，“指月”是指通往真理与光明的道路，正是一次次在生活的磨砺中，王阳明在月光的指引下悟得真知、求得真理；“经月”喻示着时间流逝变化，又蕴含着王阳明对人生虚幻无常的感慨；“满月”是佛性圆满的象征，在王阳明晚年讲道时，其思想已臻成熟，并能灵活运用该体系解决现实问题，体现了他对佛性圆满的向往与追求。

彭聪聪、卓光平《论王阳明〈谏迎佛疏〉的儒佛思想》（《名作欣赏》2020年第35期）一文指出，《谏迎佛疏》是王阳明写下的一篇谏迎“活佛”的奏章，也是体现其儒佛观的一篇重要文献。在奏疏中，王阳明一方面区分了佛儒之异，并指出儒道高于佛道；另一方面，他又表明了“道一归儒”的可行性，认为佛为偏，儒为正，佛道可为儒道所用。

3.王阳明的道教思想研究

2020年不见有关于王阳明道教思想研究的论著。

（九）清代、近现代及当代新儒家的阳明学研究

2020年，学界同仁对阳明学在清代乃至近现代的影响，尤其对当代新儒家视域下阳明学进行了深入的研究与学术史梳理，这就为我们下一步撰写清代阳明学史、近现代阳明学史奠定了研究基础。

1.清代阳明学研究

夏朋飞、刘湘兰《名卿与大儒：明清王阳明传记书写的二维向度》（《学术研究》2020年第4期）一文认为，王阳明一生在事功、儒学两方面都有极高成就，集名卿与大儒两种身份为一体。然而数量众多的阳明传

记基于对传主核心身份的不同确认，在形象塑造与书写模式上形成了较大差异。以名卿定位王阳明者，其传记书写侧重于王阳明事功的一面，着力展现其丰功伟绩，很少叙述其儒学成就；而视王阳明为大儒者，则多选取其创设心学的相关事件，叙事上轻事功而重讲学，突出一代大儒的精神风采。《明史·王守仁传》仅表现王阳明作为名卿的一面，对其儒者形象则尽力掩盖。由明至清，王阳明传记文本呈现出清晰的生成、变化脉络，其中王学的兴衰与正史文体的制约是主导这一变化的核心因素。

刘辰《〈四库全书总目〉中的“朱陆之辩”——兼论乾隆反“门户”观念的影响》（《天府新论》2020年第3期）一文指出，“朱陆之辩”是理学史上的公案，自南宋产生后一直绵延至清代。尽管清初朱子学独尊，陆王心学没落，但“朱陆之辩”仍然是士人热衷讨论的话题。而《四库全书总目·子部·儒家类》就是对此做出的总结。一方面，《四库全书总目》尊崇程朱，以濂洛关闽为宗；另一方面，不废金豀姚江之所长，承认朱陆之异同，认可王学自身的价值。而其背后，则是《四库全书总目》对乾隆反“门户”思想的执行。

刘珈羽《论柳湘莲身上的阳明学色彩》（《汉字文化》2020年第11期）一文指出，《红楼梦》是人物形象的大观园，曹雪芹塑造了近千个人物，每个人物都有其复杂的个性，柳湘莲就是其中的一个代表。他的语言行为与思想感情中映透着阳明心学的色彩，虽然他的人生结局不够完美，但是其过程却贯穿着“心即理”与“致良知”的思想。

韩荣钧《太谷学派与阳明心学、泰州学派的关系》［《贵阳学院学报》（社会科学版）2020年第3期］一文指出，太谷学派为晚清民间化儒家学派，多认为其以儒学为宗，出入于阳明学、宋学，旁通佛老，与阳明心学及泰州学派有密切关系。太谷学派虽宗宋学，不妨其兼宗王学。在传播形式、思想倾向方面，太谷学派与泰州学派有诸多的共同点。由于地域的一致性、思想的相似性，泰州学派深刻影响着太谷学派的学术面貌。

田晓丹《论康有为对陆王心学的阐发》（《新乡学院学报》2020年第2期）一文指出，戊戌变法前后，康有为将陆王心学的元素融进自己的思想之中，并对其进行了理论阐发。在传统中追求非传统的革新情怀下，康有为对陆王心学的时代性阐发，不仅为其保国、保种、保教活动提供了思想工具，而且为陆王心学的复苏及后期发展起到了推动作用。

2. 近现代阳明学研究

王锐《清末民初章太炎对王学评析之再检视》（《天津社会科学》2020年第1期）一文指出，章太炎于清末民初时常评论王学。一方面，他认为王学缺少近代科学所体现出的逻辑性、严密性与条理性，致使学说内容含混不清、流于空论，体现了先秦诸子之后中国学术的整体缺憾。立宪派受近代日本思潮的影响，多假借王学以立言，章太炎极力揭示、论说“致良知”不足以成为政治判断的主要标准。另一方面，章太炎又很重视道德在政治活动中的体现，强调除了革命道德和激情，革命活动更需要基于熟识历史与现实基础之上的冷静判断，而这恰恰是王学所不能提供的。因此他在民初重思王学，虽承认其迅捷奋发之绩，但更强调从中国自身传统和现实出发周知民间弊病、冷静处理政务的持久之道。

李兴韵、张杨旭《竺可桢教育思想中的“阳明情结”》［《宁波大学学报》（教育科学版）2020年第2期］一文指出，王阳明与竺可桢皆为浙江绍兴人，一位是明朝大儒，一位是浙大校长。阳明先生是“立德、立功、立言”的圣贤，竺可桢以阳明先生“致知力学”的治学精神、“内省力行”的道德修养、生于忧患的“公忠报国”精神和协助地方改良社会的服务精神，鼓舞浙大学子修身治学、服务社会。竺可桢教育思想兼具西方教育理念和中国传统文化精髓，若西方教育制度是其思想的骨架，阳明思想则是其血肉，滋养竺可桢形成其独特、丰满的教育思想，支撑竺可桢在抗战时带领浙大师生蹑阳明先生的遗踪西迁，服务地方社会，创造出“东方剑桥”的办学奇迹。

何大海《论陶行知对王阳明知行思想的继承及发展》（《汉江师范学院学报》2020年第3期）一文指出，王阳明是明代心学的重要代表人物，他的理论对宋代陆学乃至后世儒学的发展，都有重大的影响。王阳明心学理论中，最有代表性的核心思想是知行合一，知行合一也是考察王阳明道德哲学的关键。陶行知是王阳明知行思想的继承者和发展者，在精神、思想、实验等方面，继承和发展了王阳明的知行思想，提出了生活教育理论。陶行知生活在新旧交替的时代，传统的儒学文化以及新时代的思想文化，都影响着陶行知；陶行知推陈出新，融汇中西，推进教育的平民化，对王阳明的知行思想进行反思和探索，批判性地继承了王阳明的知行思想，对中国教育发展有着重要的意义。

乐爱国《民国时期对王阳明“知行合一”的不同解读与论争》（《兰州学刊》2020年第8期）一文指出，民国时期对于王阳明“知行合一”的解读，既有以谢无量《阳明学派》为代表的从认识论、伦理学角度的解读，深化了对于知与行不可分割的认识；也有以梁漱溟《评谢著〈阳明学派〉》为代表的从心性本体论的角度，凸显了王阳明“知行合一”之根本；还有以梁启超《王阳明知行合一之教》、贺麟《知行合一新论》为代表的从心性本体论与认识论统一角度的解读，为当今更为全面解读王阳明“知行合一”开了先河。重要的是，研究民国时期对王阳明“知行合一”的不同解读，有助于弄清从王阳明“知行合一”到今人所言“知行合一”的思想发展过程。

3.新儒家视域下的阳明学研究

乐爱国《梁漱溟对阳明学的阐发与吸取》［《湖北大学学报》（哲学社会科学版）2020年第2期］一文指出，作为新文化运动以来，倡导陆王之学最有力量的人，梁漱溟推崇阳明后学泰州学派王艮所言“‘良知’者，不虑而知、不学而能”，据此以“直觉”释“仁”；又吸取王艮对王阳明所言“乐是心之本体”的发挥，将孔子之“乐”与“仁”统一起来；并通过分析王阳明的知行观，而将其“知行合一”解读为“知行本来合一”。梁漱溟对阳明学的阐发与吸取，其意并不只是在阳明学或泰州学派本身，更是要由此对儒学做出新的诠释，以批评当时对于儒学的种种误解。

刘元青《熊十力“致知格物”新训及其意义——以〈读经示要〉为中心》（《孔子研究》2020年第6期）一文指出，熊十力训解“致知格物”有两层新意：一是相对于朱子与王阳明的解释之新。关于致知，熊氏采阳明训为“致良知”，因为阳明之训契合经义且识得主宰。关于格物，熊十力取朱子的《格物补传》，因为其“即物穷理”之说可启科学知识之风。二是相对于他早期的训解之新。熊氏早期强调朱子与王阳明训义的区别，而《读经示要》释“致知格物”之旨乃是将致知与格物、性智与量智关联起来。熊十力疏通《大学》首章，具有会通中西文化与启格物之智的现实意义，以及创造性发展阳明良知学的理论意义。

张倩《唐君毅以“气”论拓展阳明心学的理论尝试》[《贵阳学院学报》（社会科学版）2020年第4期]一文指出，王阳明以“心”统摄“理”与“气”，高扬“心”的主宰力和人的主体性，在说明“良知”与“气”的关系时，对于客观事物、人伦规范的客观性说明相对不足，这也导致阳明后学流于空疏的弊端。唐君毅以“存在的流行”“流行的存在”说明“气”，证成“心灵为体，精神为用”的文化根源论，拓宽了心性论在文化哲学层面的理论基础，用精神空间来说明文化活动在涵养心灵时的作用；强调重“气”是重“礼”的依据，彰显“礼”在道德生活和文化生活中的重要意义，成为现代新儒学拓展阳明心学的一个范例。

（十）王阳明的历史定位与阳明学的思想史地位研究

2020年，不见有关于王阳明的历史定位与阳明学的思想史地位研究的论著。

（十一）阳明学的现实意义与当代价值研究

如何实现阳明心学的“创造性转化与创新性发展”是当下研究、宣传、弘扬阳明学的一个重大课题，而这必然涉及对阳明学的现实意义的挖掘与当代价值的研究。2020年，学界同仁对此有深入研究。

1. 阳明学现代价值综合研究

叶克冬《王阳明及其心学的现代启示》（《人民政协报》2020年11月2日）一文指出，阳明心学作为儒家文化的一个重要分支，在中国古代思想史中发挥了承上启下的重要作用。其学说不仅盛行于明代中后期，而且深刻影响了近现代中国甚至亚洲地区的社会思想意识、价值观念和道德规范。王阳明的“知行合一”观，说的既是学习，也是行动；既是对学生的要求，更是对自己的要求。他一生都身体力行践履这一主张。他28岁刚刚入朝做官，就向皇帝上书陈言边境事务。29岁奉命到直隶、淮安审决积案重囚，平反多件冤案。38岁时，大难不死的王阳明在江西庐陵任职一年，深入调查乡情民情，废除苛捐杂税，禁止横征暴敛，建立保甲制度，兴学教化民心。调回京师后当了6年闲散官员，潜心学术研究。从45岁到57岁去世，王阳明约有一半时间辗转于江西、福建、两广等地剿匪、平定叛乱，另一半时间在南京任职，并常回浙江老家讲学。他称得上文韬武略兼具，能上朝堂议政，也能镇守一方，这在很大程度上得益于他反对知行脱节、反对知而不行，长期关注政务、研习军事的务实作风和实践精神，这在今天依然值得我们学习借鉴。

王川、张艳彦、沈颖《王阳明民众观对当代乡村社会治理的启示研究》［《华北理工大学学报》（社会科学版）2020年第4期］一文指出，基于王阳明民众观的乡村社会治理实践经验，既是明代基层社会治理的成功典范，也是中华传统文化的珍贵结晶。虽然时代在发展，社会在进步，环境在改变，但是精粹理念不变，为民思想不变，我们应当取其精华，基于实际，合理运用。将中国传统智慧与中国当代社会相结合，遵从“天人一体，万众一心，知行合一”的学说，力争取得更好的效果。对王阳明乡村治理措施的提出和实践路径的分析研究，对于提升当代乡村社会治理水平具有较强的借鉴意义和实用价值。

2. 阳明心学与“共产党人的心学”的比较研究

卜涛、黄一飞《试论王阳明心学的修养方法对党性教育的当代价值》（《农村经济与科技》2020年第10期）一文指出，王阳明心学中蕴含着丰富的修身养性的方法论思想，对今天的党性教育有着深刻的启示意义。牢记初心使命是修好共产党人“心学”的基础。共产党人“心学”中的“良知”就是我们所说的“初心”，牢记初心使命就是共产党人“心学”的“致良知”。严格组织生活是修好共产党人“心学”的保证。共产党人的修养方法在继承发展儒家个体修养方法的基础上，又发挥了党组织的优势，党员个体通过参加组织生活接受教育、管理和监督。践行知行合一是修好共产党人“心学”的目标。共产党人“心学”充分发掘了王阳明心学“知行合一”思想，表现为：强调言行一致，不做“两面人”；讲求实干兴邦，摒弃空谈；主动担当作为，勇挑重担。

李成林《中国共产党人构建“心学”的思考——基于王阳明心学的视角》（《厦门特区党校学报》2020年第3期）一文指出，“心学”作为中国哲学体系中的瑰宝，是中国传统文化的核心之学，博大精深、源远流长。作为新儒学的集大成者，王阳明对认识“心”的主体地位及对心性修炼的目标和方法进行了探索，相比于前人，达到了前所未有的高度。习近平总书记强调文化自信，给我们指明了自信的切入点，提出“党性教育是共产党人的‘心学’”的重要思想，这是中华优秀传统文化的创造性转化和创新性发展的经典示范。构建共产党人的“心学”，即是要继承和发扬中国传统文化，推崇修心养性的优良传统，并赋予鲜明的党性内涵和特征，真正做到不忘初心、坚守公心、坚定信心，将党性原则内化为自身的情感和意志，筑牢信仰之基，补足精神之钙，把稳思想之舵。

赵岩《王阳明廉政思想对贵州省干部教育的启示》（《领导科学论坛》2020年第21期）一文指出，在推动中华优秀传统文化创造性转化、创新性发展的新形势下，贵州省近年来大力弘扬阳明文化，并将王阳明廉政思想融入干部教育培训。王阳明廉政思想以“致良知”为核心，以“知行合一”为原则。受访干部大都认为，王阳明廉政思想对加强党风廉政建设有一定启示作用。干部教育培训在教学内容上要取其精华，在教学方式上要改进创新，在课程设置上既要讲王阳明的心学，更要讲共产党人的“心学”。

3. 阳明心学对医学、心理学、社会心态学的启示研究

舒曼《知行合一与心理健康》［《南京师范大学学报》（社会科学版）2020年第3期］一文指出，加强心理健康本土化研究，不仅是实施健康中国战略的重要举措，也是弘扬中国传统文化的重要内容。阳明心学是治疗现代人心病的一剂良药，“知行合一”精神实质为促进心理健康开辟了一条新的路径，它从内心到现实都为人们提供了解决方案。该文从“知行合一”思想内涵与心理健康的内在联系性入手，用“知行合一”思想诠释心理健康的促进模式，为心理健康研究注入新的活力，最终达到运用中国传统文化增进全民心理健康的目的。

4.“知行合一”观的启示研究

吴剑文《王阳明“知行合一”思想的当代价值》（《大众文艺》2020年第2期）一文分析了当代大学生德育教育困境，然后结合“知行合一”思想得出了要改善德育教育形式、提高德育教育者示范作用、强化德育受育者自我认知教育的三点启示。

籍洪亮《论王阳明知行合一思想对高校培育时代新人的启示》（《开封文化艺术职业学院学报》2020年第2期）一文指出，王阳明的知行合一思想在更多意义上是道德命题，知行合一既是本体也是工夫，他倡导知行一元论，知行本体是良知，其立言旨在为致良知的工夫建立理论基础。王阳明的知行合一思想对当前高校时代新人的培育有着深刻的启示：在教育目标上要求以德性为本，追求至善的圣人境界；在教育内容上，立志为要，强化理想信念教育；在教育路径上，注重实践，培育践履精神。

鲍贤杰《王阳明“知行合一”思想对高校思政教育的启示》（《高教学刊》2020年第6期）一文指出，评价思想政治教育是不是科学合理地进行思想传播的根本方法，要看教育的受众是否有益于社会。如今思想政治教育领域知行不能相吻合，严重影响了教育成效。为了解决这一问题，“知行合一”教育模式的提出，有其深刻的时代影响力和社会感召力。在不断深入进行“知行合一”教育实践探索过程中，彰显出这一教育模式的理性可行性，体现了这一教育模式的价值。

李皖蒙、张晓野《文化自信视域下“知行合一”思想融入高校思政课教学刍议》（《开封文化艺术职业学院学报》2020年第3期）一文指出，高校思政课教学作为大学生思想政治教育工作的主要形式，是立德树人的最前沿。在“四个自信”的引领下，特别是在坚持文化自信的背景下，高校思政课教学应融入“知行合一”思想，培养学生理论和实践相结合的能力。这就要求思政教师不断提升自身综合素养，增强文化自觉的积极性、主动性和创造性；以坚定的文化自信心丰富思政课教学实践内容，在“行”的内涵和质量上下功夫。

张俊英等《“知行合一”思想在青少年思想政治教育中的作用》（《六盘水师范学院学报》2020年第2期）一文指出，当前的青少年思想政治教育方面存在着知行脱节严重、忽视学生主体性作用等问题。王阳明的思想，虽然有其局限，但“知行合一”思想却是一个重要的哲学问题，所体现的“知为行先，以知导行”“知中有行，行中有知”“知行转化”等内涵理念，对目前青少年的思想政治教育具有一定的指导意义。可通过理论联系实际、重视言传身教、建设师资队伍、增强学生道德意识、加强学生自我管理、发挥学生独立自主性等方法，把王阳明的“知行合一”思想运用到青少年思想政治教育过程中，实现青少年思想政治教育素养的提高。

吴灿灿《王阳明“知行合一”思想内涵融入现代思想政治教育方法研究》（《职大学报》2020年第2期）一文指出，王阳明的“知行合一”强调形成良好的行为习惯，从本体论角度讲是认同社会道德规范并内化为信念；从工夫论角度讲是将小我融入大我，在道德践行过程中“成己成圣”。高职院校要在学生在校期间培养其道德成就感，学校可以引导学生阅读经典，修身养性，完善奖惩机制，发挥榜样的示范作用，同时加强校园文化建设，给学生一定的自治权，实现学生自我管理与约束，从而达到道德自觉。

何心《“知行合一”思想的内涵及现实意义》（《学理论》2020年第6期）一文主要对“知行合一”思想进行探讨和分析，在梳理“知行合一”思想理论发展的基础上，对王阳明“知行合一”思想的形成背景和主要内容进行阐述和分析，最终从历史影响、社会意义和方法指引方面探究其现实意义。

费芩芳、王寿铭、王歆玫《王阳明“知行合一”思想对大学生思想政治教育的启示》［《浙江树人大学学报》（人文社会科学版）2020年第6

期］一文指出，大学生思想政治教育在青年思想引领中发挥着重要作用。面对新形势、新问题，迫切需要本土原生的传统教育思想来滋养大学生思想政治教育实践。王阳明“知行合一”思想根植于我国文化教育根脉，切合当今话语范式，符合当今教育实践，蕴含着“心即理”的“知”之道、“事上练”的“行”之法、“致良知”的“合”之论和“此心光明”的“一”之思，对大学生思想政治教育的思想引领、实践方式、道德形塑和价值升华有着重要的启示作用，有助于大学生形成正确的人生观、价值观、世界观和方法论。

潘锭钰《王阳明“知行合一”对大学生思想政治教育的启示》（《理论观察》2020年第9期）一文指出，王阳明提出的“知行合一”是其思想体系的重要组成部分，它蕴含了丰富的人生观、价值观、方法论和教育理念，在当代大学生的教育教学方面也起着至关重要的作用。习近平总书记曾多次强调“培育和践行社会主义核心价值观，贵在坚持知行合一、坚持行胜于言，在落细、落小、落实上下功夫”。当前，大学生思想政治教育中“知行不一”的问题屡见不鲜，在一定程度上影响了当代大学生的思想政治教育效果。针对这种现象，弘扬王阳明“知行合一”的思想显得尤为重要。

高琦《论“知行合一”在新时代公民道德教育中的实现路径》［《齐齐哈尔大学学报》（哲学社会科学版）2020年第10期］一文指出，“知行合一”强调道德意识与道德行为之间互为表里、不可分离的关系，是中华优秀传统文化中重要的道德教育资源。“知行合一”在新时代公民道德教育中的实现，应从培育道德自觉、解决道德问题、实施自我教育、加强道德实践、回归生活世界等五个方面不断完善，促进公民道德教育水平的全面提升。

衣春迪、韦忠将《“知行合一”对培育干部务实精神的启示》（《理论与当代》2020年第5期）一文指出，王阳明的“知行合一”思想是中华优秀传统文化中整体视野观与实干行为观的有效结合。“知行合一”意味着“知”与“行”是一个整体，合一并进，对于共产党人而言，这与马克思主义政党的求真务实传统有机统一。习近平总书记在讲话中多次引用“知行合一”，旨在以中华优秀传统文化推动形成实干担当的良好政治风气，进一步继承和发扬共产党人求真务实的传统，提升共产党的政治领导力、思想引领力、群众组织力和社会号召力，以更好地适应新时代特征，推动高质量发展。

田娟《中国共产党人践行“知行合一”的几点思考》（《辽宁警察学院学报》2020年第3期）一文指出，“知行合一”思想是中华民族传统文化的精华。中国共产党人摒弃其唯心主义的历史局限性，继承其所蕴含的实践精神、注重思想改造等精华，坚持马克思主义实践观，推动马克思主义中国化迈向新阶段。当前，少数党员干部在工作中存在“知”与“行”相背离的问题，严重破坏了党群关系。中国共产党人要从思想上筑牢根基，在实践中锤炼党性，在反思中提升自我修养，才能真正成为“知行合一”的人民公仆。

李敏《王阳明“知行合一”思想再认识及对中学生教育的启示》（《品位经典》2020年第8期）一文指出，王阳明“知行合一”思想集儒释道三家之大成，强调“心即理、知行合一、致良知”。在王阳明看来，“知”与“行”实为一体，一个人在躬身而行说明他已经获得真知，而一个人获得真知之时，必然会躬行。“知”和“行”如阴阳，本是一体，是同一过程的两个层面，是相互包含的，这才是“知行合一”的真实意义。作为中国传统哲学的重要内容之一，“知行合一”思想对现代中学生的学习、思想、生活教育具有建设性的指导意义。

梁化民《以“知行合一”重塑当代大学生道德素质教育体系》（《天津城建大学学报》2020年第5期）一文，为破解当前大学生道德素质教育困境，适应新时期“立德树人”需要，系统梳理和发掘了“知行合一”这一哲学思想的教育意义；在剖析大学生道德素质知、行分离现象及其成因的基础上，提出以“知行合一”重塑大学生道德素质教育体系的对策，即逐步完善道德素质教育知识系统与课程体系，系统培育道德素质的自我提升动力机制，科学构建道德素质的实践系统，从而为当代大学生道德素质教育注入新活力。

5．“致良知”“万物一体”思想的现代价值研究

郑舒妍《王阳明“致良知”学说融入高职院校思想政治教育的路径研究》（《福建教育学院学报》2020年第7期）一文通过概括王阳明“致良知”学说的内涵与基本特征，分析目前高职院校思想政治教育现状与困境，找出了“致良知”学说的积极影响及其融入路径。王阳明“致良知”学说作为中华优秀传统文化思想之一，其主体性、明辨性、实践性等特点，对加强学生主体认知、提升知行合一能力有着一定启发，对促进高职思想政治教育起到了引导性的作用。

耿加进《王阳明“致良知”思想及其对当代德育的启示》（《汉字文化》2020年第23期）一文指出，王阳明继承并发挥了孟子的良知思想，并把“良知”概念上升到最高的哲学范畴，建构了体大思精的心学体系。“致良知”是王阳明一生学问的结晶与灵魂。致良知思想内涵极为丰富，对当代德育也极具启发意义。

张文博《王阳明“致良知”思想与大学生道德实践体系的建构——以华北水利水电大学为例》（华北水利水电大学硕士学位论文，2020年5月）一文，贴近新时代高校德育和思想政治工作的鲜活实践，立足“三全育人”的大德育格局，在对中国传统文化中的王阳明心学进行创造性转化和创新性发展基础上，探索构建大学生道德实践体系。王阳明“致良知”思想是有关道德实践的学说，该文以王阳明心学的核心思想“致良知”为中心，通过文献研究和剖析，以王阳明的历史背景、生平经历来推导王阳明“致良知”的思想脉络，即在“心即理—知行合一—致良知”三者的内在联系和逻辑构成基础上，分三个方面展现“致良知”思想蕴含的道德实践理论。论述了“良知”的道德主体性内涵、“致良知”的“实致其功”和持续完善性的特征，以及“致良知”思想中蕴含的“立志”“事上磨炼”“知行合一”等道德实践方法论。该文以高校道德实践体系的基本模式为出发点，论述“致良知”对大学生道德实践体系的方法借鉴，并以华北水利水电大学的德育案例为落脚点，提出从道德信仰教育实践、道德楷模学习实践、公益志愿活动服务实践、校园社团实践锻炼四个方面来建构道德实践体系。结合各个道德实践模式的相应特征，将王阳明“致良知”的道德实践理论及德育原理融入道德实践体系的德育机制内，提出对策和建议，完善大学生道德实践体系的建构。

曾雪阳《王阳明“致良知”思想对新时代官德修养的启示》（《新东方》2020年第5期）一文指出，“致良知”是阳明心学的思想基石，重温王阳明的“致良知”思想，无疑具有重大的现实意义。对广大领导干部来说，重温王阳明“致良知”思想，对于提升自身的官德修养，做一个有良知的人，做一个对党和人民有益的人，更具有深刻的启迪意义。

俞跃《王阳明“万物一体”思想的社会意义》（《文化创新比较研究》2020年第5期）一文指出，“万物一体”是王阳明晚年的主要思想，也是其基本信念。以王阳明“万物一体”说所借助的《大学》而言，其所具有的社会意义也许更为直接，其强调抛弃私利、注重情感交流与仁道尊重，尤其对构建人与人之间的和谐关系具有现实的指导意义。

朱承《万物一体视域下的人工智能》（《学术交流》2020年第5期）一文认为，“万物一体”是传统中国哲学提供的理解人与世界关系的一种视角，中国哲学里存在着以“合异齐同”的视角看待人与世界关系的传统。人工智能及其衍生物是人类智力的成果，本质上仍然是人类机能的延展，既具有主体性意义，也具有对象性意义。从主体性意义上说，人工智能及其衍生物依旧是人类智力的产物，受人类意志控制；从对象性意义上说，人工智能及其衍生物在一定意义上是人类意志的“异化”，是人需要面对的对象物之一。人工智能的这一特性，与“万物一体”视域下的人与世界的关系有着类似之处。在“万物一体”的视域下，我们既可以将人工智能看作人类主体世界的延伸，也可看作人与对象世界的融合。面对汹涌而至的人工智能浪潮，人类应该以“廓然大公、物来顺应”的态度对待之。

6. 王阳明教育、德育、体育思想的现代启示研究

向文华、苏海茵《王阳明教育思想及其在青少年教育中的指导意义》［《西南科技大学学报》（哲学社会科学版）2020年第1期］一文通过深入研究阳明心学的教育思想，阐扬其蒙以养正、立志为圣、学贵专精正、为善去恶、去私除弊、心即理、知行合一、致良知等优秀传统文化精神，这对促进青少年立志、抗挫，树立正确的三观，培养担当意识和行动力等具有指导意义，也有助于理解、践行社会主义核心价值观和人类命运共同体思想。

李朝军《王阳明心学对现代家庭教育的启示》（《濮阳职业技术学院学报》2020年第2期）一文指出，阳明心学是我国儒家文化在宋明时期的典型代表，结合王阳明心学主要内容及透射出的教育思想，分析王阳明心学在现代家庭教育中的价值，可以为解决现代家庭教育面临的问题提供有效借鉴。

7. 阳明心学对新时代大学生思想政治教育工作的启示研究

李君利、尹楠《阳明心学对高校大学生道德教育的借鉴意义》（《山东商业职业技术学院学报》2020年第1期）一文指出，道德教育是高校实现立德树人教育目标和高校思想政治教育内容的重要组成部分。阳明心学所提倡的“知行合一”“致良知”“四句教”的德育理念，对于高校大学生的道德教育具有借鉴意义。高校在开展道德教育时应遵循“知行合一”的教育理念，发挥德育环境的整体作用，顺应德育模式的逻辑性，以培养当代大学生的优良道德品质。

何燕、邓淀月《王阳明“心学”及其对高校思想政治理论课教学的启示》（《文化创新比较研究》2020年第5期）一文，基于习近平总书记对王阳明心学的重大现实意义的相关阐述，结合高校思想政治理论课与王阳明心学的相关之处，提出阳明心学对高校思想政治理论课教学内容和方法的启示。

李和忠、薛柳《阳明文化对新时代大学生思想政治教育工作的启发》（《知识经济》2020年第15期）一文指出，近年来，习近平总书记在多次讲话中先后10多次提到明代思想家王阳明，肯定阳明心学是中国传统文化的精华，也是增强中国人文化自信的切入点之一。因此如何深入探索、挖掘具有世界价值的阳明文化资源，创造出新的经验，为新时代大学生成长成才服务，为提高学生的思想水平、政治觉悟、道德品质、文化素养服务，是新时代高校思想政治教育工作中的重要课题，对我们加强和改进高校思想政治教育工作具有重要的现实意义。

许红、刘阳科《王阳明心学对大学生思想政治教育的启示研究》（《陕西青年职业学院学报》2020年第3期）一文选取了王阳明心学对大学生思想政治教育的启示为研究方向，从思想政治教育的理论视角阐述了王阳明心学思想的主要内容，进而对王阳明心学之于大学生思想政治教育的启示进行了思考和探讨，力图充分挖掘出王阳明心学潜在的思想政治教育价值。

8. 阳明心学对现代生活、企业管理的启示研究

王倩《浅析王阳明修养理论及其当代价值》（《教育现代化》2020年第40期）一文从本体论、工夫论、境界论三方面入手，对王阳明的修养理论进行梳理，认为王阳明修养理论对于今天我们自身道德素质的培养及社会主义核心价值观的践行有着不可忽视的研究价值和现实意义。

刘杰《论王阳明危机管理的实践与思想》［《浙江海洋大学学报》（人文科学版）2020年第1期］一文指出，王阳明作为政府官员一生遭遇诸多危机，他在应对职业变动、地方治理、军事冲突等重大危机中，形成了包括危机感知论、危机责任论、危机化解方法论在内的危机管理思想。其在晚年提出的“致良知”思想也是其在危机中对自己学说的全面审视与总结。梳理王阳明的危机管理实践与思想，对于新时代的公共管理者有着重要的启示。

张树恒《阳明心学管理哲学视角下的企业文化管理研究》（山东建筑大学硕士学位论文，2020年5月）一文指出，企业管理哲学是企业管理发展到一定历史阶段的产物，是企业文化管理的重要组成部分。20世纪后半叶，随着谢尔登等西方学者的研究，以及日本企业的崛起，“管理哲学”这一企业文化建设的重要课题得到越来越多的重视。阳明心学是我国传统儒学的重要分支，是中国传统文化的精髓。这一学说高度重视对“人心”的管理，主张修身、齐家、治国等实践活动都应从修心开始。这种对

“人”的高度重视，在企业管理领域有一定的借鉴价值。从管理学发展来看，西方管理学理论对人的管理存在着明显的关注不足。改革开放以来，我国经济飞速发展，但在经济发展的同时，也暴露出了企业管理哲学应用不足、照搬照抄西方管理模式、文化建设较为形式化、队伍管理不人性等管理问题，中国特色的企业文化建设仍处于不成系统、不成熟的状态，不利于我国企业的健康发展和经营。面对这些问题，该文从三个方面着手，尝试将阳明心学借鉴到企业文化管理领域加以研究和应用：一是运用企业文化管理、企业管理哲学基础理论，总结归纳阳明心学企业管理哲学思想，找出其应用价值。二是分析阳明心学企业管理哲学思想在我国的应用现状，构建阳明心学企业文化管理模型。三是对践行阳明心学的我国企业进行案例研究，实例验证阳明心学在企业管理领域的应用价值。通过三个方面的研究，进一步发掘阳明心学中蕴含的管理思想，丰富阳明心学在企业文化管理领域的研究。同时，模型的构建可以对我国企业文化建设提供新的、有价值的借鉴。这对于传承中国传统文化，形成中国特色的企业文化，增强中国企业核心竞争力，实现习近平总书记提出的“文化复兴”“文化自信”具有积极的意义。

9.新世纪“阳明学热”的综合研究

张宏敏《阳明学：中华传统文化研究中的“显学”》（《国学学刊》2020年第1期）一文指出，近年来，出于对“文化自信”的提倡及视传统文化为“独特战略资源”的倾向，再加上党和国家领导人对阳明语录及阳明学核心命题的关注与阐述，王阳明与阳明学受到社会各界的普遍重视。图书市场上各种版本的《传习录》《王阳明全集》不断推出，报刊上登载的阳明学研究论文数量陡增，不同科研单位主办的阳明学研究辑刊不断出版，阳明学研究机构与王阳明研究会纷纷设立，《百家讲坛》性质的阳明学公开课持续开设，阳明学会议与论坛的频繁召开，各种级别的阳明学研究课题纷纷立项，这足以说明王阳明与阳明学的研究与阐释已经成为中华传统文化研究中的“显学”。而作为专业的阳明学研究者，则需要对当下的“阳明学热”进行理性反思。

卢富清、卓光平《新世纪以来阳明文化在绍兴的影响与传播》（《名作欣赏》2020年第5期）一文指出，近年来，为打造国学高地和心学圣城，浙江省绍兴市大力弘扬阳明文化，助推阳明心学在绍兴乃至全国的传播。首先是阳明故居、阳明洞天和王阳明墓等遗址被修葺一新，并成立了多个以王阳明命名的研究机构和学术组织，举办了多场大型的王阳明心学研讨会，出版了众多王阳明研究的著作。同时，绍兴还创排了越剧版和话剧版“阳明戏”，阳明文化也逐步在绍兴大、中、小学的校园中生根发芽。因而，梳理近年来绍兴阳明文化的发展现状，不仅有助于进一步促进绍兴阳明文化的传播，而且对推动绍兴文化建设也有一定的促进作用。

郑晶晶《新世纪以来阳明心学在浙江教育界的影响》（《名作欣赏》2020年第35期）一文指出，新世纪以来，阳明心学在浙江的一些中小学教育、高职教育及本科教育中都产生了重要影响。在中小学教育方面，阳明心学或被用于校园文化建设，或与课程教育相结合，引导学生刻苦学习、积极向上，促使他们形成良好的道德品行。在高职教育方面，王阳明的心学思想被运用于培养善于实操且具有良好道德品行的优秀技术型人才。在本科教育方面，阳明心学不仅是师生共同的学术研究对象，同时也是第一、第二课堂育人活动中的重要内容。

田聪聪、卓光平《论新世纪浙江王阳明题材的戏曲创作》（《名作欣赏》2020年第5期）一文指出，新世纪以来，思想界、文化界和艺术界都掀起了一股“阳明热”。浙江作为王阳明的故乡，为让阳明文化资源“活起来”，浙江戏曲工作者先后创排了姚剧版和越剧版“阳明戏”。考察这些“阳明戏”可以发现，姚剧《王阳明》和越剧《王阳明》不仅对王阳明传奇的一生有着比较形象的展现，而且对阳明心学也有着较为深刻的阐释。

王嘉宏、卓光平《论新世纪以来“阳明戏”的思想主题》（《名作欣赏》2020年第5期）一文指出，自新世纪以来，多部以王阳明生平为题材的戏剧如雨后春笋般出现，而“阳明戏”的创排某种程度上也助推了文化界、艺术界的“阳明热”。仔细考察可以发现，这些“阳明戏”的思想主题主要表现在三个方面：一是从立德的角度表现王阳明的圣人形象及其思想的玄妙气质；二是从立功的角度展现王阳明经历政治斗争后的政治反思；三是从立言的角度表现大儒王阳明的治世理想，尤其是他的心学思想对世人的教化。

田聪聪《新世纪浙江“阳明戏”的比较》（《名作欣赏》2020年第11期）一文指出，新世纪以来的文化界掀起了一股“阳明热”，其中在王阳明的故乡浙江就创排了多部“阳明戏”。姚剧《王阳明》、越剧《王阳明》和话剧《千古一圣王阳明》等“阳明戏”，立足于全面展现王阳明一生的传奇经历，这些戏剧的创排，无疑既有助于我们形象地了解王阳明的生平事迹，又有助于我们深入理解王阳明的思想精神。

洪杰英、张君雪、王华利《大学生践履阳明心学的实践途径研究》（《名作欣赏》2020年第11期）一文指出，阳明心学是中国传统文化的精华，对指导当代大学生的成长具有重要意义。王阳明倡导的知行合一，能够促进学生个人素质的提高；他强调的“致良知”，能够提升学生的社会责任感；他提出的“省察克治”，能够强化学生的自我反省意识。但是，在将阳明心学落实到生活中时，大学生常常出现自控能力薄弱、以自我为中心、知而错行等问题，因此要通过每日读书、坚持不懈、日行一善、事上磨炼、贵在改过、强调效果等途径践履阳明心学，在脚踏实地中提升大学生的素质与境界。

三、王阳明的比较研究

本报告有关王阳明的比较研究，主要涉及王阳明与先秦诸子（孔孟荀儒学、老庄道家、墨子墨学）的比较，王阳明与宋明理学家（二程、张载、陆九渊、朱熹、陈白沙、湛若水、王夫之、刘宗周、黄宗羲）的比较研究，以及阳明心学与西方哲学的比较研究。兹把2020年的相关研究成果胪列如下。

（一）王阳明与先秦诸子的比较研究

2018年，学界同仁围绕阳明思想的理论源头之先秦诸子进行了追本溯源式的综合研究，探讨了孔子、孟子、荀子、老子、庄子、墨子对阳明学形成的启发意义，这也是近年来阳明学研究的一个亮点。[①]然而，2020年阳明学界的相关研究则略显单薄。

史英达《王阳明对孟子儒学知识论的继承和发展》（《汉字文化》2020年第14期）一文指出，儒家传统哲学中存在知识论，其目的也确是求得真理。但儒家传统哲学并不完全依赖理性，而是在理性及感性之上设置了更高的思维能力，即“良知”。这使得古汉语中的知具有了两个层面的意义：（1）依靠感官和理性进行认识的现象层面的知识；（2）认识主体仅依靠“良知”对自身进行的确证和认识。因此儒家哲学从孟子起，就确立了注重思辨知识来源性、实践性、价值性的传统。这一传统在王阳明处得到了极高的发展，形成了较为完善的知识论体系。

① 张宏敏编著：《阳明学研究综合报告》，浙江人民出版社2020年版，第76—78页。

刘珈羽《孟子与阳明“不动心”比较》（《汉字文化》2020年第15期）一文指出，阳明心学与孟子心学有一脉相承之关系，《传习录》《孟子》文本中皆有“不动心”之论。但二者对于“动”与“不动”之解释有同有异，此中差异蕴含着他们对于“动静”态度之不同，也暗藏着阳明学说形成的复杂历程。

（二）王阳明与宋明理学家的比较研究

1. 王阳明与朱熹的比较研究

毕游《朱熹、陆九渊与王守仁理学思想比较：以理、性、心、知四个范畴为中心》（社会科学文献出版社2020年9月版）一书以理、性、心、知四个范畴为中心，通过对朱熹、陆九渊和王守仁三家思想的比较分析，对理学从朱学时代到王学时代的演进脉络进行了探讨和概括。进而指出，在对理学范畴客观性的认识及心理关系、知行关系方面，朱学与陆学实际上更接近，而二者与王学之间的差异则是本质上的。从朱陆到阳明，理学逐渐演进为彻底的实践之学、方便之学，进而从士大夫阶层走向民间。

叶云《王阳明对朱子天理思想的继承》［《宁波大学学报》（人文科学版）2020年第2期］一文认为，王阳明虽以批评朱子起家，但也继承了朱子天理思想。在阐释良知时，王阳明在相当程度上就是从天理的角度来说的；在天理、人欲之辨上，王阳明也承袭了朱子的基本立场。王阳明对朱子天理思想的继承为良知的客观性、普遍性做出了有力论证，也带来了问题。首先，以天理为心之本体、为至善者，以人欲、私欲为恶，这看上去似乎没什么问题，但在“去得人欲，便识天理”的论调下，理与欲就处于非此即彼的关系中。如此，感性欲望的地位就不得独立，意义就不得彰显。其次，以超验的天理诠释良知，会使作为人内在成德根据的良知抽象化，从而使阳明心学陷入二重性的困境，在学理上有走向分化和破败的可能。

樊智宁《朱熹、王阳明的“格物致知”论比较——以其〈春秋〉〈左传〉学为视角》［《井冈山大学学报》（社会科学版）2020年第1期］一文指出，朱熹和王阳明对《春秋》的评价大致相同，他们都肯定《春秋》的价值，认为其中蕴含圣人之道。换言之，朱熹和王阳明都将《春秋》中的“大义”视为“天理”。但是，朱熹和王阳明对《左传》的态度却截然相反。朱熹认为，《左传》是理解《春秋》和探知“天理”的必要文献；王阳明认为，《左传》所载的内容尽是“人欲”，不值得提倡。他们之间的差异源自对“格物致知”理解的不同。朱熹倡导“即物穷理”，《左传》即是“物”，《春秋》中的“大义”则是“理”；王阳明推崇“致良知”，《春秋》中的“大义”作为“良知”应当向内自求，而非在《左传》这种“外物”上做工夫。他们“格物致知”论的不同也影响其解经方式，朱熹强调从礼法入手，王阳明则以正心为核心。

范国盛《朱熹与王阳明蒙养教育观之异同及现代启示》［《宁波大学学报》（教育科学版）2020年第2期］一文指出，朱熹和王阳明都非常重视蒙养教育，他们的蒙养教育观既有相同点，也有不同点，相同点体现在：重视德行教育、教学的刚性和规范性、读书贵在精熟、德育与日常生活融合。不同点体现在：朱、王的蒙养教育观分别体现了“道问学”和“致良知”的不同学术旨趣。在当今时代背景下，比较二者蒙养教育观的异同，认取传统教育价值，一要重视立德树人；二要培养学生的自律精神；三要将教育与儿童的日常生活打成一片，由近及远，循序渐进地进行。

徐亚豪《道德与知识的张力——论王阳明对朱子格物说的内在化转向》（《特区实践与理论》2020年第1期）一文指出，格物之学作为宋明儒者所注目的核心论域，始终存在着道德与知识不断抵牾的张力。王阳明认为儒学的最终指向是道德人格的圆成，作为至善的天理根植于道德主体，知识只有时时处于道德的观照之下方能表征其意义，朱子格物说的弊端在于方向不明，易陷溺于具体事物的考索而游骑无归，王阳明针对这一流弊对朱子格物说进行了内在化的改造。二人所论格物之“理”具有不同层面的内涵，王阳明以“道德事实”代替“客观事实”的做法，亦未能在同一学理层面上对朱子格物说达成有效的批评。归而言之，在体证天理的终极意义上，朱子所侧重的是由事物之理的获得而涵养为至善的道德之理，而王阳明侧重的是在天赋至善之理的指导规引下陶铸事物之理。

乐爱国《王阳明的“去人欲而存天理”及其与朱熹理欲论之比较》［《安徽师范大学学报》（人文社会科学版）2020年第2期］一文指出，王阳明的“去人欲而存天理”来自朱熹的“存天理，灭人欲”，且二者又存在诸多差异，主要有三：其一，朱熹讲“性即理”，既讲人之性又讲物之性，并且认为人、物之性都是禀赋天理而来；与此不同，王阳明讲“心即理”，以为天理即人之道心、人之良知。其二，朱熹认为，“存天理，灭人欲”首先在于“即物而穷其理”“格物致知”，然后“为善以去恶”，从而“克尽己私，复还天理”；与此不同，王阳明反对朱熹所谓“即物而穷其理”之说，认为“去人欲而存天理”只是就心上讲求，“存天理”只在于“去人欲”。其三，朱熹认为，“存天理”与“灭人欲”是先后不同且又相互统一的两种工夫；与此不同，王阳明认为，“去人欲”与“存天理”是同一的，“去得人欲，便识天理”，并且特别强调去除人欲。然而，他们都讲天理与人欲的对立，要求去除人欲，因而又是一致的。

曾亦《严父莫大于配天：从明代“大礼议”看朱熹与王阳明对“至善”概念的不同理解》（《中国哲学史》2020年第3期）一文指出，朱熹与王阳明对于《大学》中“至善”概念的理解，有着根本性的差异。该文则选取明代“大礼仪”这个特殊视角，结合程颐、朱熹关于宋代“濮议”的意见，考察了理学与心学在处理儒家孝道问题时的不同态度，以及在实际政治生活中的不同后果，从而揭示了双方在经学见解上的差异对其心性概念理解上的不同影响。

丘山石《生生不息：朱熹与王阳明生命观的同调异趣》（《朱子文化》2020年第3期）一文指出，古往今来，如何实现生命的长盛不衰，始终是人类孜孜不倦的追求。朱熹虽然直至终老仍对道家方外丹鼎之术表示向慕，但他始终以顺“道”而“生”“超凡入圣”为终极目标。王阳明经过前半生对道家养生之术的体验之后，幡然改弦更张，阐发“致良知”之说，以求取“仁”为其“长生”之主旨。其实，无论是朱熹的学说还是王阳明的学说，都是对“造化生生不息之理”的探求。人只要能秉持“良知”持守“诚”，就能把握“仁”。

卢珊《朱子与阳明〈大学〉“三纲领”比较研究》（山东大学硕士学位论文，2020年5月）一文指出，《大学》作为《礼记》的第四十二篇，从宋代开始就受到广泛重视，而朱子和王阳明正是对《大学》诠释产生深刻影响的理学家，可以说朱子思想的发展历程与《大学》密不可分，他穷尽一生注释《大学》。而王阳明则以《大学》为阵地，对朱子的观点进行一一批判。两人对三纲领的不同解读，不仅集中表现了他们对《大学》的解读，而且体现了理学与心学内在思想脉络的差异。该文第一部分，探析朱子和阳明讨论“明明德”的内容，分析“明德”和“明明德”之间的关系。从“明德”到“明明德”的过程，是朱子将心性论贯通到工夫论的理学化路径。朱子认为“明德”是主于心而言，人的本心中包含了万事万物之理，人心道心本只是一物，而朱子所谓“明德”正是道心，不免受到个体情欲的杂染，这就需要“明明德”的工夫。王阳明不似朱子强调本性的澄然具理，而是认为其是万物一体之体。该文第二部分，探讨亲民与新民。朱子继承二程的观点，以“新”代“亲”，并以原文并无“亲”相关内容，但有“其命惟新”，以及古代文字“新”“亲”互训作为其更改原文佐证。王阳明不同于朱子将“亲”改为“新”，以“教化”代替“仁爱”本义，坚持古本“亲民”原文，认为其为万物一体之用。朱子将“亲”改为“新”，行为主体发生变化，对象也有所不同。而王阳明保留古本“亲民”，则主体与对象收摄于万物一体之中。该文第三部分，首先探析“至善”的内涵，朱子认为“至善”为至于不可更改之地，“至善”不仅是大学之道，也是内圣外王的理论构建。而王阳明认为“至善”即是天理，即是良知本体，王阳明以“天理”“良知”论述“至善”本义。对于“三纲领”之间的关系，朱子认为“明德”为本，“新民”为末，侧重于将“明德”与“亲民”分判为先后二事，而“至善”即“明德”“亲民”所各自达到的最高标准。王阳明则认为“明德”“亲民”为体用关系，体用不二，不可二分，两者为“至善”即良知的体用两面。该文第四部分，以船山作为宋明理学的集大成者，在对朱子和王阳明对《大学》总结上，支持朱子改“亲”为“新”，认为王阳明坚持“亲民”有效仿佛老的嫌疑。最终得出结论：朱子和王阳明的思想发展与其对《大学》的诠释密不可分，其对三纲领诠释值得深入探讨处较多，经过将两者比较思考，可深入把握理学与心学本体论、工夫论的异同。

马云云《从静坐工夫入手比较朱子阳明的根本差异》（山东大学硕士学位论文，2020年5月）一文指出，“主静”作为一种修养工夫是周敦颐在《太极图说》里正式提出的。《太极图说》上部分讲天道，描绘了太极动静化生万物的宇宙演变过程，下部分由天道转至人道，宇宙万物之中“唯人也得其秀而最灵”。但因接触外物，“心”被触动，善与恶就随之产生，圣人出而确定“中正仁义”的道德原则和“主静”的修养方法来趋善避恶。在周敦颐这里“静”既是本体存在，又是修养工夫。二程少时学于周敦颐，受其“主静”思想影响颇深，静坐成为儒家重要的工夫法门便是起于二程。明道以观“喜怒哀乐未发前气象”、在澄心默坐之中排除心中闲杂思虑，默识仁体为静坐工夫要旨。而在伊川修养工夫论中，静坐只是初学时扫清杂思，定气凝神，收敛身心为体证本体做的准备工夫，他认为专于“静”最终会有堕入佛老之险，静坐并非圣门之学，因此提出以“敬”来代替“静”。但二者在具体的修养工夫上偏重不同，明道更注重内心和乐，“识仁”“诚敬”的内在自我体悟，伊川则主张“主敬集义”，内外相结合强调外在经验知识的积累。二程的用“敬”包含“动静”，将静坐作为体认天理的入手工夫这一思想后被朱熹发展。朱子对静坐一直持有怀疑态度，并不认为静坐可以成为儒学修养工夫中的重要部分，但是在其著作中有着丰富的静坐理论。因朱子教导友人时提到“半日读书，半日静坐”，静坐是否为朱子日常教人之法引起了一些争论：一些学者视其为为学的重要方法并亲身操持；一些学者则怀疑“半日静坐，半日读书”这句话并非朱子所言；更有甚者还对朱子这一说法提出强烈批评，认为朱子所言背离儒门圣学，为释氏之徒，但通过对朱子言论和思想的考察可知这些批评要点完全不符合朱子原意。但朱子并不反对静坐，他反对学者专注静坐，偏重“静”时工夫，导致忽略现实外在道德实践，为防止这些现象的发生，朱子将静坐和“主敬穷理”相结合。静坐这一工夫在朱子这里，是没有“直证心体”“顿悟”等功能和可能的，也同佛道、心学所讲的静坐切断关联。朱子的静坐是“涵养的体证”，这有别于心学体系中“超越的逆觉体证”的静坐，具有朱子个人特色。在这里静坐不再是可以直达心体的桥梁，而是成为和“主敬”工夫、“格物穷理”密不可分的，用来收敛身心、涵养本源的辅助工夫。静坐对王阳明思想形成和发展的作用同样不可小觑，钱德洪在《刻文录叙说》中把静坐单独作为王阳明“为教三变”之一引起一些讨论，但王阳明离开龙场后，初立静坐教法，且在滁州任督马政时大规模使用静坐工夫教化众学者。之后门人在实践静坐时产生了诸多流弊，如：“流入枯槁”“沉溺光景”，这偏离了王阳明想要通过静坐使门人于静中体悟天理的初衷。但静坐仍旧是王阳明教法中不可或缺的工夫，通过王阳明龙场悟道的经历来看，静坐作为可直达心体的工夫，其价值是值得肯定的。龙场悟道是阳明心学思想确立及他人生发展中的重要节点，静坐作为王阳明悟得“良知”本体前的入手工夫是不可被忽视的，且王阳明通过这样一种切身实践开创了心学一脉向内求理的体证方式，静坐工夫也具有了直证本体这一内涵。王阳明和朱子一样都强调作为儒门工夫的静坐不可以和佛老坐禅入定相混同。他们都认为不可只专注于“静”的工夫，而是强调“动静合一”；对静坐的形式也无特别要求；在静坐行为中他们都认为思虑是无法被完全断绝的，朱子认为最好状态是“无思量”，但也可以是“正思量”，王阳明则认为只有“正思量”，不存在“无思量”。静坐对于二者而言都不是不可忽视的重要工夫，但也不是最根本的“本体工夫”。朱子将静坐收摄于“主敬”，使其作为涵养心体、收敛身心、辅助格物穷理的工夫存在，王阳明后期亦是确立“致良知”的本体工夫。二者思想中静坐工夫具有不同地位：静坐这一工夫在王阳明这里具有向内直达心体，使心与理豁然贯通，从而体证本体的作用；相反，在朱子的静坐工夫中这一作用是被刻意抹除的。产生这样差异的根本原因正是二者对“心”与“理”的认识不同，朱子反对顿悟，消解“静坐”工夫可直达心体的作用是因为他认为“性即理”“心统性情”，只有通过具体的格物工夫才能最终体认到本源之“理”，王阳明则批评他的格物工夫将“心”与“理”一分为二，强调“心即理”，因此静坐工夫可以帮助人们直达意念之诚。对“心”与“理”的理解不同，也是理学工夫论和心学工夫论产生差异的原因所在。

田晓丹《论朱子阳明“格物”之辨》（《河南广播电视大学学报》2020年第3期）一文指出，“格物”是儒家著作《大学》的重要范畴。自郑玄始，其相关注释繁多，至今仍无定论。在宋明理学中，具有代表性的当是朱子和王阳明。朱子、王阳明以不同的理路对“格物”提出各自见解。朱子重修《大学》章句，从客体出发，通过“外格”的方式探求天道，确立了心物二元论的思维进路。王阳明尊《大学》古本，从主体出发，通过“内省”的方式发明本心，进而体认圣人之道，是心物一体论的思维进路。在“格物”的工夫论体系中，尽管朱子、王阳明选择殊途，其目标却是一致的，皆是对至善的追求。通过对朱子和王阳明有关“格物”义的对比研究，不仅对《大学》“格物”原意的探究有重要意义，同时也成为后期研究朱子、阳明思想及其关系不可逾越的部分，更是为朱子、阳明后学演变情况的探析打下理论奠基。

陈乔见《王阳明批评朱子“外心以求理”的得与失》（《浙江社会科学》2020年第8期）一文指出，王阳明早年因实践朱子格物学遭遇困境而悟出“心外无理”说，此后他把朱子格物穷理说定性为“外心以求理”，并等同于告子“义外”之说加以批评。王阳明的批评虽然击中朱子学的要害但却并非完全相应。朱子的格物说颇为强调对外在物理的认知与节目时变的讲问商量。王阳明强调廓清良知为头脑工夫，难免对外在物理与知识有所忽视。实际上，在日常生活的一些情形中，缺乏相应的物理知识，徒致良知亦无法实现知行合一。就此而言，朱子格物说自有其不可替代的意义。

2. 王阳明与陆九渊的比较研究

李承贵《陆象山对阳明心学形成的双重意义——基于王阳明的视角》（《学术研究》2020年第1期）一文指出，对王阳明而言，象山心学既是基础，亦是动力。依王阳明所论，象山心学在“大本大原处”为其确立了基础，而象山心学的“粗”“沿袭之累”“非纯粹和平”等瑕疵则成为其构建“精一心学”的学术动力。然而，究竟什么是“大本大原处”？“粗”“沿袭之累”“非纯粹和平”等又是指哪些不足？这些学界言而未详的问题，直接关乎陆象山于“陆王心学”贡献的评价。王阳明是心学的集大成者，陆象山在成就阳明心学体系过程中究竟扮演了怎样的角色？王阳明比任何人都更有资格发言。王阳明对陆象山心学的评论大抵可分为两个论域：一是“朱陆异同观”，即通过“朱陆异同”的讨论表达对象山心学的看法；二是“陆王异同观”，即通过“陆王异同”的讨论表达对象山心学的看法。透过此两个论域的考察，不仅能够准确把握陆象山之于阳明心学贡献的双重性质，而且能够真切感受象山心学行至阳明心学历程的曲折性。

张娜《陆王心学“减损论”——论陆王道德修养方法的路径取向》（《北方论丛》2020年第6期）一文指出，程朱理学讲求格物致知的工夫论和修养方法；简言之，是一种“外向”的修养工夫进路。与程朱理学不同，陆王心学讲求“心即理也”，即内心本就包含有先天的道德伦理知识，人心本是善良的，只是后来为各种私欲杂念所遮蔽，而丧失了道德判断的能力，因此才有了恶。所以，在陆王看来，道德修养无需外求，只需为本心除尘去垢，便可成就圣贤人格，即一种“内向”的修养工夫进路。该文要讨论的就是：陆王心学这种内向型修养方法，即“减损论”。

韩强《陆九渊、王阳明的心性论》［《太原师范学院学报》（社会科学版）2020年第3期］一文指出，陆九渊提出了“心即理”和“自存本心”的心性本体论，由内心的简易工夫使道德理性感情化，实现主观精神的自我扩张。王阳明提出了良知本体的真我论，进一步论述了“意之本体便是知，意之所在便是物”的知行合一论和“致吾心之良知于事事物物”的观点，形成了心本体论的庞大体系。

3. 王阳明与陈献章的比较研究

黎业明《王阳明与陈白沙之间是否存在学脉传承关系？——束景南〈王阳明年谱长编〉相关论述辨正》（《现代哲学》2020年第1期）一文指

出，束景南先生在其《王阳明年谱长编》中，关于王阳明在成化十九年就已经认识白沙并深受其影响且已经对白沙学问“熟闻习见”的论述；关于王阳明在成化二十年便与张诩相识，“盖张诩可谓阳明生平最早相识之白沙弟子，自此阳明乃可从张诩接触白沙之学”的推断；关于“张诩确在弘治十八年来京师，将《白沙先生全集》赠王华、阳明”的考证，都缺乏足够的文献依据，值得怀疑。因此，束先生关于王阳明与白沙之间存在“学脉传承”关系的论断，值得商榷。

4. 王阳明与湛甘泉的比较研究

戢斗勇《阳明心学与甘泉心学的交互关系》［《佛山科学技术学院学报》（社会科学版）2020年第1期］一文指出，阳明心学与甘泉心学是明代同时并立的两大心学流派，前者称为“浙宗”，后者称为“广宗”。王阳明与湛甘泉两人一见定交，友谊甚笃，共倡圣学。在学术的几大转折点上，湛甘泉对王阳明有关键性的点拨作用，而王阳明一些思想观点也影响湛甘泉。王学与湛学互有同异，两人的弟子也递相出入，因而是交互关系。但湛学的后世影响不如王学，有其自身的缺陷和历史的原因。

张慕良《“信心”与“言心”——思考王、湛之别的一个维度》［《北京师范大学学报》（社会科学版）2020年第3期］一文指出，当前学界对王阳明与湛甘泉思想之间的关系研究多流于文化层面，而缺少对于二人思想的学理实质考察。这就导致了在追问二人所理解“心”“良知”“天理”等之间差别的究竟为何上的“语焉不详”。鉴于此，该文从二人谈“心”之处为切入点，来考察二人理学思维的建构模式，以求对二人思想之别给出学理上的解释。概言之，王、湛二人面对朱子理学所留下的“心”“理”二分问题，是分别将“心”作为哲学立场而落于生存实在中以“体察”“天理”的模式求其“所存”和将“心”通过语言建构为实体的以知识形式统摄“心”“理”的答其“所是”。对王、湛之别的学理考察对合理理解宋明理学研究中的诸多问题提供了借鉴性思考。

赵絮颖《湛若水与王阳明“格物”思想比较》［《河北北方学院学报》(社会科学版）2020年第4期］一文指出，王阳明与湛若水之所以就

“格物”问题展开争辩，主要是因为两者在某种程度上对对方思想有所误解。湛若水忽视了王阳明的“格物”在端正意念之余更强调对于实践的矫正；而王阳明也误认为湛若水的“格物”只是向万物寻求天理，未重视湛若水所讲的向外推致本心之义。在工夫论上，王阳明就天理之存而言的“主一个天理”与湛若水就天理之妙运而言的“无一物可主”并不冲突。此外，王阳明更加注重“必有事焉”的实际践履，湛若水则侧重于“勿忘勿助”的省察工夫；但综合而言，“必有事焉”与“勿忘勿助”均不可偏废。

黎业明《湛若水与王阳明关于格物致知问题的论辩》（《学术研究》2020年第11期）一文指出，在关于格物致知问题的辩论之中，王阳明一再指责湛若水之训格物为至其理、为随处体认天理是“求之于外”；对于王阳明的指责，湛若水不仅再三否认，而且针锋相对地批评王阳明之训格物为正心、为正念头是“自小其心”，且“不免有外物之病”。论辩的原因是两人对“心”的理解互不相同；彼此的论辩反映了两人的思想取向存在差异。

5. 王阳明与王夫之的比较研究

2020年，不见相关研究。

6. 王阳明与刘蕺山、黄宗羲的比较研究

2020年，不见相关研究。

（三）阳明心学与西方哲学的比较研究

马丹阳《简析柏拉图〈洞穴隐喻〉——兼与阳明心学比较》（《现代交际》2020年第1期）一文，通过对柏拉图的《洞穴隐喻》和阳明心学的观点进行比较，对阳明心学的“心即理”“致良知”等观点进行了简要概述。简述了两位不同国家、不同年代的哲学家通过教育与引导的方式共同面向同一目标——善。只有实现真正的灵魂转换，才可能抛弃原有的思维习惯，看到原来看不到的善。两者皆有通过引导和教育改变自己惯性的、被眼前所蒙蔽的思维，从而转向善的观点。这就进一步说明了：每个人的心中都含有宇宙的最高原理，人人都可以成为圣人。

徐良《王阳明和海德格尔的本体论思想研究》（《中华文化论坛》2020年第2期）一文指出，海德格尔和王阳明分别是西方文化和东方文化最有代表性的思想家之一。他们的思想分别在西方和东方产生了巨大的回响，并深刻地影响了人们的世界观与哲学理念。虽然前后相隔400多年，出现于两个不同文化背景的国度，然而其本体论思想却有着惊人的相似之处，由此展开的比较对话意味着中西哲学有着高度共鉴的一致性，蕴含着东西方文明共同的理性精神。该文从存在与心在、根据律与致良知、此在与此心、领会与格物四个方面考察分析了中西本体论的共同态度和基本立场，揭示了中西思想赖以沟通的可能性和共同方法，从而预示着可能构建人类命运共同体的思想根基。

李浩《"心即理"与"良心自由"之比较研究——兼论近代中西伦理体系中的核心思想》（《内蒙古社会科学》2020年第3期）一文指出，中西方社会伦理文化在近代都发生了从传统到现代的转向，王阳明的心即理学说是对传统理学的突破，亚当斯的良心自由突破了传统基督教教义。两种伦理学的理论关键是二人对人性的看法，其一致之处在于认为人性本质是无善无恶的。在伦理实践中，面对个人自由与公共规范之间的张力，王阳明与亚当斯都坚持良知与良心具有先验性，而这种先验性的显现分别需要"致"的工夫和自制。此外，王阳明和亚当斯分别将"惟为圣贤方为第一""虔诚和美德"奉为个人伦理事业的圭臬，原因在于两人虽然都突破了传统社会伦理的非理性意识，但又都将传统伦理思想追求的个人修身目标置于经验性的信仰地位。在这一点上，王阳明强调"意诚"，亚当斯强调"虔诚"。

黄勇、段素革《信念、欲望与信欲：斯洛特与王阳明道德动机论之比较》（《伦理学研究》2020年第3期）一文认为，休谟式的信念—欲望模型仍是道德动机理论的主流。在当代哲学中，理性主义的反休谟主义者宣称，信念自身足以使人产生行动的动机，因此欲望不是必要的；而情感主义的反休谟主义者则宣称，只有欲望或情感才能解释一个人的行动；第三种反休谟主义者既同意休谟主义的观点，认为信念和欲望都是为解释一个人的行动所必需的，同时又不同意休谟主义，认为信念和欲望并不是两个相互分离的心灵状态，相反它们构成了一个称作“信欲”的单一心灵状态。迈克尔·斯洛特是第三种反休谟主义者的代表，其信欲概念对道德动机问题的讨论做出了重要贡献，然而亦有其局限性；王阳明的良知概念及“知行合一”思想为克服斯洛特观点的局限性提供了启发。

李云飞《论良知呈现的现象学意蕴》（《学术研究》2020年第5期）一文指出，王阳明的良知概念具有不同的面向。王阳明晚年凸显良知之“是非之心”的自知面向，以是非之心统摄良知。王阳明所聚焦的乃是工夫的入手和用力处的问题，而并未直接点出这一自知与意之所发之“同时性”特征。刘宗周正是从这一点切入展开对阳明良知说的批评。现象学家耿宁凭借敏锐的现象学分析，揭示了是非之心之自知与意之所发在王阳明那里的“同时性”蕴涵，言王阳明所未明言，出色地回应了宗周的批评。然而，耿宁的现象学分析却必须以修正现象学的原意识概念为代价才能成立，因此又导致新的疑难。现象学的争执意识和安宁意识展示了良知呈现的普遍结构，以此为视角分析王阳明的良知概念，同样能回应宗周的批评，同时又避免了耿宁的疑难。

高鹤文、范永康《关怀自身与万物一体：福柯生存伦理学与王阳明工夫论之比较》（《曲靖师范学院学报》2020年第4期）一文指出，福柯在探索“知识—权力”关系之后，将重心转向伦理主体，提倡生存伦理学。王阳明工夫论也包含了大量生存伦理思想，两者具有一定的相似性。将福柯生存伦理学与王阳明工夫论进行比较，可以发现，两者都提出了具有实践性、知识性、主体性和精神性等特点的修身理论。但是，分别以西方主客对立和以中国天人合一为哲学基础的这两种伦理思想，又具有主体先行与主客统一、个体本位与社会本位、神性境界与天地境界这三个层面的差异。王阳明工夫论既涵盖了福柯的个人伦理诉求，又追求天人合一的天地境界，对当代西方伦理学的发展具有重要的借鉴意义。

四、王阳明与地域文化研究

王阳明的一生是传奇的一生，其活动范围遍布于大半个中国，举凡其活动的省域（称为“阳明先生过化之地”“阳明先生遗爱处”），在相当长的历史时期内，王阳明对当地的政治、社会、教育、文化均产生了深远的影响。近年来，随着阳明文化的普及推广，王阳明与地域文化的研究也逐渐成为阳明学研究的学术增长点。兹对2020年的研究成果进行综述。

余姚市人民政府地方志编纂室组织编写、诸焕灿编著的《姚江王氏及阳明家事探源》（团结出版社2020年11月版）一书，依据地方文献，专门就姚江王氏宗族、秘图山派王氏宗族、阳明家事编撰而成。全书共收录“姚江王氏世系排行”“王阳明家乡遗迹”“王阳明的户籍”“王阳明官爵”“王阳明的直系子孙”等19篇专题研究文章，并附有“王阳明传”和“姚江秘图山王氏世系简表”等内容。

林迅《王阳明与吴越地域狂侠精神的交互影响》［《安徽理工大学学报》（社会科学版）2020年第2期］一文指出，长期的山水孕育和文化演进，在吴越之地培育出一种狂傲与豪侠之气。狂傲源于出位之思、超脱自视，侠义之气则表现在重诺轻生、爱国捐躯之上。吴越地域狂与侠的思想特点对王阳明精神气质的形成与发展有着重要影响，而深受吴越文化影响并已完成对吴越文化超越的王阳明，其精神气质反过来又对吴越文化进行了反哺，促进了吴越之地文化的进步，是对吴越文化性格的补充与完善。

华建新《越文化视域下明嘉靖初年越中阳明心学的勃兴与流播》（《教育文化论坛》2020年第3期）一文认为，明嘉靖初年越中阳明心学的勃兴与流播，追根溯源是受到越文化传统精神的深刻影响，孝道、易道、士道之文化内核成为阳明心学孕育与发展的丰富土壤。王阳明晚年居越城六年，虽身处逆境，但其通过著书立说、讲学论道、书信交流及山水游历等途径，兴起了一场以倡明“万物一体”学说为指归的王学振兴运动，无论在规模还是影响上均达到了前所未有的高度。“万物一体”学说的提出，最终圆通了阳明心学体系，扩充了阳明心学的境界，标志着王学发展进入最辉煌的阶段。王阳明晚年在越城的传道活动，对于越中王门的形成具有巨大的感召力量，对于彰显越文化的时代精神则注入了强大的活力。

谌业军、胡启富编著《王阳明居黔记》（贵州人民出版社2020年10月版）一书，含“王阳明传说”“龙场诗赏析”“龙场文赏析”三部分，以王阳明居夷三载的贬谪生活为主线，以龙场悟道、书院讲学、生活故事、赋诗撰文、施政辅政等再现王阳明在龙场期间不平凡的履历，反映王阳明离开龙场后黔中王门弟子与当地百姓口耳相传其在贵州龙场期间的事迹，讴歌其不朽的精神与伟岸的品质，表达龙场人民对其的怀念与感恩之情。

沈启源《“黔学之祖”王阳明，传道于贵阳》（《贵阳文史》2020年第3期）一文指出，明正德元年（1506），王阳明被贬为贵州龙场驿（今修文县）驿丞，正德三年（1508）到达龙场驿。在贵州三年期间，王阳明创办了龙冈书院，首开贵州书院讲学之风。他对学生做了“立志”“勤学”“改过”“责善”四条规定，体现了现代教育的基本精神。王阳明开创了贵州全新的学风和民风，被贵州学者称为“黔学之祖”。

徐茵《滁州阳明书院的历史影响与重建的文化价值》（《滁州学院学报》2020年第4期）一文指出，滁州阳明书院与阳明祠于明代嘉靖十五年（1536）在丰山幽谷建成，对滁州的儒学传承、阳明心学的传播做出了一定的贡献，成为国内王学高士研究传承阳明心学的平台，阳明“良知”至今仍影响着一代代滁人。重建滁州阳明书院具有一定的文化价值，为滁州传统文化的研究提供了一个交流学问、阐发义理的场所，为滁州父老乡亲尤其是青少年尊师重教、读经明理设置了研习的载体和平台。

周凯、陶会平《论王阳明讲学的首发之地》（《滁州学院学报》2020年第6期）一文指出，王阳明一生以讲学为己任，自弘治十八年（1505）在京师专志授徒讲学以来，所到之处无不讲学；而王阳明弟子钱德洪却认为滁州为王阳明讲学的首地。在对王阳明讲学活动进行梳理后可以发现，滁州以前的讲学活动，无论是从游士子的数量，还是士子的来源，都没有达到学派意义上的规模，而王阳明在滁州的讲学则是四方弟子，从游日众，诸生随地请正，歌声震山谷。这种独特的讲学模式，首启了阳明学派声势浩大的讲学活动的序幕，钱德洪“滁阳为师讲学首地”的观点是为确论。

王剑波《变革和回应：明清赣州府立阳明书院与地方士人》（《赣南师范大学学报》2020年第1期）一文指出，赣州府立阳明书院创建于明嘉靖初年，在清道光二十三年（1843）得以重建。该书院在兴国钟氏父子的主导下恢复发展，体现出官学化特征，同时强调道德教育与经世致用理念。随后，赣县刘景熙将其改制为赣州府中学堂，实现了从书院到学堂的成功转型，成为赣南新学教育的开端。阳明书院的变革同时反衬出地方士人鲜明的本位属性，展示出其敢于担当、勇于进取的精神追求。

林晓峰、张山梁《阳明学与福建地域文化》（《闽台文化研究》2020年第4期）一文指出，王阳明一生先后“两次半”入闽，其间留下了显赫的功绩，强化了边界地区的社会治理，其思想也随之传播到八闽大地。该文对其遁迹武夷、进军汀州、驻节上杭、平寇漳南、戡乱赴闽等行迹进行了描述，对其弟子、后学在福建各地任职、讲学进行了梳理，并以“四位阳明后学、四部阳明书籍、四位闽籍学子”为例，进一步阐述阳明学以其良知之精神魅力，冲破福建“朱学重镇”的藩篱，使八闽豪杰之士翕然顾化，得以持续继承、弘扬和发展，深刻影响了福建地域文化，同时对闽南地区的人文思想、社会发展产生重要影响和积极作用。

张山梁《闽地祠祀阳明考》（《福建江夏学院学报》2020年第1期）一文指出，祀，国之大事也。福建因王阳明“两次半”入闽，遁迹武夷、进军汀州、驻节上杭、平寇漳南，而成为阳明先生经略、过化、存神之地。阳明先生离世之后，福建与其他省份一样，先后在武夷山、长汀、上杭、平和等地，共立祠11座，以祀先生，铭记其捍患平乱之功，感念其施民教化之德。闽地立阳明祠的时间主要集中在明嘉靖、崇祯及清康乾年间三个阶段，体现了官府主导、后学推动、朱王会通的“官、学、融”福建地域文化特色。

刘和富《功祀与道祀：明清时期广东阳明祠的地域差异探析》（《赣南师范大学学报》2020年第5期）一文指出，广东作为王阳明的“事功”与“言教”之地，明嘉靖年间以来，广东惠州府、潮州府、广州府等地修建了大量阳明祠。这些阳明祠是祭祀王阳明的空间场所与物质载体，各地祭祀角度与内涵有所不同，或侧重于事功，或侧重于文教，大致可划分为“功祀”与“道祀”两种类型。“功祀”阳明祠大多位于北部山区，“道祀”阳明祠多集中于沿海地区，这种海陆地域分布差异与南赣巡抚辖区设置差异、阳明心学传播差异、区域文化程度高低等息息相关。

张伟《广西两方王阳明石刻画像碑考录》（《岭南文史》2020年第3期）一文指出，目前所见圣贤画像中除至圣先师孔子外，又以王阳明先生画像为多，且制作材质多样，形象特点各异，均反映了后学对阳明先生的仰止之情。明嘉靖年间，王阳明至广西创书院、兴文教，对于岭南文化教育的影响至为深远。至今，广西各地仍留存大量与王阳明相关的历史遗迹。目前，在南宁市兴宁区镇宁炮台、隆安县中学，尚留存有两方明清时期的王阳明遗像碑及像赞碑。

张伟、赵乃蓉《广西两方王阳明石刻画像碑考录》（《文博学刊》2020年第4期）一文指出，明嘉靖年间，王阳明至广西创书院、兴文教，对岭南文教事业的发展影响至为深远。广西各地现仍有大量与王阳明相关的历史遗迹，其中有两方明清时期的王阳明石刻画像碑，一方尚题有赞文。这两方石刻画像碑构图严谨，刻线细腻精美。该文拟结合史料就画像碑所载人事、题刻年代、内容、背景等进行考释，从而明确王阳明石刻画像碑对研究王阳明画像版本流转、岭南书院创办历史及岭南文化教育发展的重要价值。

通过对2020年王阳明与地域文化方面研究成果的梳理，基本可以盘点出王阳明与余姚、绍兴、台州、贵州、江西、福建、安徽等地之关联。

五、王阳明著作文献的整理与研究

当今学界关于王阳明著作文献的整理与研究，主要涉及王阳明的基本文献《传习录》《大学古本》《大学问》《朱子晚年定论》《居夷集》《王文成公全书》等，以及明清以来历代学者刊刻的阳明先生文集（《阳明先生则言》《王文成公全书》《阳明先生集要》等）。此外，研究王阳明与阳明学的其他重要资料，诸如《阳明先生年谱》等。而对阳明佚文的收集整理与研究，也是阳明文献研究的一个学术特色。兹把2020年的阳明学文献整理及相关研究成果梳理如下。

（一）《传习录》的译注出版与版本传播研究

1.《传习录》的译注出版

2020年书市上也有多种版本的《传习录》整理出版，然学术参考价值不大，故而不再一一罗列。

2.《传习录》版本与传播研究

邹建锋、陈雪《王阳明〈传习录〉形成过程研究》（《浙江社会科学》2020年第3期）一文，通过对明嘉靖年间《传习录》多种稀见孤本的调研，比较日本藏德安府刻本、范庆苏州刻本、国家图书馆文津馆藏萧彦绍兴刻本、温州图书馆藏钱錞江阴县刻本、上海图书馆藏刘起宗与丘时庸水西精舍刻本、复旦大学图书馆藏胡宗宪杭州刻本，认为：上海图书馆藏题南大吉刻《传习录三卷》并非嘉靖三年首刻本，而是万历时期重刻本，德安府本是国内外所存最早刻本，萧彦本为国内存世最早刻本，钱錞本源出萧彦本。水西精舍本较德安府本增加二卷续录，其收语录较接近通行本下卷。北京大学图书馆藏《王阳明集》附录单刻《传习续录》两卷本为水西精舍重刻嘉靖本。崇正书院本为《传习录》定稿本。胡宗宪天真书院本为通行本《传习录》足本，内容最全。

张献忠、朱候渝《阅读史视角下的〈传习录〉研究》（《江西社会科学》2020年第8期）一文指出，作为阳明心学代表的《传习录》在明清两代得到了广泛传播，在士人中形成了阅读《传习录》的社会风尚。不论是王学的支持者抑或是反对者，均从《传习录》中汲取自身需要的精神养料。士人围绕《传习录》形成了一个阅读群体，并在交流互动中以自身的思考影响他人，并从他人的感悟中获得启迪，由此形成了只属于《传习录》阅读群体的回忆空间。以《传习录》为中心的回忆空间，成为士人共同的学术资源与精神宝藏，也由此促进了思想的变迁。

张星、张实龙《修辞传播视角下王阳明言语机锋探析——以〈传习录〉为核心的考察》（《广西职业技术学院学报》2020年第6期）一文指出，机锋是依据接受者的特点及相应的语言环境，为提高表达效果而运用的一种修辞方式。王阳明《传习录》常带机锋。其机锋大致分为语义矛盾、答非所问、仿拟佛经三类。王阳明言语机锋的成因可以从情景语境与文化语境、修辞主体与修辞受体和王阳明的言意观三个层面进行分析。

（二）王阳明文献的影印与《阳明先生文录》等文献的综合研究

1. 王阳明与阳明学文献的影印出版

王焱主编《域外刊刻阳明先生文献》（15册，广陵书社2020年5月版）一书，影印收录王阳明著作在日本及朝鲜的传本，共30种，其中由日本人刊刻、抄写的版本，大多数加入日本学者的注释评述，如三轮希贤标注的《传习录标注》、佐藤一斋评注的《传习录栏外书》等。朝鲜地区的传本以抄本、活字本为主，如朝鲜活字本《王阳明遗书》等。该丛书的编纂，一方面，有助于厘清王阳明相关著作在日本、朝鲜的源流；另一方面，也有助于推动王阳明的学术思想在日本、朝鲜传播发展的研究。

明代郭朝宾等编《王文成公全书》（广陵书社2020年10月版）一书，是王阳明著述及年谱传记等资料的汇编，收录了明代正德、嘉靖年间通行的《传习录》《阳明先生文录》等多种文献，是传世的阳明文献中内容较为完备的文本。郭朝宾本《王文成公全书》辑刻于明穆宗隆庆年间，一说为王阳明全集的初刻本，校雠精密，具有重要的文献学意义。郭本《全书》存世较少，长期被埋没，不仅阳明文献源流中的若干疑似之处因此无法得到澄清，相关文献整理及研究工作也受到若干限制。此次影印出版以日本国立公文书馆藏本为底本，其出版将对有关研究产生积极的助益。

张新民审定《新刊阳明先生文录续编（影印本）》（孔学堂书局2020年6月版）一书，系明嘉靖十四年（1535）贵阳刻本《新刊阳明先生文录续编》，此书重见天日，首功当属日本学者永富青地21世纪初在上海图书馆的发现（详见氏著《关于上海图书馆藏〈新刊阳明先生文录续编〉》，《东洋的思想与宗教》第23号，2006年）。此前，官私书目皆无是书的著录，亦不见有学者提起。现在，此珍稀孤本得以化身万千，实乃阳明心学之大幸。

汤文瑞《一部阳明文献珍本重见天日》（《中华读书报》2020年12月16日）一文对《新刊阳明先生文录续编（影印本）》予以评介。其指出：从书上的题记与印记看，是书先后为清季赵宗建与当代学者黄裳所收藏。黄氏是藏书家、散文家，他十分喜欢这本书——据吴鹏教授辨识，钤印就有“黄裳藏书”“黄裳百嘉”“黄裳容氏珍藏图籍”“黄裳壬辰以后所得”“黄裳青囊文苑”“来燕榭”“容家书库”等。

2.《阳明先生文录》的版本研究

张新民《明代黔中地区阳明文献的刊刻与传播：以嘉靖贵阳本〈新刊阳明先生文录续编〉为中心的研究》（《孔学堂》2020年第3期）一文指出，王阳明“龙场悟道”后即通过讲学活动传播其心学思想，黔中士子从其学者人数颇多，遂形成全国最早的阳明心学地域学派——黔中王门。黔中王门学者与宦黔心学官员相互配合，自正德后期以迄万历年间，先后整理和刊刻了6部阳明典籍。种类及数量之多，即使置于全国亦十分突出。其中《新刊阳明先生文录续编》，即代表官方的王杏①与代表地方的陈文学、叶梧相互合作的产物，乃极为罕见的阳明文集早期单行刻本，无论是版本还是史料价值都极为珍贵。阳明文献在黔中地区的大量刊刻，恰好反映了心学新颖思想在西南边地的广泛传播，呈现了黔中王学崛起于边缘区域的生动文化景观，折射出边缘与中心交流互动的复杂历史信息。

3.《朱子晚年定论》研究

张倩茹《正德九年朱陆之辩与王阳明〈朱子晚年定论〉关系新探》（《孔子研究》2020年第1期）一文指出，正德九年（1514）“朱陆之辩”是发生于明代正德九年至十一年（1516）的一场学术争论。这场争论发生于崇陆的阳明一派与尊朱的魏校一派之间，是明代中后期朱陆之争的表现。《朱子晚年定论》是正德九年朱陆之辩争论内容的深化；相应地，正德九年朱陆之辩也为《朱子晚年定论》之作提供了理论与舆论准备。正德九年朱陆之辩构成了王阳明《朱子晚年定论》的成书背景之一，主要体现在两个方面：一为正德九年朱陆之辩与王阳明《朱子晚年定论》写作时间的重合；一为正德九年朱陆之辩与《朱子晚年定论》在主旨和内容上的一致。

4.《居夷集》研究

李半知校注《居夷集》（贵州人民出版社2020年6月版）一书，收录王阳明谪居期间诗文198篇（首），前有丘养浩序，后有徐珊、韩柱跋。共3卷，第一卷共21篇，其中赋1篇、记8篇、序5篇、杂著3篇、书信4篇。第二卷为居夷诗（含赴谪与返回途中的部分诗作）110首。第三卷为狱中诗与赴谪诗共67首，其中狱中诗15首，赴谪诗52首。李半知在校注中，严格遵从底本，不随意更改、添加和减少文字。在校勘的基础上，做了必要的注释。

郑凯歌《“居夷诗”中贵州山水形象变迁与王阳明心学发展》［《广西民族大学学报》（哲学社会科学版）2020年第5期］一文指出，王阳明

① 王杏，字世文，号鲤湖，浙江奉化人，嘉靖二年（1523）进士。在贵州文化史上，他是一个值得大书特书的人物。其在黔虽仅两载光景，却办了三件大事：一、主持刊刻《续编》；二、接受阳明弟子之请建阳明祠与阳明书院；三、勘议贵州开科乡试。而办这三者，于阳明心学与黔地贡献堪称至伟。

在贵州龙场度过三个年头的贬谪生活，所创作的“居夷诗”中有大量篇幅写到贵州山水，从中可以看出贵州山水形象在王阳明眼中的变迁。贵州山水形象的变迁与王阳明心学的发展基本一致。王阳明在龙场悟出“圣人之道，吾性自足”，在贵阳文明书院提出“知行合一”，积极践行“致良知”，贵州山水形象在“居夷诗”中也由荒蛮、险怪变为幽奇、绝美。王阳明心学发展与贵州山水形象变迁相互影响、共同促进。

5.《大学古本旁释》研究

李殿玉《王阳明心学之思——以〈大学〉为之方法》（《保定学院学报》2020年第2期）一文指出，解读《大学》作为成圣的方法，在宋明时期具有极为重要的地位。王阳明早年实践朱熹的“格物”方法，不得其解，之后坚定了儒学的立场，主张“仁者浑然与天地万物同体”，却无具体方法。在“龙场悟道”之后，王阳明开启了回归自我身心的学术路向，因朱子学者的困扰，故主张以“诚意”解读《大学》，刊刻《大学》古本。他提出“致良知”，一方面强调“良知”乃人人皆有，另一方面又强调“事上磨炼”，实则是“仁者万物一体”与“格物”在现实世界的统一。

6.王阳明佚文研究

2020年，不见相关研究。

7.《王阳明年谱》研究

2020年，不见相关研究。

8.《皇明大儒王阳明先生出身靖乱录》研究

张丹丹《论冯梦龙〈靖乱录〉的文体特征》（《广州广播电视大学学报》2020年第3期）一文指出，冯梦龙编撰的《皇明大儒王阳明先生出身靖乱录》是一部王阳明传记小说。与以钱德洪等人所编《阳明先生年谱》为代表的王阳明年谱及以王世贞编著《弇州史料前集·王守仁传》为代表的王阳明传记相比，《靖乱录》呈现出独特的文体特征：语言化雅为俗，雅俗并用；行文叙议结合；使用了多种叙述方式；在材料择取上，重视对诗词的引用，偏好叙述人物生平传奇情节。这些文体上的特点，使得《靖乱录》相比《阳明先生年谱》和《王守仁传》，具有更强的传播性。

马逸聃、卓光平《冯梦龙小说中的王阳明形象塑造》（《名作欣赏》2020年第20期）一文指出，明末通俗小说家冯梦龙创作的《皇明大儒王阳明先生出身靖乱录》是一部叙写王阳明传奇人生经历的传记小说，也是现存最早的一部有关王阳明生平事迹的历史小说。冯梦龙以钱德洪编纂的《阳明先生年谱》为依据，用通俗的语言和生动的笔法描述了王阳明明圣学、悟良知、讲知行的三段人生经历，不仅展现了一个充满神异色彩的“三不朽”者形象，同时也对后世的王阳明形象传播产生了很大影响。

郝渊渊、卓光平《神奇圣人：冯梦龙小说对王阳明形象的塑造》（《名作欣赏》2020年第26期）一文指出，明代文学家冯梦龙所著的小说《皇明大儒王阳明先生出身靖乱录》是现存最早的一部王阳明题材小说。在小说中，冯梦龙以神异化的方法来讲述王阳明波澜壮阔的一生，描绘了一个充满神异色彩的王阳明形象。该文从小说的生成原因、小说中王阳明形象的神异化描述及其中包含的价值意蕴等三个方面来探讨冯梦龙对王阳明神异化形象的塑造。

应该指出，王阳明心学在哲学范畴的解读、王阳明诗文思想的阐释及中西哲学比较视域下的阳明学研究，还有出版界关于王阳明文献的大规模影印及王阳明与地域文化的持续挖掘，是2020年阳明学研究中的几大亮点。

中篇

阳明后学研究

王阳明一生活动足迹几乎遍及大半个中国，与之相随的是其讲学活动与明阳学的传播也遍布大江南北，进而形成了王门诸派。依照黄宗羲《明儒学案》的地域划分法，主要有浙中、江右、南中、楚中、北方、粤闽、泰州七大派，还有江右李材的止修学，以及近年来学界同仁陆续发掘并得以确认的黔中王学、蜀中王学、徽州王学等。

一、阳明后学综合研究

2020年学界同仁关于阳明后学综合研究的学术成果，主要涉及阳明后学的传播机制、分派原委、儒学民间化的社会伦理实践，以及对“本体工夫论”“儒佛会通”“三教合流”等相关议题的研究阐释。

邓志峰《王学与晚明师道复兴运动》（增订本）（复旦大学出版社2020年7月版）一书指出，《大学》之所以成为“四书”之一，是因其“心—身—家—国—天下”的内圣外王架构，代表了宋儒的精神理想。晚明政治儒学的展开，与此也是相应的。可以这样说，阳明“致良知”在“心”的本源处唤醒了师道意识；王艮“大成师道之学”所提倡的“安身立本”，使个体之“身”得以挺立于世间；晚明讲会之自称“孔子家”，意味着师道精神的社会化；以东林、复社为首的党社运动，代表了师道组织对治国平天下的渴望；而以黄宗羲、唐甄学说等为代表的清初君权批判思潮，则是对师道精神的自我反思。这一运动尽管因清代君师合一体制的重建而陷入伏流，但也因此成为晚清士大夫反抗君权的先声。

郗韬《明中后期阳明心学盛行的传播学解读》（《石家庄学院学报》2020年第2期）一文认为，阳明心学在明中后期风靡天下，产生了很大影响。阳明心学之所以能门徒遍天下，流传逾百年，与王阳明、王艮、王畿等人的主观努力有关，也与明中后期因统治者腐败而导致的宽松学术环境有关，更与其发展过程中传播者重视运用传播规律关系甚大。从传播学角度看，阳明心学在传播过程中，因传播者自身拥有的高权威性而产生了巨大的传播影响力，传播者灵活多样的传播方式、通俗易懂的传播语言吸引了更多受众。而受众的尊重需要、自我价值实现等需要的被满足则是阳明心学能够产生极强吸引力的核心因素。另外，口语媒介和大众化印刷传播媒介的合理运用，也加快了心学传播速度，扩大了其传播范围。

汪学群《〈明儒学案〉与阳明学的分派》［《贵阳学院学报》（社会科学版）2020年第3期］一文指出，黄宗羲《明儒学案》对阳明学的分派，以地域轴把思想与师承结合起来，凸显阳明学各派的学术风格及思想特色，为近代阳明学分派诸说定下了学术基调。结合以往研究成果，从历史与逻辑统一的角度出发动态地理解阳明学，或者说把阳明学看成一个历史的过程，这一过程主干依次是浙中、江右、泰州三派的演进与嬗变，大体与阳明学的确立、发展、衰落的轨迹相适应。历史过程说或许能为阳明学进一步分梳提供一个新的视角。

张海晏《道德主体性的拆散：阳明后学的分化》［《贵阳学院学报》（社会科会科学版）2020年第2期］一文认为，对于王阳明的道德主体性学说，弟子后学依据各自的志趣做了不同的意义阐释与理论延伸。王畿的“现成良知”强调的是道德主体的自足圆满，钱德洪的“事上磨炼”强调的是道德主体的后天习得，聂豹、罗洪先的“主静守寂”强调的是道德主体的超验存养，欧阳德、邹守益的“主敬克己”强调的是道德主体的宰制作用。

颜炳罡、邝宁《“合内外”视野下阳明后学的发展及其分化》［《西南民族大学学报（人文社会科学版）》2020年第1期］一文认为，阳明后学的分野一直受到关注，王阳明融《易传》《中庸》《大学》合内外思想为一炉，通过创造性诠释“格物致知”以纠宋儒务外而遗内之偏，重新确立“合内外”致思路向，王阳明“合内外”的境界可以说“无内外”，“无内外”之“合内外”是即内即外，即外即内。阳明后学延续了王阳明的这一思路向继续拓展，但在如何“合内外”或“无内外”的工夫路径产生分歧，形成三种路向：王畿代表以内合外，消外以归内的合内外路向，工夫落在正心上；钱德洪代表着以外合内，由外显内的路向，工夫落在格物上；罗洪先代表着融贯内外，即内即外的路向，工夫落在知止上。其中罗洪先融贯内外与阳明合内外的方式最为接近，承续了王阳明的合内外之道，可谓阳明学之嫡传。

王觅泉《阳明学的本体—工夫悖论与其教训》（《孔学堂》2020年第4期）一文指出，王阳明有言："合着本体的，是工夫；做得工夫的，方识本体。"此中蕴含一种本体—工夫悖论：未曾"合着本体"，不能真正做工夫；而不做工夫，则又永不能"识本体"。这一悖论是贯穿阳明后学开展的重要线索。王龙溪和聂双江追求"合着本体的是工夫"，但是他们提供的"合本体"方案都成问题。钱绪山追求"做得工夫的方识本体"，但是如何方为"识本体"并不易确认。本体—工夫悖论的症结在本体，它不能离经验太近，否则不成其为本体，也不能离经验太远，否则流于玄虚，阳明后学正是在这种两难中挣扎。黄宗羲"心无本体，工夫所至即其本体"之论是化解本体—工夫悖论的出路。心性的本体化并不能提供实质性的解释和论证效力，反而可能导致独断、神秘和狂妄，应当立足从经验性的人性与人心及工夫实践去理解性体与心体。

韩先虎《晚明儒学"体认天理"观念探析：兼论阳明思想的综合性与超越性》（《晋城职业技术学院学报》2020年第4期）一文指出，如何体认天理是宋明儒学核心问题之一，也是导致宋明心性论儒学工夫论困境的根源所在，这一问题在晚明集中表现在陈献章"静坐体认天理"和湛若水"随处体认天理"的分歧，产生这一分歧的原因乃是宋明儒学对心体和天理的理解出现了断裂。王阳明通过"致良知"弥合了这一断裂，从而消解了体认天理的问题，体现了阳明思想的超越性和综合性。然而阳明后学却将体认天理的问题重新提出，这是对阳明学说理解的一种倒退，最终也导致了心学乃至整个心性论儒学的瓦解。

刘昊《中晚明时代"生之谓性"解释的新动向——以阳明学为中心》（《浙江社会科学》2020年第7期）一文认为，近年来，中国哲学的"生生"问题正成为学界热议的一个学术生长点，这场议论所关注的主要是易学天道生生的观念问题，而鲜少涉及人性论域中的生生问题。其实，以告子"生之谓性"为标志，生的思想至少在前孟子时代便已流行，只是此说遭遇孟子批评之后，便被排除在此后儒学思想的主流之外。但在宋明新儒学时代，“性与天道”重新被置于生生论域中思考，程颢以仁体生生的思想为基础，进而对告子以生言性的思想表现出异乎寻常的理论同情，为给告子“翻案”埋下了伏笔。中晚明时代的阳明学及其后学对生之谓性展开了全面重估，以易学生生观来重估生之谓性的意义，揭示“生”既涵指天道生生，更有生命创生的本体论意涵。中晚明以降，这股“告子翻案风”内含有关中国哲学传统中“生生”问题的价值重估，值得深思。

王晓娣《儒学民间化：阳明后学“觉民行道”的社会伦理建构》［《东南大学学报》（哲学社会科学版）2020年第5期］一文指出，中晚明时期，面对政治腐败和道德沦丧等社会危机，阳明后学积极开展了一场面向普通民众的社会化讲学运动。通过化良知为德行的“致良知”实践，将儒学的“外王之道”深入“觉民行道”的社会伦理建构中，开启了“士学”向“民学”的儒学民间化发展转向。阳明后学以“良知”为统摄，试图通过讲学明道，树立化民成俗的道德信念以整顿道德人心。阳明后学通过乡约制度的建立，将内含心学伦理教化的儒家伦理制度和规范呈现出来，使得民众自觉形成对人伦之理、教化之道的伦理认同。而对发展经世致用之实学的提倡，促进了经世济民实用儒学的民间化发展，繁荣了国计民生。阳明后学自觉进行“传学脉”“觉民众”的儒学民间化社会伦理实践，对重建晚明社会伦理秩序，重拾道德人心具有积极的时代意义。

刘凤霞《“风教”与“风情”——阳明学人的曲学态度及其戏曲发展史意义》（《山东社会科学》2020年第1期），王阳明的“戏曲有益风化”论影响了晚明士人的曲体观念，促使戏曲地位得以提升。阳明后学标举的“百姓日用”主张，促使戏曲题材日趋平民化。心学影响下的“风情说”促使剧作家凸显个人情性和趣味。“风教说”则上承“文以载道”，促使戏曲表现出含蓄蕴藉而又感化人心的力量；“风情说”是对“抒情言志”的延续，突破了传统诗教的规范，表现出人物的“意、趣、神、色”。两种走向的交错掺杂与较量融合，影响了中晚明剧坛的嬗变，对社会风尚、文化变革、美学范式等要素产生影响，集中表现为戏曲观念的正统化、创作的文人书愤特征、传播的民间化倾向。

于闽梅《王学左派的欲望观及其现代性》[《吉林师范大学学报》（人文社会科学版）2020年第3期]一文指出，晚明以来，只有少数士大夫仍主张理、欲截然对立的道德观念，而主张尊情重欲的思想则流行起来。这一变化与王学左派对欲望的重新思考有很大关系。文章以王学左派最为重要的三个代表（王艮、王畿和李贽）的思考为主，切入其欲望观，意欲考察传统儒家在晚明时代转型期思想发展的现代性。

吴震《阳明学时代何以“异端”纷呈？——以杨慈湖在明代的重新出场为例》（《浙江社会科学》2020年第1期）一文指出，朱子“却是杨敬仲文字可毁”的一句棒喝不啻是对杨慈湖宣判了“死刑”。故在宋末明初的很长一段时期内，慈湖著作及其思想几乎处于湮没不闻的状态。然而随着阳明学在16世纪20年代的涌现，一向被视作异端的慈湖之书忽然现世，自此以往，朱子学与阳明学的两大思想阵营就慈湖思想展开了激烈的论辩。这是一场没有结论的论辩，因为这场论辩更多地具有象征意义，象征着在阳明学的时代，各种观点即便是“异端”思想也有可能在学术舞台上纷纷出场。反过来说，正是由于阳明学的出现，独尊天下的朱子学遭遇了前所未有的“危机”，从而为各种思想的多元展现提供了可能。

陈福滨、黄伟铭《儒佛会通：晚明“居士佛教”与“阳明后学”》[《吉林师范大学学报（人文社会科学版）》2020年第3期]一文指出，自明代中叶以来，基于“良知自见”的阳明心学开始对程朱理学发起攻击，加上明末时期盛行的“儒佛调和论”思潮，直接或间接地促成了晚明“居士佛教”的蓬勃发展，而从另一个角度来看，晚明“居士佛教”的繁荣兴盛，同时也直接反馈明末的社会思潮。明末“三教合流”的思潮兴起，不仅为晚明“居士佛教”的成长提供了宽广的社会背景，而且明末居士“出儒入佛”“引佛入儒”的思想立场，亦与晚明丛林“援佛解儒”“儒佛俱显”的圆融旨趣相互呼应，共同成为晚明思潮的主要力量。而晚明“居士佛教”对阳明心学及其流变的检讨反思，同时也影响晚明时期“道德经世”的思潮转向，并使儒家从“崇经明圣”转归为对“儒学本旨”的追寻与探究。

彭丹《阳明学尧舜与孔子高下问题刍议》［《海南大学学报（人文社会科学版）》2020年第6期］一文指出，《孟子》中的有关论述是孔子和尧舜高下问题的最重要渊源。在理学史上，以程朱为代表的理学家从“继往开来”的角度正面支持孔子高于尧舜的论述，而王阳明却一反前人所论，以为“中国圣人，以尧舜为最”。阳明弟子王畿承继和发展了阳明的观点，以王艮泰州一脉为代表的阳明后学也强调孔子无位而可行仁，故而高于尧舜。管志道则将外王理想与有位者结合，贬低孔子的道统地位。阳明学者虽立论各异，但对尧舜与孔子高下问题的理解总体上以外在治理为标准，并呈现出一种道与“位”之联结逐步加深的思想史面貌。

二、浙中王学研究

浙中王学，系指明代中后期浙江行省区域内的阳明后学。黄宗羲《明儒学案》卷十一《浙中王门学案》“小序”云：“姚江（阳明）之教，自近而远，其最初学者，不过郡邑之士耳。龙场而后，四方弟子始益进焉。”[①]说明浙中是阳明学的发祥地和最早的传播地，黄宗羲在《浙中王门学案》中列徐爱、蔡宗兖、朱节、钱德洪、王畿、季本、黄绾、董沄、董穀、陆澄、顾应祥、黄宗明、张元冲、程文德、徐用检、万表、王宗沐、张元忭、[②]胡瀚[③]等19人为浙中王门学者；黄宗羲《浙中王门学案》“小序”中又有范瓘、管州、范引年、夏淳、柴凤、孙应奎、闻人铨、黄骥、黄文焕、黄嘉爱、黄元釜、黄夔等12人为浙中王门弟子[④]；又在《泰州学案》《甘泉学案》中为周汝登、陶望龄、刘塙[⑤]、唐枢、蔡汝楠、许孚远[⑥]等6名浙籍王门学者立传。还有，《明儒学案》“附案”中又有永康阳明学者应典、周莹、卢可久、杜惟熙等4人，以及慈溪阳明学者颜鲸1人。[⑦]统计《明儒学案》，其中提及的浙江籍阳明学者达42人之多。此外，袁黄（袁了凡）、季本弟子徐渭，也属于阳明学者。

① 《黄宗羲全集》第7册，第245页。

② 《黄宗羲全集》第7册，第246—247页。

③ 《黄宗羲全集》本《明儒学案·浙中王门学案》不载“胡瀚”此人，而中华书局标点本《明儒学案》（1985年版，2008年修订版）在张元忭之后载有“教谕胡今山先生瀚”的“胡瀚学案”。

④ 《黄宗羲全集》第7册，第245—246页。

⑤ 《黄宗羲全集》第8册，第112—137页。

⑥ 《黄宗羲全集》第8册，第226—264页。

⑦ 《黄宗羲全集》第8册，第993—998页。

（一）浙中王学综合研究

2020年学界关于浙中王学综合研究的论文有2篇。

王安然《浙中王门现成良知研究》（中央民族大学硕士学位论文，2020年5月）一文认为，浙中是阳明思想的发源地，同时也是王阳明最初立下门户之地，浙中王门不管是在时间上还是在人数上，在早期阳明学的传播中都是非常占优势的。现成良知是阳明心学中一个重要的概念，是由阳明弟子王龙溪最先提出的。关于现成良知的思想渊源，具体可追溯至孟子的良知说、陆象山的本心说及王阳明的良知学说。王龙溪和钱绪山都是浙中王门中的重要代表人物，周海门虽在学派考证上有所争议，但该文根据前人研究及其思想理路，也将其归为浙中王门，把他看作龙溪思想的主要继承者进行研究。龙溪良知学说继承自阳明学说，又有发扬之处，最具代表性的就是其“四无”思想与“见在良知”之说，这二者又是相辅相成的。钱绪山虽为王龙溪思想的辩难者，其实在体认无善无恶之心体与主张良知见在化的立场上，同王龙溪是相似的，二者区别更多体现在工夫论的倾向上。周海门作为龙溪思想的重要继承者，深谙阳明一体之思想，对“无善无恶”之旨有更深的继承和发扬，虽重视对“无”的体认，但在工夫论上亦有钱王合一的倾向。王龙溪与钱绪山在体认无善无恶良知本体的基础上，都主张良知的见在化，只不过王龙溪讲“见在良知”，是主张将良知本体提升至“无”的层面，从先天心体处做工夫，王龙溪虽主张“无”，但也未忽略“有”的层面，在肯定良知当下实有的前提下，提出后天诚意之学，主张于一念之微处念念致良知。而钱绪山提“见在良知”，虽对良知无善无恶的本性有所体悟，但却是在肯定良知知是知非能力之时，主张要将工夫落于“事”上进行诉求，因为往心上做工夫，难免会有所疏漏之处，离去人伦物用，也不能空谈致良知之学，所以绪山之学更重实践层面，是浙中王门的实干家。周海门作为王龙溪门人，不仅对龙溪“四无”思想有较深的体悟，同时也对现成良知观有着更深的强调，更是阳明一体论思想的笃信者。周海门认为，在良知心体的内在作用之下，手持足行皆是道，由此也提倡自知、自信、自得之学，其本末难分、修悟一体的心上工夫也具有自身的鲜明特色。该文主要从本体和工夫两大层面着手，探讨浙中王门范围内现成良知思想的呈现和发展，主要以王龙溪—周海门这一继承思路为主体进行研究，也引入浙中王门重要学者钱绪山的一些思想进行对比印证，同时也与王门内外一些学者的思想进行了对比辨析，旨在探求现成良知思想存在的发展理路和一些衍生问题，从而揭示现成良知思想的基本内涵。

张天杰《证人社二次“别会”与晚明浙中王学讲会之分合：兼论黄宗羲并非刘门“左右师席者”》［《南昌大学学报》（人文社会科学版）2020年第2期］一文认为，证人社是晚明浙中最为重要的王学讲会，然因为主持者刘宗周与陶奭龄的学术分歧而曾有过两次“别会”，也即崇祯四年（1631）的“白马别会”与崇祯十一年（1638）的“古小学别会”，学界则多有将之混淆误解。十多年间，两派弟子的讲学与论辩，既有分歧又有交融，使得浙中的王学讲会在明清之际繁荣一时，发展出蕺山、姚江两大心学学派。其中陶奭龄对讲会活动较为积极，而刘宗周及其弟子则因为学术多有发明而影响深远。黄宗羲后来对蕺山学做出过重要贡献，但他关于“白马别会”的记载多半有误，就证人社讲会而言则参与极少，且并非刘门“左右师席者”。

（二）浙中王门学者个案研究

本报告关注的“浙中王门学者”，主要是《明儒学案》中《浙中王门学案》《甘泉学案》所提到的浙江籍阳明学者：徐爱、蔡宗兖、朱节、钱德洪、王畿、季本、黄绾、董沄、董穀、陆澄、顾应祥、黄宗明、张元冲、程文德、徐用检、万表、王宗沐、张元忭、胡瀚、唐枢、蔡汝楠、许孚远等，还有阳明学界关注较多的闻人铨、孙应奎、袁了凡、徐渭等人。兹对学界同仁2020年关于浙籍阳明学者的研究现状综述如下。

1. 徐爱、蔡宗兖、朱节研究

2020年，学界同仁未有与徐爱相关的研究成果；由于文献不足征，学界尚未展开对蔡宗兖、朱节生平学行的深入研究。

2. 钱德洪研究

邓国元《钱绪山对阳明学“四句教”的诠释——以“无善无恶”为中心的考察》［《湖北大学学报》（哲学社会科学版）2020年第2期］一文指出，钱绪山对阳明学“四句教”的诠释是考察阳明学“四句教”的重要内容。在“天泉证道”中，钱绪山的基本立场和观点是在坚持“四句教”“一毫不可更易”的前提下，又对“四句教”有着具体理解。相较于王龙溪，钱绪山的立场和观点更接近于王阳明“天泉证道”的思想。从“四句教”本身及后来产生的思想影响来看，“无善无恶”是考察钱绪山对“四句教”诠释的中心。钱绪山对“无善无恶”的诠释与王阳明相一致，在于揭示和强调心体“廓然大公”“物来而顺应”的体用本质。在《复杨斛山书》中，通过对“后世格物穷理”之学“先存乎一善”“定理”观的反省，钱绪山指出，王阳明“无善无恶”的提出在于揭示至善心体的“虚灵”本质，“虚灵”是他诠释“无善无恶”的核心观点与独特创见。钱绪山在“无善无恶”诠释上的问题意识与创见观点，对丰富阳明学“四句教”的思想意涵有着积极意义。

3. 王畿研究

2020年，阳明学界对王畿的气学、“四无说”及其在阳明学中的定位问题等进行了研究，相关学术成果如下。

盛珂《道德与“超道德”之间——重新理解王龙溪“四无论”的理论意义》［《云南大学学报》（社会科学版）2020年第2期］一文指出，王龙溪的“四无说”肯定了良知对于道德判断和道德准则的决定性意义，凸显了道德价值的纯粹内在性，在理论上将王阳明的思想向前推进了一步。王阳明的致良知则通过“良知”的知是知非，为日常世俗道德准则留出了空间，在建立超越根据和肯定日常道德准则两者之间，建构起自己的理论体系。王龙溪的“四无说”在哲学史意义上重新回到孟子学说立场，在理论上则进一步凸显了心学传统面临的问题。

邹建锋、叶春艳《从天泉证道看阳明弟子钱德洪和王畿的学术论辩》

［《贵阳学院学报》（社会科学版）2020年第3期］一文指出，围绕善恶的有无，钱德洪与王畿的分歧形成“四有教”与“四无教”。钱德洪“四有教”依托“下根”之人没法直接顿悟本体，需在意念世界里面反复训练思维，念念致良知，通过持久的工夫上达本体；王畿的“四无教”教法，立意高远，高妙顿悟直觉把握能力，为“上根人”立法，即本体即工夫。这就是阳明学史上著名的“天泉证道”学术公案，影响深远。无论是直接顿悟，还是渐修而悟，在阳明“四句教”看来，都必须要大彻大悟，体会到万物之理内化于心的契合，至善在心，日用渐修，为善去恶，知行合一，致良知。

刘淑龙《气学视域下的王畿心学》（杭州师范大学硕士学位论文，2020年5月）一文指出，王畿是明代哲学家王阳明众多弟子中最为著名的弟子之一。王阳明逝世以后，王畿对于王学的传播做出了巨大贡献，对于心学在明代中晚期的发展发挥了重要作用。王畿在继承了王阳明良知思想的同时，进行了更深层次的展开与发挥，且形成了自己独特的哲学思想体系。关于王畿的哲学思想，学界对于其“四无说”“良知论”“佛老思想”“本体论”“工夫论”等主要哲学观点已进行了充分的研究。而在对王畿这些主要哲学思想进行研究的同时，发现“气”的概念在王畿整个哲学思想体系的构建中具有不可或缺的地位，然而，这方面并未得到足够的重视与系统的论述。王畿在论述“理”“性”“良知”“恶”“志”等哲学概念时都离不开“气”的理论支撑，使“气”在其哲学体系中呈现出多重含义。王畿持“理气合一”的看法，认为理是气之主宰，气是理之运用。同时突出气对于“性”的影响，认为“习气”是关键。把良知本体与气联系起来是阳明心学的独特之处，王畿提出“良知者气之灵”，良知通过气而发用流行。后天的气之流行运用，使良知本体受到蒙蔽，便是恶。而去除恶的方法，便是致良知，“良知时时做得主宰便是志”，立志即致良知工夫。总之，从气的角度审视王畿的心学思想，可以丰富对王畿原有哲学命题的理解，更加全面地把握其整个思想体系，同时也是对宋明气论思想研究的一次充拓。因此，对王畿气的思想研究具有重要意义。

4. 季本研究

2020年，学界关于季本研究的文献整理、论文各有1种。

胡雨章点校季本《读礼疑图》（中国社会科学出版社2020年9月版）一书，又名《礼疑》，撰于世宗嘉靖年间。全书凡六卷，前三卷以图文形式详辨周礼可疑之处，后三卷包括《礼图本源》和《礼图参考》，《礼图本源》上述孟子书中谈及的先王制度，《礼图参考》下论自汉至宋的田制、军制得失。

贺淼《季本“龙惕”思想探析》（河南大学硕士学位论文，2020年5月）一文指出，“龙惕”这一概念，源于《周易》乾卦以龙德喻指君子乾乾知惕。季本在此基础上又予以心学阐释，即以龙言心，从而凸显心有主宰且能动的特性。作为阳明后学的季本，担忧心学过于重意会流于空虚，因此以《龙惕书》明其宗旨。其“龙惕”一说，首先，以良知凸显了本心主宰的作用；其次，以警惕规定心体变化是有度的；再次，以龙德揭示心学是不空虚之实理。以《龙惕书》为焦点，季本与同门王畿、邹守益、聂双江等人亦有诸多探讨，其核心内容可归结为心学本体与工夫的关系问题，抑或说何以致知的问题。季本虽承认人性本善、良知自明，但其重点是关注本心发用过程中私欲对心体的遮蔽，所以强调以戒谨恐惧的工夫去保证本心发用之善。即以可主宰之心去参与心体的自然流行，从而纠正心学落入空虚和无度之偏。“龙惕”说作为季本为学宗旨的凝练，集中体现在《龙惕书》一集中，但由“龙惕”为核心的思想是贯穿于其学始终的。从理论层面来说，季本的体系化著作《说理会编》一书即是紧紧围绕“重主宰而轻自然”而展开的。首先，他从理气关系着手去为心体主宰寻找理论支撑，认为本体即主宰，无主宰则欲乘气杂入；而“自然”也不同于前人的理解，是属于气的流行之势。气随理而动，所以带来了人性有善有恶的问题。因此，季本进一步从心性范畴去剖析为何要以主宰为重。第一，他承认本心的纯然至善，又以心体作为性之所存处。本心为督府，性居其中，而情正是性之所发。第二，性之所发，本身应是纯善无恶的，但是在念头萌生处，灵明容易被私欲遮蔽而有所偏倚。因此需要仁义裁断来保证主宰之惺惺，从而使本心所发即为善。另外，此中还涉及如何处理主宰与自然关系的问题。主宰是以自然为意义前提的，自然又需以主宰为基础动力。由此，季本要求以谨独工夫去时刻照管本心，从隐微处杜绝不善的苗头。其学始于本心至善的良知，最终又指向以“诚”为核心的本心之学，其中是依靠心学式的致知途径去进行自我道德的完善。以工夫悟本体，是季本重视“主宰”的必然所致，也决定了其致知路径偏向务实的风格。同时，“龙惕”所体现的主宰为先、收敛本心和谨独以诚的精神也都贯彻到了其实践活动当中。如致力于乡约教化，重视以德修业，都是在强调以谨独之心去落实日用工夫，事事省察而防本心至善的丧失。在“学”的问题上，季本特别指出圣人与常人本质上无异，只是圣人所做“惕”的工夫层次更高。这无疑为常人提供了一条致知路径，但在一定程度上消解了圣贤的神圣性。心学面临内外危机之时，季本以援“理”入“心”的方式进一步完善了其学。这之中不仅有对心学核心精神的继承，也有以经义阐释心学的新创造。他以良知心学为理论根基，以节节分疏的方式展开对经典文本的义理解读，是不同于阳明心学的释经路线。季本以承继王学为己任，其“龙惕”说及核心思想都是在为心学流于玄虚的问题而寻找一种可行性方案。

5. 黄绾研究

2020年，不见有浙中王门学者黄绾的研究专论。

6．董沄、董穀、陆澄、顾应祥、黄宗明、张元冲、程文德、徐用检、万表、王宗沐、张元忭、胡瀚研究

2020年，不见有浙中王门学者董沄、董穀、陆澄、黄宗明、张元冲、程文德、徐用检、万表、王宗沐、张元忭、胡瀚的研究专论。

刘荣茂《“游艺”与“养心”：阳明学派的知识面向——以顾应祥、唐顺之为中心》（《哲学与文化》2020年第6期）一文，对顾应祥擅长数学、理算即“道问学”的一面予以剖析，论述了阳明学与科学之间的关系。

7．万表研究

谭婷婷《万表诗文研究》（湖南师范大学硕士学位论文，2020年5

月）一文指出，万表是浙中王门的心学成员之一，他在继承阳明心学思想的基础上亦有自己独特的心学思想见解。万表虽出身武将世家，继承武将祖辈英勇刚烈之骨气，却博通经史文籍。他对儒、释、道三家之学亦各有钻研。万表能文善诗，是不可多得的文武双全之将，所作诗文留存于《玩鹿亭稿集》。该文致力于研究分析万表诗文领域的成就，聚焦现存万表诗文，综合运用文献研究与文学批评理论进行多重维度的研究，旨在在已有的研究基础上，进一步挖掘万表诗文的文学价值。除“绪论”和“结语”，共分为四章：第一章主要论述万表家世背景、生平功绩、成就及其哲学思想的来源与形成，力求更客观地再现万表诗文的创作背景。第二章论述万表的诗歌创作的主旨和意蕴。第三章是对万表散文创作的研究，将其散文创作的内容大致分为救世类、应世类和悟世类，通过分析其散文的叙事章法、说理风格和语言特色三个方面来概述其散文的艺术特色。第四章论述心学思想对其诗文创作的影响，分析了心学思想在其文学创作中产生的具体影响，强调了哲学思想在意识形态领域占据指导地位下对文学创作的价值取向、风格和审美追求产生的深刻影响。通过对万表的家世探究，对其生平梳理与考证，概括其思想来源与塑形，并且分别对其诗歌与散文进行文本细读、归纳其艺术特点，以对万表诗文价值及其产生的影响进行分析，可以发现，万表所作文学作品与其真实的生活经历和潜在的精神世界有着千丝万缕的联系，这亦有助于研究认识与万表同期的明代文人的思想和创作，由此起到一定的借鉴作用。

王立诚《宁波万氏家族涉日事迹考：以万表为中心》（《宁波教育学院学报》2020年第4期）一文指出，万氏家族在明初以世袭武职身份而定居宁波，与日本多有交集。万表文武兼修，作为当世儒将在抗倭和对日政策上都卓有成就，同时推动整个家族成为甬上望族。万表后人继承了尚文之风，清代的万斯同和万经皆以文事参与了涉日事务。但因为清代的对日现实关联远不及明朝时期密切，加之作为前朝勋臣的身份认同矛盾，万氏后人对日本已经不甚关注。

杨懿《从儒将世家到地方士绅：再论鄞县万氏家族之门风转换》

［《宁波大学学报》（人文科学版）2020年第1期］一文指出，明代鄞县万氏家族之门风更迭，不仅是一个由武入文的家学演变过程，亦是从属于卫所体制系统的世袭军户家族，在国家制度的推力之下，逐渐融入地方社会，蜕变成为教化乡里、传承学术和培养人才之士绅望族的一则典型个案。

8．徐渭研究

2020年的徐渭研究，主要围绕以下几个主题展开。

（1）徐渭与阳明学关联研究

周群《〈金刚经〉视域下的徐渭本色论及其价值厘定》（《江海学刊》2020年第5期）一文指出，徐渭的本色论是基于《金刚经》对外扫相的学理背景而形成的，是曲坛本色讨论之外的独立的艺术探求，而不是曲坛本色论的先导。徐渭本色论是自身艺术思想在曲坛的自然延展，是缘自曲学而又超越于曲学的关于艺术一般规律的探求。徐渭的本色论与李贽童心说、袁宏道性灵说等声气相求，而与何良俊、王世贞等人的学说并无关联互动。何、王之本色是为曲学辨体，效慕第一义；徐渭之本色是追求艺术本真，以自然为归，其殊异与援据的学理有关。徐渭有异当时而嗣响晚明的重要原因在于其坚持艺术与学理融通的路向。徐渭、李贽、袁宏道等人都是凭借时代思潮之势以论艺衡文，借助于学术尚真的理性正义，为力矫文坛摹拟弊习提供沉雄有力的动能，而与王世贞等七子派严格判分学与艺的取向迥然有别。

（2）徐渭的生平学行研究

申旭庆《明代书画家徐渭生活圈变迁述考：以徐渭行迹为研究对象》（《荣宝斋》2020年第3期）一文指出，徐渭一生命运坎坷，行迹复杂。徐渭行迹主要可分为三类：一是有关家境变化、婚配需要的行迹变迁；二是科举考试需要的行迹变迁；三是交游、谋生需要的行迹变迁。

张兆勇《试探析侦破徐渭心程及艺术成就的正确思路》（《湖南第一师范学院学报》2020年第1期）一文指出，徐渭是中晚明时期的艺术家，虽长期以来被后人广泛解读与聚焦，但对他的解读也存在层层相因的误解。

走近徐渭，可以发现徐渭首先非奇，是一个寻常人；非狂而有理性；个性峥嵘而又充实自呈。为此，他一生有着明确艰辛的自我完善历程。但由于命运蹇祚，他终亦无法将自己的理想安排到出处、朝隐等价值观上实现，他的价值在于成功地将思维挪移为艺术创造，成就艺术独慧。

蒋瑞琰《徐渭生活美学研究》（喀什大学硕士学位论文，2020年5月）一文认为，在中国古典生活美学繁荣的明清时期，徐渭作为一位个性与思想在同时代人中较为突出的文人狂士、艺术大家，其生活美学兼具中国文人内在的生活美学传统和“畸人”狂狷慎独、自然真我的个性风采。

（3）徐渭的文学思想研究

廖可斌《试论中国诗歌由古典向近代的演变问题：以徐渭诗歌的非古典特征为例》（《文学遗产》2020年第5期）一文指出，中国古代诗歌经过了一个由古典向近代转化的历史过程。徐渭是明代中晚期最具纯粹文学艺术家气质和最富独创性的诗人和书画家之一，他的诗作偏爱描写世俗化甚至丑陋的事物，消解神圣化主题，诗歌意象具有强烈的主观色彩，突破古典诗歌的自足性、封闭性结构，语言呈现出明显的口语化倾向，已具有一系列非古典或曰近代性特征。用古典诗歌的审美标准来分析和评价徐渭诗歌，难免隔靴搔痒。但徐渭当时还不可能完全摆脱古典诗歌传统的强大影响，因此他的诗作呈现出古典诗歌和近代诗歌艺术特征交织杂糅的状态，成为分析古今诗歌演变轨迹的一个典型样本。

吕靖波《关于徐渭〈女状元辞凰得凤〉题材来源的误解与辨析》（《戏曲艺术》2020年第1期）一文指出，学界普遍认为徐渭《女状元辞凰得凤》杂剧受到了《女状元春桃记》的直接影响，但《女状元春桃记》原是《南村辍耕录》著录的金元院本，实际上早已亡佚，内容无考，迄今尚无任何证据表明它与《女状元辞凰得凤》中的主角黄崇嘏有关。然而明清以来，这部院本就被杨慎为首的众多文人学者有意无意地曲解成了演绎黄崇嘏故事的“传奇”《春桃记》，徐渭正是在被“误导”的情形下，将女主人公取名为黄春桃，并展开相关创作构思的。

（4）徐渭的书画、戏曲等艺术创作研究

王煦《徐渭绘画的“幻”与“真”》（《美术大观》2020年第1期）一文指出，徐渭以戏谑的态度观察世界，以游戏自在的精神“闲涂花卉”，充满了求“真”的意味。实现“真”的不二法门是其“幻”的绘画形式。受佛教禅宗哲学的空幻观影响，这种绘画形式具有“影影绰绰、似像非像”“不落有无”“即真即幻”的特点。该文以此为基点，通过徐谓以“幻”起兴的生命感发，分析“幻”中透显的“百年枉作千年调”的艺术追求。

李铭阳《浅析徐渭艺术风格》（《大众文艺》2020年第1期）一文指出，明代在我国历史上作为艺术发展的黄金时期，诞生了许多画派和名家，以徐渭为例，可以从徐渭的艺术风格和作品来剖析明代写意花鸟画的发展历程。古人说，写意画就像是在表现胸中之竹一样，徐渭特有的绘画风格在当时是得风气之先的，研究好徐渭的艺术风格不但是我们了解明代艺术的一把关键钥匙，而且也是我们学习和了解古代传统艺术的一个重要途径。

荆海洋、申行舟《烟岚满纸，气势磅礴：浅析徐渭巨轴书法的形成及影响》（《美术教育研究》2020年第2期）一文指出，徐渭开晚明巨轴书法之先河，奠定了后来巨轴书法的范式。他继承了赵孟頫“书画本来同”的观点，将书画结合，形成了独具一格的巨轴书法。该文在徐渭现存轴类书法墨迹及文献资料的基础上，分析其巨轴书法的形成及影响。

胡太南《试论徐渭草书的“逆数”用笔风格特征》（《萍乡学院学报》2020年第1期）一文指出，明代著名书画家、文学家徐渭以其极为个性化的狂草开启和引领了晚明“尚态”书风，把明代书法推向了新的高峰。徐渭之所以有这样的成就，是因为其笔墨之中融入了“逆数”的因子，并通过加强书法线质疾涩对比、突出笔画纵向横向夸张对比、注重章法的散密与整体对比，最终形成了方圆兼济、纵横捭阖、狂放不羁的书法风貌，在中国书法史上独树一帜。

张启元《徐渭信札书法研究》（中央美术学院硕士学位论文，2020年

5月）一文指出，徐渭是中国古代艺术史上一位传奇人物。除诗文辞赋、书法绘画、戏曲等成就之外，更为世人关注的是其“疯癫”面目及表现在书画作品中的狂怪恣意。以往有关徐渭书法研究，主要集中在对其摹古与创作、人格心理与书法关系、诗稿手卷与辨伪，以及书法风格生成因缘与晚明之关系等方面，考察材料多为徐渭较有代表性的传世作品，而针对其信札及相关问题的研究并不多见。徐渭信札书法风格多变，内容涉及其思想动向与日常生活的方方面面，不论从书法艺术还是史实考证角度来看，徐渭信札都是值得重视和研究的珍贵资料。

石冉冉《徐渭与傅山绘画风格比较研究》（《山东工艺美术学院学报》2020年第5期）一文指出，徐渭和傅山都在坎坷的人生际遇中成就了传奇的人生。他们不仅在书法、绘画上成就卓著，还在其他领域也颇有建树，他们传奇的艺术人生及艺术成就值得我们去梳理和学习。通过梳理比较徐渭与傅山的绘画风格，希望能更好地了解他们的绘画特点及艺术成就，同时能够帮助我们了解他们在书法乃至其他领域的创作，了解其笔墨背后的人格之美。

刘玉龙、张文清《徐渭画史地位的历史构建》（《美术》2020年第12期）一文指出，明末清初，徐渭的绘画在朱谋垔《画史会要》等著述中始有辑录；至清乾隆年间，其绘画逐渐进入鉴藏家的视野，并不断被传布；但在20世纪初的诸多美术史著述中，却少有论及。然通过现当代美术的不断构建，徐渭在美术史上的地位终被确立，并被视为明代写意花鸟画的主要代表人物之一。徐渭画史地位构建的历史，也是其作品逐渐被接受的历史，更是后世审美观念衍变的历史。

李永强《20世纪的中国美术史著作中“徐渭”画史地位的变迁》（《美术研究》2020年第2期）一文认为，徐渭在20世纪70年代之前的中国美术史、绘画史著作中的画史地位很低，处于可有可无的状态。20世纪前30年的中国美术史著作对徐渭评价不高的原因，一方面，徐渭在家世、画坛名气、师承、社交圈等方面均无法与陈淳相比，故在很长一段时间内，徐渭被陈淳所掩；另一方面，受到日本学者大村西崖、中村不折对徐渭画史定位的影响。20世纪40年代至70年代则是受到艺术界现实主义、写实主义评价标准的外在影响。改革开放以后，艺术界对徐渭的评价才逐渐客观、理性、学术化，徐渭才变身为明代大写意花鸟画的代表性人物。

刘春兰《舍形悦影——徐渭〈四时花卉图〉轴探析》（中央美术学院硕士学位论文，2020年5月）一文指出，徐渭作为16世纪著名的文学艺术家，特殊时代背景和“心学”的崛起对其绘画及艺术思想有重要推动作用，其花鸟画的笔墨精神影响了大写意花鸟画的发展，通过对其作品《四时花卉图》的写意形态、写意精神及徐渭花鸟画写意精神的发展和影响进行研究，分析、梳理其花鸟画风格的表现形式、艺术思想等。

付博《徐渭〈花果鱼蟹图卷〉的图像化解析》（《戏剧之家》2020年第22期）一文指出，徐渭有数幅杂画图流传于世，这成为研究徐渭的一个着手点。中国传统绘画艺术善于运用艺术图像来表达自我人格，徐渭的作品也属于此类。对《花果鱼蟹图卷》进行图像化解析，可挖掘图像背后的意义。

王培培《徐渭书画作品的艺术价值》（《美与时代》2020年第8期）一文指出，徐渭在书法与绘画的艺术创作中具有天才般的想象与应用，从其书画作品艺术表现上即可看出，其艺术表现中的笔法、笔墨、节奏感等都兼具书法与绘画的艺术特性，以草书手法的跌宕奔放及绘画表现的自然天成将其书画同体中个性及自然的艺术内涵深刻展现出来，对之后文人画家书法及绘画都产生了深刻的影响。技法表现与创新理念共进下更需现代艺术文化传承传统艺术的根本，秉其特性，以此实现更多传统艺术文化价值的有效继承与发扬。

戴炜烨《莎士比亚戏剧与徐渭戏剧中的女扮男装现象比较》［《河南工程学院学报》（社会科学版）2020年第4期］一文指出，在中西方两位剧作家徐渭与莎士比亚的戏剧中都不约而同地出现了女扮男装剧情，且在情节结构上有许多相似之处，其创作目的都是歌颂女性自信自强、勇敢独立、睿智不输男子的优秀品质。两者在戏剧中采用女扮男装这种形式的主要原因是礼教束缚、叙事需要、舞台需要，表现了中西方歌颂女性的传统，以及两位作者反抗封建礼教、以人为中心的思想内涵。

9.孙应奎、闻人铨、唐枢、许孚远研究

2020年学界不见有研究孙应奎、闻人诠、唐枢、许孚远的专论。

10.蔡汝楠研究

陈伟良《“养中”与“格物”：蔡汝楠对王、湛之学的融通》（《中国哲学史》2020年第2期）一文认为，甘泉学派是中晚明与阳明心学分庭抗礼地存在。两家虽然学术宗旨相异，但并非泾渭分明。不论阳明后学还是甘泉后学，其中一直有主张融通的声音。以甘泉后学中以往学界缺乏研究的蔡汝楠为例，通过对其“养中”与“格物”观念的分析，探讨其对于王、湛两家之学的融通。在蔡汝楠看来，其“中”与“养中”的观念可以消解“良知”与“天理”之间的紧张，使得本体的主观性与客观性得到统一；其“格物”观则可以将“致良知”和“随处体认天理”统一起来，避免双方之间的彼此攻讦。从该文的分析可以看到，蔡汝楠的“养中”和“格物”，颇能体现其自觉融通王、湛两家思想的观念。

11.唐枢研究

俞汉群《讨真心：唐一庵哲学思想研究》（浙江大学博士学位论文，2020年5月）一文指出，中晚明王、湛两家学说并驾齐驱，身为湛甘泉及门弟子的唐一庵糅合了两家学说而别为一义，体现出其鲜明的个人色彩，其思想值得研究，对于了解王、湛两家学说之间的异同及其影响等方面，也有一意义。目前学界关于唐一庵哲学思想的专门研究不多，既有研究虽在不同程度上触及其“讨真心”的思想，但仍有进一步研究的必要。该文以唐一庵“讨真心”的哲学思想为研究对象，具体从本体论的“何为真心”及工夫论的“如何讨”这两个方面加以考察，力图呈现其哲学思想的系统性、丰富性和独特性。在本体论方面，唐一庵赋予“真心”以存有论和境界论的双重内涵，既吸纳了湛甘泉的“天理”观念，又糅合了王阳明的“良知”思想。“真心”虽然在本质内容上与“天理”和“良知”无别，但湛甘泉的“天理”在唐一庵处更多地被转换成了“生理”，王阳明的“良知”也拥有了新的表达形式。在工夫论方面，唐一庵的“讨”虽然在本质内容上与王阳明的“致”以及甘泉的“体认”也无别，都是一种“本体工夫”“道体工夫”“自然工夫”，但唐一庵也有自己独特的发挥。唐一庵“讨真心”的思想既融合了王、湛学说，也兼综了佛、道思想。虽然与佛、道两家均有往来，但唐一庵始终以儒者自居。总体而言，唐一庵虽出身湛门，但其思想更倾向于王学。因此，该文将唐一庵“讨真心”的思想定位为“具有甘泉学背景的阳明后学”。

12. 袁黄研究

2020年学界同仁对作为阳明学者的袁黄的生平著作进行了综合研究。

张献忠《晚明科举与思想、时政之关系考察：以袁黄科举经历为中心》（《中国史研究》2020年第4期）一文指出，晚明时期，科举考试与思想变迁及时政之间的关系更为复杂。一方面，科举考试中出现了阳明心学与程朱理学的竞争，佛教、道教亦开始向科举渗透；另一方面，会试第三场的策问大都关涉时局，这就使科举与时政之间产生了复杂的互动关系，士子虽然可以在作答时就时政发表自己的见解，但必须在不违背朝廷旨意的前提下，否则就会落第。名噪一时的袁黄编纂了大量的举业用书，先后参加了乡试、会试各六次，其坎坷的科举经历不仅反映了晚明思想对科举考试的影响，而且体现了科举与时政之间复杂的互动关系。

朱新屋《从袁了凡到罗有高：明清理学家围绕善书的争论及其意义》（《孔子研究》2020年第6期）一文指出，作为一种劝善戒恶的通俗读物，承载善恶报应观念的善书（或称劝善书）对明清以降的中国社会产生了广泛影响。明清理学家围绕善书，就人性观、命运观和天道观展开了相当激烈而持久的争论。从作为“善书运动”兴起标志的袁了凡《立命篇》开始，到清代张尔岐《袁氏立命说辩》、罗有高《书济阳张子〈立命说辩〉后》，可以梳理出一条清晰的善书和理学互动的思想脉络。透过这三篇构成历时性争论的思想文献，可以看出明清“善书运动”形塑理学议题、影响理学观念，以及这些议题和观念的演变反过来助推了“善书运动”的发展。

黄营《明末劝善书中的自省观——以〈了凡四训〉〈人谱〉为中心》

（辽宁师范大学硕士学位论文，2020年5月）一文选取明末《了凡四训》与《人谱》为研究重点，旨在研究《了凡四训》“立命之学”与《人谱》“成圣之学”中的自省观，探讨明末善书中对自省观念的不同阐释。同时结合对袁黄结缘善书、仕宦经历的分析，了解《了凡四训》的创作背景。又先梳理了《了凡四训》成书过程，并对其内容进行分析，“心”这一观念贯穿“立命之法”的始终，点明其对“心”的理解就是对内在意识的反思这一主旨。然后从自省为“立命之基”“积善之力”“改过之先”“谦德之法”几个角度进行分析，体会袁黄“立命”中的自省观念。最后通过袁黄奉行功过格、创作功过格的分析，对其自省的践行进行考察。在对刘宗周个人的仕宦经历进行梳理的基础上，结合对其奏疏的整理，总结刘宗周对社会问题的认识，以了解《人谱》创作的时代背景。先以《人谱》中“六事功课”为中心分析自省观在“证人之学”中的作用。又以自省观是君子到圣人这一“成圣”过程中的重要条件，解析自省观在“成圣之学”中的体现。后通过解读“慎独”具体意义，了解自省是“慎独”实性与工夫的辩证统一，进一步了解刘宗周“成圣之学”中所体现的自省观念。最后通过对记过、讼过、改过不同层次中自省观作用的分析，理解刘宗周对自省的践行。

孙阳《〈了凡四训〉对高职校生命教育的启示》（《牡丹江教育学院学报》2020年第3期）一文指出，《了凡四训》一文集儒道释三家之长，用“立命之学”“改过之法”“积善之方”和“谦德之效”四训，劝世人向善。虽为道德教育类书籍，但也展现了道德需向生命回归之意，无形中表达了“命由我作”的基本生命观，也可在“改过积善”中感观生命内涵，且善用生命叙事方式阐释生命价值。

13. 其他浙中王门学者的研究

朱和双、曹晓宏《作为“阳明后学”的陶希皋、陶珽与陶珙交游新证》（《楚雄师范学院学报》2020年第5期）一文指出，浙江黄岩是元末明初著名文学家、历史学家陶宗仪的故乡，其后裔在明嘉靖间被充军到云南姚安军民府。作为“阳明后学”流播到云南（以罗汝芳、李载贽为代表）

的捍卫者，陶希皋、陶珽与陶珙最终以科举世家的强大惯性改变了晚明时期“滇学”（尤其是蒙学、禅宗及书法）的整体面貌。因姚安“三陶”的落款常见有“台中”“台山”“天台”“黄岩”和“西南”“滇南”“姚阳”诸郡望，说明他们对自己不得不屈身边徼蛮夷之地流露出消极情绪，进而借助于《径山藏》摆脱其家族的“内地化”禁锢。

通读上述所列浙中王学研究论著，我们可以发现：2020年浙中王学研究的亮点是万表、唐枢、蔡汝楠的专案研究。尽管浙中王学人物的专案研究（主要集中在王畿、徐渭）已经取得了不少的学术成果，但是还有很多课题要去完成，比如：《顾应祥全集》《季本全集》《万表全集》《许孚远集》《袁黄全集》的全面搜集与编校整理，蔡宗兖、朱节、陆澄、黄宗明、徐用检等阳明学者逸文逸事的搜集整理也应一并进行，个别阳明学者的专案研究有待深入开展（比如季本、张元忭、程文德思想的深入研究等），唐枢、蔡汝楠、许孚远与阳明心学之间的学术关系需要进一步阐释，《明儒学案》中《泰州学案》提到的周海门、陶望龄、刘塙亦应一并纳入“浙学王学”进行考量，而浙中王学与江右王学、南中王学、粤闽王学的互动研究也有待深入开拓，浙中王学对阳明良知心学的学术贡献究竟如何也要重新评估。而编撰浙中王学家学术年谱，也是一项有意义的学术工作。总之，一部贯通性质的《浙中王学通史》（或《浙中王学通论》）有待撰著。

三、江右王学研究

江右王门，顾名思义，意指王阳明良知心学的江右传人，抑或指称江西籍的阳明弟子门人及后学群体。黄宗羲在编撰《明儒学案》之时，专辟八卷即卷十六至卷二十三，来述评“江右王门学案”，且宣称：“姚江之学，惟江右为得其传，东廓、念庵、两峰、双江其选也。再传而为塘南、思默，皆能推原阳明未尽之旨。是时，越中流弊错出，挟师说以杜学者之口，而江右独能破之，阳明之道赖以不坠。盖阳明一生精神，俱在江右，亦其感应之理宜也。”①

（一）江右王学综合研究

2020年，学界同仁关于江右王学综合研究的论题主要涉及江右王学讲会的专题研究。

张卫红《草根学者的良知学实践：以明嘉靖至万历年间的安福学者为例》（《文史哲》2020年第3期）一文指出，明代嘉靖至万历年间安福县人数众多的草根阳明学者，虽无科举功名，却是阳明学在地方社会传播的主力。他们由讲学、研磨心性而扩展至教化乡族，参与地方公益事业，进而协助官府参与地方社会治理。作为阳明学者的乡绅，其自我认同的角色是“乡人之心”，他们的讲学和化乡活动是以“万物一体”的济世理想和责任作为精神动力，对地方社会秩序的平稳运行起到长久的、潜移默化式的“风教”影响。

① 《黄宗羲全集》第7册，第377页。

钱明《江西政商环境与王学共同体的形成——基于赣州、吉安比较论的视角》（《赣南师范大学学报》2020年第1期）一文认为，基于王阳明及后阳明时代的明代中后期江右地区特殊的历史条件和地缘环境，可以将赣州归入以“新界”“流民”为主动脉的阳明学的地缘系统，相对应地，把吉安等地归入以“族群”“人缘”为主动脉的阳明学的血缘系统。赣州在阳明学的地缘系统中更多地属于“事功性地缘”，与吉安等地的师承性和家承性地缘有不小区别。在后阳明时期，赣州王门显得并不那么活跃和持久，较之阳明时代，无论是影响力还是辐射面都有递减之势，而吉安的情况正好相反，因其师承性、家承性的地缘文化特征，在阳明时代尤其后阳明时代成为全国传播和发展阳明学的中心。基于比较论的视角，从政治、经济、社会、文化等方面对吉、赣王门成长过程的差异性做剖析。

（二）江右王门学者个案研究

黄宗羲《明儒学案》卷十六至卷二十三《江右王门学案》为江右王门学者立学案27个，涉及学者33人，分别是：邹守益（附邹善、邹德涵、邹德溥、邹德泳）、欧阳德、聂豹、罗洪先、刘文敏、刘邦采、刘阳（附刘印山、王柳川）、刘晓、刘魁、黄弘纲、何廷仁、陈九川、魏良弼、魏良政、魏良器、王时槐、邓以讃、陈嘉谟、刘元卿、万廷言、胡直、邹元标、罗大纮、宋仪望、邓元锡、章潢、冯应京。

此外，《明儒学案》卷五十三《诸儒学案下一》中的舒芬[①]，也是南昌进贤籍的阳明门人，《传习录・下》中有不少舒芬问学阳明先生的记载[②]。还有，郭子章也是晚明时期的江右籍阳明学者。

1.邹守益研究（附邹善、邹德涵、邹德溥、邹德泳研究）

2020年学界关于邹守益的研究涉及他的学术思想研究。

张卫红《敦于实行：邹东廓的讲学、教化与良知学思想》（上海古籍

① 《黄宗羲全集》第8册，第614—615页。应该指出，黄宗羲不认为舒芬为阳明先生门人。

② 《王阳明全集》第83、110页。

出版社2020年5月版）一书通过考察明代大儒、阳明弟子邹守益之学术思想与历史活动的互动，展示了阳明学者思想与实践的一体性特质，再现了一个理学家以“天理、良知”之价值来传播学术、引导现实政治的理想追求，以此深入揭示了阳明学者的思想与社会历史实践的密切关联，探寻了哲学史与社会史、文化史视野相融合的解释路径。

李永洪《论邹守益对王学思想的继承与发展》（《赣南师范大学学报》2020年第4期）一文指出，邹守益的学说忠实于王阳明的思想，被称为王门正传。邹守益在信守王阳明思想的同时，也丰富和发展了王阳明的思想。邹守益对王学的继承和发展主要体现在三个方面：首先，邹守益继承和发展了王阳明“致良知”的思想；其次，邹守益继承和发展了王阳明“良知本体”与“见闻酬酢”相统一的思想；最后，邹守益继承和发展了王阳明合《大学》《中庸》的思想。通过丰富和发展王学思想，邹守益有效地回应了朱学学者对王学“近禅”的批评。

严志伟、吉朝晖《江右王门邹守益良知学研究综述》（《江西广播电视大学学报》2020年第2期）一文指出，邹守益是江右王门的重要代表人物，他一生信守师说，不忍加一言以乱其宗旨，一直以来被学界视为阳明学正传，黄宗羲也称其为“王门宗子”。然而，长期以来，关于邹守益的思想研究一直没有得到足够的重视，鲜有研究专著出版，研究成果往往是散落在各种学术史研究、王阳明哲学研究和江右王学研究之中，没有形成系统的研究成果。该文通过对学界现有的研究成果进行梳理形成综述，为进一步加强邹守益良知思想研究提供参考。

张二平《邹东廓的中和医世说》（《武陵学刊》2020年第6期）一文指出，邹东廓对良知学“因病立方”的教法有深入理解，以医喻儒，对圣门医案有深入洞察。他提到的唐虞医案、孔门医案等，肯定了天命之性，提出了“医世”说；以独知为良知，阐发了中和位育之学和自戒自惧工夫，呈现了乾龙刚健气象，展示了全生全归的天人合德合明境界。他的医世说更多地体现了良知学的礼教精神，不同于泰州王心斋更多发展了乐教；他重视戒惧渐修，不同于浙中王龙溪重视顿悟；他强调本体工夫为一，也不同于江右聂双江专求未发之中的归寂说，因而他的致良知工夫论在王门中独具个性，对后世产生了较大影响。

2020年学界没有研究邹善、邹德涵、邹德溥、邹德泳的专论。

2.欧阳德、聂豹研究

李春芳辑《欧阳南野先生文选》（江西人民出版社2020年8月版）一书出版。其刊刻经过是这样的：明嘉靖三十六年（1557）晋江蔡中丞抚江右，从其家汇南野遗言三十卷，檄王宗沐校订初刻于南昌。隆庆三年（1569）欧阳南野门人冯惟讷"选其尤有关于学者若干篇，属会稽阳山庄尹将梓以传"。同时，欧阳南野门人李春芳亦"取先生文集摘其要者"而成。

王英《聂豹思想中的寂感范畴》（《上饶师范学院学报》2020年第2期）一文指出，在元明理学"去实体化"转向的时代学术背景中，仍有一种声音，主张不能抹杀内外、本末、体用、寂感之分殊，强调其中的内、本、体、寂更为根本，要从内、本、体、寂处用根本工夫。聂豹"归寂以通天下之感，致虚以立天下之有，主静以该天下之动"就是这种时代的低音。应对当时或以感应为烦尘而一概断除，或以知觉为本体而流为霸术，聂豹强调回到真正的本体：寂体。反求诸己，养豫而后发用。此一思想于他自己，于学友，皆见影响。

3.罗洪先研究

2020年，研究罗洪先的论文有1篇。

刘心奕《论罗洪先对"现成良知"说的吸收》［《贵阳学院学报》（社会科学版）2020年第5期］一文指出，罗洪先是明代江西地区著名的思想家，与聂豹并称为"归寂派"，他的弟子胡直评价他一生学问和文章有"三变"。的确，罗洪先的思想变迁经历了好几个阶段，一方面，因为他自己不断实践；另一方面，因为他在讲学、讲会中与同志交流，受到了多种因素的影响，尤其是"现成"学说的影响。该文拟就他学问之"变"进行研究，试图解释罗洪先如何吸收现成良知学说以发展自己的学说，从而把握罗洪先思想的内涵。

4. 刘文敏、刘邦采研究

2020年，学界没有关于刘文敏研究的专论。

娄博昊《刘师泉“悟性修命”说与朱子“心统性情”说的比较研究》（《文化学刊》2020年第11期）一文指出，王阳明晚年创立的良知学虽风行天下，但王阳明逝世后，阳明后学对良知学的理解产生了重大分化。阳明学的第一代弟子刘师泉（刘邦采）提出了“悟性修命”说。该文欲通过对这一理论内涵的阐发，指出此说无论是在理论内容还是在思维模式上，均与朱子的“心统性情”说有暗合之处，体现了理学中以王阳明为代表的一元论思维与以朱子为代表的二元论思维的分歧。

5. 刘阳研究（附刘秉监、王柳川）

2020年，不见有研究刘阳的专论。

截至2020年12月，尚未有学者对刘秉监、王柳川开展专题研究。

6. 刘晓、刘魁、黄弘纲、何廷仁、陈九川、舒芬、魏良弼、魏良政、魏良器、邓以讚研究

2020年，学界没有研究刘晓、刘魁、黄弘纲、何廷仁、陈九川、舒芬、魏良弼、魏良政、魏良器、邓以讚的论著。

7. 王时槐研究

2020年，学界关于王时槐的研究论文有1篇。

欧阳祯人、李想《王时槐思想中恶的问题》（《道德与文明》2020年第2期）一文指出，王时槐是江右王学的代表性人物之一，他将善恶视为念能否顺本性而动，对合法性与道德性有清楚的辨析，并注重过恶之辨，意念无明显的邪妄可以视为无恶，但不代表无过。他主张善有本体，而恶无根即无形上的本体，但恶仍有其根源，这就是人的“自离其性”或“甘自弃之”的主观条件，这与康德的根本恶学说可以接榫。王时槐强调改过迁善的根本动力或力量源于自身，他主张人要立志、修治与敦礼，旨在实现心灵转变与在感官方式上的逐渐改良，达到念念归根的状态，从而纠正准则中颠倒的道德动机的顺序，他对静坐的强调则是通过收敛与暂息尘缘，以默识自心，从而达到动静皆能复归本性的境界。

8. 陈嘉谟研究

2020年，学界没有关于陈嘉谟的研究论著。

9. 刘元卿研究

彭树欣、朱晓丽、彭雨晴《江右王门刘元卿的教育实践与思想》（《赣南师范大学学报》2020年第4期）一文指出，刘元卿是明代江右王门具有代表性的思想家之一，也是卓有成就的教育家。刘元卿一生主要从事教育事业，教育实践包括创办书院、举办讲会、受邀到各地主盟讲会、礼请同道来讲学等，教育思想主要包括“孔子贤于尧舜”的教育价值观和融合儒家仁学的教育思想。仁学是其整个教育的核心和灵魂。

10. 万廷言研究

2020年，学界没有关于万廷言的研究论著。

11. 胡直、邹元标、罗大纮、宋仪望、冯应京研究

2020年学界没有研究胡直、宋仪望、冯应京的论著，研究邹元标、罗大纮的论文各1篇。

莫蕤《邹元标儒学中“仁”的思想探析——以〈愿学集〉为中心》（《汉字文化》2020年第14期）一文指出，邹元标受到王阳明遗留在黔的心血学派“黔中王门”影响，以此建立了独具个人特色的思想体系。而其生平思想主要体现在作品《愿学集》中，此书一共分为八卷，体裁形式主要是自叙、散文、游记等。《愿学集》旨在通过其中诗文著述探讨文中蕴含的儒学“仁”之思想，以此达到梳理其“仁”之思想来源与发展之目的。

吴兆丰《阳明后学罗大纮生平思想初探》（《人文论丛》辑刊，2020年卷）一文指出，晚明思想史聚焦于阳明后学、东林讲学、关学复兴和三教合一趋势。江西吉水人罗大纮与上述焦点密切相关，但有关他的研究几近阙如。通过罗大纮生平志事、师承交游与思想特色的探讨，可见阳明后学与佛学、东林、关学的交涉，以及明末思想界因应王学末流之弊出现悟修兼重的思想趋向。

12. 邓元锡研究

刘勇《晚明的荐贤、征聘与士人的出处考虑——以邓元锡为例》（《中华文史论丛》2012年第3期）一文，以明代万历朝名儒邓元锡被荐之事为例，探讨官僚阶层的荐贤原则、朝廷的征聘运作机制与士人的出处考虑之间的互动情形。在晚明科举取士的选才制度和循资守辙的用人体制的强势主导下，荐举一途已经变得无足轻重。这种现实深刻影响到士人的出处考虑和行为选择，使得他们在面对荐举和朝廷征聘时，主动将个人出处与治国人才的选拔和任用分离开来，仅仅把荐举贤能之士和个人出仕定位在荣誉性、象征性的层面。

吕幸、文碧方《阳明学派佛儒调和论的发展困境——以邓元锡〈论儒释书〉为例》（《赣南师范大学学报》2020年第4期）一文，基于对王阳明阐发良知之说与致良知之教的现实合理性的辩护，来展现中晚明的阳明学者探讨儒释之辨而产生的相互矛盾的困境。一方面，阳明学派批判宋儒的儒佛之辨，驳斥宋儒完全排佛的行径，辨析佛儒之间相通之处，论辩思路有佛儒调和的趋向；另一方面，阳明学派依旧从儒家立场出发，严格区分佛儒的界限，强调儒家正统地位，论辩思路又回归宋儒。这一论证怪圈在阳明二传弟子、江右王门的代表邓元锡所著《论儒释书》中展露无遗。该文通过对邓元锡《论儒释书》的分析，阐明邓元锡独特的佛儒之辨思想，结合中晚明的时代背景及邓元锡的个人经历，则可以揭示阳明学派佛儒调和论的发展困境。

13. 章潢研究

郭亮《水火图咏：晚明西来知识模式对明代社会的深入影响》（《自然辩证法通讯》2020年第10期）一文指出，晚明以降，耶稣会发现科学及博物与知识系统对明朝社会所起到的作用。从罗明坚《中华地图集》、利玛窦《坤舆万国全图》到嘉靖时许论彩绘《九边图》、郑若曾《筹海图编》和冯时《海图》等水系舆图，显示出明人对沿海水系之关注，名儒章潢辑刻《图书编》等图籍是晚明开始的海洋交流和明代学者们了解欧洲科学的互文见证。同时，崇祯十六年（1643）教士汤若望编著《火攻挈要》，将欧洲火药武器之学口授于明末学者焦勖，此时火炮战术兵书已为人所知。“水与火”的知识在明清鼎革之险恶环境中为传教士传教活动提供了有利条件，西方知识体系在中西交流时期的晚明社会中具有潜移默化的影响。

14. 郭子章研究

邱美琼《从郭子章〈黔记〉看明代贵州的民族交融与认同》［《新疆大学学报》（哲学・人文社会科学版）2020年第4期］一文指出，明代的贵州地区，分布着苗、罗罗、仡佬、仲家、宋家、龙家等众多民族，他们和汉族之间，既有冲突，也有交融与认同。郭子章《黔记》中“舆图志”与“诸夷”部分，记载了与当地少数民族风俗习惯相关的许多内容，反映了贵州少数民族受到汉文化影响及汉族移民受到少数民族文化影响的双向交流的状况，体现了民族交融的多元、双向互动。这种交流碰撞，伴随历史的演进，共同形成了中华民族璀璨而多元的文化特色。

通读2020年学界关于江右王学研究论著，我们可以发现，尽管江右王学文献整理与江右王学人物的专案研究（主要集中在邹守益、罗洪先、陈九川、欧阳德、王时槐）已经取得了不少的学术成果，但是还有很多课题要去完成，比如：《陈九川集》《魏良弼、魏良政、魏良器合集》《舒芬集》《邹元标集》《陈嘉谟集》《郭子章全集》《宋仪望集》的编校整理，宜尽快完成；刘文敏、刘邦采、刘印山、王柳川、刘晓、刘魁、黄弘纲、何廷仁、邓以讃、罗大纮、邓元锡、章潢、冯应京等阳明学者逸文逸事的搜集整理也应一并进行，如果时机成熟可以考虑编撰《江右王学全书》；个别江右阳明学者的专案研究有待深入开展，比如对陈九川、郭子章思想等进行深入研究；而江右王学与浙中王学、泰州学派、南中王学、粤闽王学的互动研究，也有待深入开拓；江右王学对阳明良知心学的学术贡献究竟如何也要全面评估。总之，一部贯通性质的《江右王学通史》有待撰著。

再有，近年来，相比于浙江（“浙中王学”）、贵州（“黔中王学”）、江苏（“泰州学派”），江西省域层面召开的以“江右王学”为专题的学术研讨会略少。建议江西省内有关高校科研机构，比如南昌大学、江西师范大学、江西省社会科学院、江西省委党校整合省内外的阳明学研究学术团队，围绕“江右王学”申报国家级重点、重大科研项目，进而举办高水平的“江右王学学术研讨会”，以推动江右王学的深入研究，以不负黄宗羲《明儒学案》“姚江之学，惟江右为得其传……阳明一生精神，俱在江右”的评定。

四、止修学派研究

“止修学派”源本于《明儒学案》卷三十一《止修学案》，黄宗羲将其置于“粤闽王门学案”之后，“泰州学案”之前，鉴于“止修学案”案主李材系江西丰城人，同时其父李遂师从阳明先生，而李材系王门之“宗子”邹守益的传人，故而本报告在编写过程中置李材所开创的“止修学派”的研究现状于“江右王学研究”之后。

2020年，关于李材与止修学派的研究成果仅有1种。

李璐楠《“修身为本即是性学”：李材的“止修”工夫诠释》（《哲学动态》2020年第11期）一文指出，面对阳明学造成的“玄虚”“情识”之弊，如何重新建构一种能确保心性之间内在张力的理论体系，成为中晚明儒者的核心要务。作为回应这一问题的思想家之一，李材以“止修”立说，提出“修身为本即是性学”，试图在朱子、王阳明之间寻找一种恰当的解决方式，以重建儒家的性命经世合一之学。通过对李材的“止修”工夫进行逻辑建构和特点分析，我们可以发现其“止修”工夫具有“一而二，二而一”的特点，即他试图将“合一性”作为解决心性问题的思路。

通读目前学界已有的李材研究论著，我们可以说对李材与止修学派的研究已经开启，但是还有很多课题需要完成，比如《李材全集》的编校整理宜加快进行，还有“止修学派”群体的文献史料也需要辑编。这样，才能为李材学术思想的深入研究提供基础文本，进而研究李材生平学行（可以考虑编写《李材年谱》《李材评传》）、李材与止修学派对发展阳明学的学术贡献及其在阳明后学发展上的历史地位。

五、南中王学研究

南中王门，主要指明代南直隶地区（今安徽、江苏、上海）的阳明门人。王阳明在世时，南中王门弟子有王艮（见“泰州学派”）、黄省曾、朱得之、戚贤、周冲、冯恩、程默等；王阳明殁后，浙中王门钱德洪、王畿讲学于此，江右王学邹守益、欧阳德、何廷仁官于南都，从之者甚众[①]，诸如贡安国、查铎、沈宠、萧念、萧良榦、戚衤、张棨、章时鸾、程大宾、郑烛、姚汝循、殷迈、姜宝、周怡、薛应旂、唐顺之、唐鹤征、徐阶、杨豫孙等。黄宗羲《明儒学案》卷二十五至卷二十七专辟“南中王门学案”，予以论列。

（一）南中王学综合研究

徐茵《滁州阳明书院的历史影响与重建的文化价值》（《滁州学院学报》2020年第4期）一文指出，滁州阳明书院与阳明祠于明代嘉靖十五年（1536）在丰山幽谷建成，对滁州的儒学传承、阳明心学的传播做出了一定的贡献，成为国内王学高士研究传承阳明心学的平台，阳明“良知”至今仍影响着一代代滁人。重建滁州阳明书院具有一定的文化价值，将为滁州传统文化的研究提供了一个交流学问、阐发义理的场所，为滁州父老乡亲尤其是青少年尊师重教、读经明理设置了研习的载体和平台。

周凯、陶会平《论王阳明讲学的首发之地》（《滁州学院学报》2020

① 王维和、张宏敏编校：《〈明儒学案〉〈宋元学案〉之黄宗羲案语汇辑》，杭州出版社2012年版，第89页。

年第6期）一文指出，王阳明一生以讲学为己任，自弘治十八年（1505）在京师专志授徒讲学以来，所到之处无不讲学，而王阳明弟子钱德洪却认为滁州为王阳明讲学的首地。在对王阳明讲学活动进行梳理后可以发现，滁州以前的讲学活动，无论是从游士子的数量，还是士子的来源，都没有达到学派意义上的规模，而王阳明在滁州的讲学则是四方弟子，从游日众，诸生随地请正，歌声震山谷。这种独特的讲学模式，首启了阳明学派声势浩大的讲学活动的序幕，钱德洪“滁阳为师讲学首地”的观点是为确论。

（二）南中王门学者个案研究

目前学界对南中王门学者的个案研究，主要体现为对戚贤、黄省曾、朱得之、薛应旂、唐顺之、徐阶等阳明学者的研究。

1. 戚贤、黄省曾研究

2020年，学界不见有关于戚贤、黄省曾研究论文。

2. 朱得之研究

2020年，学界不见有关于朱得之研究论文。

3. 薛应旂研究

2020年，学界不见有关于薛应旂研究的新论。

4. 唐顺之研究

2020年，关于唐顺之研究论文有十余篇，内容涉及他的文献版本、文学思想，这也是南中王学个案研究的亮点。

（1）唐顺之的文献研究

张慧琼《唐顺之制义文集版本述考》（《周口师范学院学报》2020年第1期）一文指出，唐顺之是明代“八股文四大家”之一，他“以古文为时文”改造八股文，开创八股制义文创作的新局面。其制义文集自明末问世，代有传稿，历经清代、民国多次翻刻刊印，形成三个版本系统、六种互异版本，依次是陈名夏本、吕葆中本、俞康本、俞乾本、无锡唐氏本、唐玉虬本。其中，吕葆中本相对最为精良，可筛选确定为底本，其他五个版本可作校本。

赵洋、王晓晨、彭春兰《唐顺之〈峨眉道人拳歌〉考》（《中华武术》2020年第3期）一文，对唐顺之《峨眉道人拳歌》的创作时间和道人身份进行了探讨。结论认为，作品创作于唐顺之40岁时，道人并非来自峨眉山或者武当山，而是唐顺之本人。

李德锋《唐顺之〈周襄敏公传〉与〈明史·周金传〉关系考》（《江苏理工学院学报》2020年第3期）一文指出，唐顺之出于友情撰写了《周襄敏公传》，内容全面，条理井然，生动传神。通过校勘比较，《明史·周金传》与其非常相似。在综合对比了有关周金具有史源性质的几篇传记文字之后发现，《明史·周金传》来源于《周襄敏公传》盖无异议，具体可能参考了保存于《国朝献征录》之《户部尚书周襄敏公金传》。

李德锋《唐顺之〈旸谷吴公传〉与〈明史·吴杰传〉关系考》［《内蒙古大学学报》（哲学社会科学版）2020年第5期］一文指出，唐顺之撰写人物传记的经验丰富，态度严肃认真，形成了一定的人物传记撰写理论。出于友情和学术价值认同，他撰写了《旸谷吴公传》，内容全面，条理井然，生动传神，比较详细、全面地记载了吴杰的事迹。通过对勘比较，《明史·吴杰传》应是继承了《旸谷吴公传》。

杨绪敏《从〈左编〉〈右编〉看唐顺之的历史编纂学》（《史学史研究》2020年第3期）一文指出，唐顺之的主要史学代表作是《左编》和《右编》。《左编》主要编录历代君臣事迹，在编纂体例的设计上独具匠心，对相关史料有目的地进行取舍剪裁。在记事的同时，往往还加以评论，或引他人之评论，或直抒胸臆；在人物的分类上，使圣贤与昏庸、忠与奸、贤与不肖，泾渭分明，起到了寓褒贬于分类之中的作用。《右编》虽属诏令奏议类的抄纂，但紧紧围绕经世资治这一主题精心设计体例，认真筛选材料。两书编纂带有鲜明的以史经世的色彩，但也存在体例不纯、分类混乱、剪裁失当、人物各传记比例失调等缺失。

（2）唐顺之的文学研究

张婧《论流寓视野下文学风格的转变：以唐顺之为研究中心》（《戏剧之家》2020年第8期）一文指出，唐顺之生于江苏常州武进，一生却因宦海浮沉流寓至多地，京师是他为官期间的寓居之地，宜兴及陈渡村是他被贬为民后的流寓之地，东南沿海是他抗击倭寇的主要斗争区域，泰州是他逝世之地。流寓至新环境产生的交友圈及相关经历均对他的文学思想与风格产生了相应的影响。

蓝士英《赵怀玉对唐顺之接受摭谈》（《江苏理工学院学报》2020年第3期）一文认为，唐顺之作为一代巨子，文法唐宋，称誉今古；学期致用，垂范后世；著述宏富，名重天下；文武兼擅。荆川先生对后世影响深远，尤其是常州作为其桑梓之地，遗泽所至，后学浸染涵濡，靡然向风，遂使清代常州文化继往开来，臻于鼎盛。后学之中，赵怀玉庶几为典型例证。赵怀玉对唐顺之的接受，主要表现在诗文、事功及书法方面。诗文方面，他尤重唐顺之古文创作成就，认为其人对常州古文创作有首发之功；事功方面，他固然满含尊崇，不过对唐顺之晚岁之出，也稍有微词；书法方面，则关涉唐顺之书法的风格与地位、李邕书法在明代的接受与传承，由此还可对董其昌书法渊源再作思考，对明代书学研究或可有着较为重要的参考价值。总而言之，研究赵怀玉对唐顺之的接受，可以从中细绎常州文化转捩的关键之处，进而蠡测乾嘉常州文坛高峰林立的渊源，可能正在于乾嘉常州文人对待前贤，尊重而不盲目，接受而不步趋，心摹手追，融会贯通，终得自树新帜，蔚为大观。

纪玲妹、陈书录《论唐顺之〈任光禄竹溪记〉中的江南文化特质》（《江苏理工学院学报》2020年第3期）一文指出，《任光禄竹溪记》是明中期唐宋派领袖唐顺之的古文名篇，以竹喻人，以竹喻志，江南文化特质非常明显。“竹溪”二字，既是园主字号，也是园林名字，同时集中体现了江南水乡的人文风物。唐顺之是在与权臣交恶受到排挤，远离朝廷称病归乡的情况下创作此文的，文中“竹溪主人”任卿的人格精神，正是唐顺之创作心态的体现，清明、平澹、廉贞是江南士子不落流俗、孤高傲世，追求自得自适的君子人格。

李金坤《唐顺之“本色论”及其崇陶情结发微》（《贵州工程应用技术学院学报》2020年第2期）一文指出，作为明中期唐宋派代表人物之一的唐顺之，其倡导的“本色论”文学观，是此派重要的文学理论纲领，而“本色论”又是以唐顺之“天机论”为理论基础的。“天机论”实即王阳明心学思想的体现，它是“本色论”的思想根源。唐顺之所论之“天机”“性源”“心源”“完美神明”等诸词，实乃“天机”之别称；所论之“直抒胸臆”“信手写出”“上乘文字”等诸词，实乃“本色”之另说。“天机”是本根、灵魂，“本色”是本能、本真，二者缺一不可。只有将二者自然融合为一，相辅相成，这样才能熔铸出“胸中流出”“真见露出”之“上乘文字”，最终达到文以明道的创作目的。陶渊明的“真”与“自然”的审美范式，正是唐顺之所倡导的“天机”与“本色”文学观的最佳体现。所以，唐顺之从中华浩瀚无垠的诗海中精准选择陶渊明作为本色派的一面鲜艳而高扬的旗帜，钟情陶诗，身体力行，情结深厚，通过自己乡居田园诗的成功创作实践，圆满构建了知行合一的“本色论”文学思想体系，在中国文学批评发展史上竖立了一块不可磨灭的丰碑。

陈书录、纪玲妹《唐顺之及明清常州文人与江南商贾精神》（《江苏理工学院学报》2020年第3期）一文认为，唐顺之是明代中后期受商贾精神影响最大的常州文人之一。他视“通商”“惠商”为“雅志古道”，既倡导儒商，又褒奖廉吏，摆正官商关系。在推崇唐宋八大家中复兴儒商精神，并且在天然自由精神上与商贾契合。与唐顺之一脉相承的清代阳湖文派中的恽敬、张惠言、李兆洛、赵怀玉，毗陵诗派中的邵长蘅、赵翼、洪亮吉、黄仲则等，他们的创作在士商融合中显示出新的风貌，将江南地域商贾与文学的交叉演进推向新的阶段。尤其是其中所显示出包括商贾精神在内的市民意识与启蒙思想，蕴藏着特定时代的真（历史价值）、善（伦理价值）、美（美学价值）、利（经济价值）相融合的新特征。

武道房《“天机说”与唐顺之诗学思想的演进》（《文学遗产》2020年第1期）一文指出，唐顺之不仅是明代著名文学家，而且因其哲学上的“天机说”而侧身于明代思想家之林。受其“天机说”影响，唐顺之的诗学思想在四十岁左右发生了深刻转型，从模唐拟宋的复古诗学转向摆脱依傍、一任天机的性灵诗学。“天机说”的本体观念及“无欲见天机”的工夫论与唐顺之后期诗学建构有着深刻的沟通和思维链接。“天机说”是创新型的心学理论，在此背景下产生的唐顺之“天机诗学”，作为一种新的诗学形态，一度在嘉靖诗坛引发论争，亦产生过重大影响，并成为晚明公安派性灵诗学的先声。

孙彦《〈董中峰侍郎文集序〉与唐顺之的“文法”论》（《南京师范大学文学院学报》2020年第2期）一文指出，明代唐宋派领袖唐顺之的古文理论影响深远，“本色”论和“文法”论是唐顺之最为世人瞩目的两大古文主张。其中，“文法”论强调“文必有法”，主张文道合一，追求文章创作意与法的平衡。“文必有法”的观点最早出自唐顺之的《董中峰侍郎文集序》，然研究者对于此序创作的时间、背景几无考证。唐顺之以“有法”“无法”论唐宋文与秦汉文，倡导古文创作要以法度严密的唐宋古文为门径，进而上窥“法寓于无法之中”的秦汉文高境。

常如瑜《明代以来常州文脉传承关系论：从唐荆川到洪深》（《江苏理工学院学报》2020年第1期）一文指出，自唐荆川起，经明清至近现代，历代常州学人共同构建了一条具有内在逻辑关系的、前后相继的思想脉络。其历程可概括为三个阶段：第一阶段是唐荆川时期，作为中枢，唐荆川上承王学，下启常州学派；第二阶段是学派时期，常州学派同乾嘉学派的部分常州籍学者构成了这一时期常州文脉的主体；第三阶段是西学东渐时期，受常州学派影响，近代常州学者在中西交融的基础上推动了地域文化的转变和发展。深厚的传承不仅是常州文化繁荣的渊源，还是影响中国学术思想走向的重要因素。

5. 徐阶研究

李丹《徐阶年谱》（兰州大学硕士学位论文，2020年5月）一文指出，目前学界虽有关于徐阶的研究，但仍缺少一部完整详尽反映其一生的年谱。新撰年谱通过对徐阶作品及明代史料文献的整理，录有明确时间可考的史料记载，补充徐阶入仕前的事迹记载，参考徐阶的行状、墓志铭、神道碑、年谱、族谱及徐阶的《少湖文集》《世经堂集》《世经堂续集》等主要著述，补充徐阶的生平经历，凡有可用记载均纳入正文。该谱共分为凡例、松江徐氏世系表、家传、年谱正文、附录五部分。凡例为该谱纂修原则和体例；世系表和家传分别以图表和文字两种形式展示徐氏家族世系及子孙后代等情况，列于年谱正文之前；附录分为传记、交游考、著述提要三部分。该谱旨在对徐阶政治、文学、作品、交游等进行考察，以期展现明朝一代名臣的生平轨迹和精神生活，并从侧面勾勒出嘉靖隆庆时期阁臣群体的精神风貌和其时代的社会面貌。

陶潇宇《明代首辅徐阶少年事迹考》（《文物鉴定与鉴赏》2020年第8期）一文指出，徐阶是明代内阁首辅，他政治家的身份一直为人称道，在文章、道德、事功上均有卓越成就。徐阶为宣平名宦徐黼次子，庶出，出生于浙江宣平县治鲍村。徐阶幼年多灾多难，在宣平生活了12年。文章以浙江地方县志《宣平县志》为切入点，描述了徐阶少年时期在宣平的读书和成长经历，探讨徐阶少年时期的生活遭遇对其性格的影响，以及徐阶的宣平情结。

6. 查铎研究

陈伟良《阳明学中“无”的思想探析：以查铎〈水西会语〉为例》（《孔子研究》2020年第6期）一文指出，儒家传统中特有的“无”的思想在晚明的阳明学中得到了极大的高扬，晚明阳明学第三代人物查铎即对阳明学中“无”有深刻的体认。对查铎所著《水西会语》做一分析后可见，其以王龙溪的“四无论”为旨归，通过“何思何虑”“不落情识”“即动即静”“本体真乐”四个方面，对阳明学中“无”的思想进行了具体的阐发，反映了阳明学“无”的思想在晚明儒学人物中获得了进一步的接受。

2020年的南中王学研究是阳明后学研究的亮点之一，主要表现为对唐顺之、徐阶的研究论文数量陡增，还有对查铎的个案研究。总体而言，目前学界缺少系统、综合性的南中王学研究成果，而王阳明在“南都”的讲学活动也有深入挖掘研究的必要。相较于浙中、江右王学，南中王学研究的力度相对不足，一个可能的原因是现行行政区域的划分把明代“南直隶”析分为今天的江苏、安徽、上海，致使南中王学研究较为松散。当下，一个重要的学术工作是编校整理“南中王学集”（诸如《戚贤集》

《徐阶集》《黄省曾集》《朱得之集》《查铎集》等），进而开展南中王学专案研究或“南中王学思想”综合研究。

六、楚中王学研究

楚中王门是指今湖北、湖南区域的阳明学者群体。《明儒学案》卷二十八《楚中王门学案》卷首载："楚学之盛，惟耿天台一派，自泰州流入。当阳明在时，其信从者尚少。道林、闇斋、刘观时出自武陵，故武陵之及门，独冠全楚。观徐曰仁《同游德山诗》，王文鸣应奎、胡珊鸣玉、刘瓛德重、杨衿介诚、何凤韶汝谐、唐演汝渊、龙起霄止之，尚可考也。然道林实得阳明之传，天台之派虽盛，反多破坏良知学脉，恶可较哉！"[①]黄宗羲这里提到的楚中王门学者有湖北黄安籍的耿定向、耿定理兄弟，已划入"泰州学派"[②]；武陵籍门人有蒋信、冀元亨、刘观时，此外，还有王应奎、胡鸣玉、刘德重、杨介诚、何汝谐、唐汝渊、龙止之等人。

（一）楚中王学综合研究

2020年，综合研究"楚中王学"的专论有2篇。

陈寒鸣《王阳明与"楚中王门" 》（《中共宁波市委党校学报》2020年第2期）一文认为，黄宗羲《明儒学案》标立有"楚中王门"，但所列人物和录载资料均甚少。长期以来，学术界对"楚中王门"的研究亦十分欠缺。事实上，王阳明曾在湖南有两次为时颇长、参与人数较多的大型讲学，他门下亦有些湖北籍的亲传弟子。可以说，他不仅在楚地播下了心学思想火种，而且亲自为"楚中王门"培养了中坚力量。至晚明，耿定向及

① 《明儒学案》第7册，第727页。

② 《黄宗羲全集》第8册，第66—83页。

“天台一派”崛起，李贽（卓吾）又长期在湖北生活讲学，更因深受卓吾影响而有公安三袁，“楚中王门”达到了发展高峰。而发生在荆楚之地的耿定向与李贽之间的长期论争，则不仅是晚明王学，而且是当时思想文化界十分引人注目的一件大事。耿、李“和解”及不久之后天台的去世，以及因耿、李之争余波而形成的对李贽新一轮更加猛烈的迫害，导致卓吾不得不永离麻城龙湖，宣告了楚中王门的终结。

陈寒鸣《荆楚王学述论》（《国学学刊》2020年第1期）一文指出，以述论中晚明阳明学为主要内容的黄宗羲《明儒学案》，将荆楚和湘楚合称为“楚中王门”，但其《楚中王门学案序》着重评述的是湘楚王门，而对荆楚王门仅一句带过。事实上，荆楚籍阳明亲传弟子虽少并不甚著名，却在荆楚大地播撒了王学火种，至晚明，天台耿定向出，卓吾李贽长期寓居荆楚，遂使荆楚王学勃然而兴，发展至高潮，产生了很大影响；耿、李论争更具轰动性效应，且具有重大的思想史意义。这使得荆楚王学在晚明王学史乃至整个中国儒学史、中国思想文化史上占有一席重要地位。

（二）楚中王门学者个案研究

1.蒋信研究

牛磊《“一体”与“一气”：试论明儒蒋道林“万物一体”论的气之维度》［《汕头大学学报》（人文社会科学版）2020年第1期］一文指出，明儒蒋信在学术师承上学兼阳明、甘泉两家，在理气、心性等诸多方面对明代中叶兴起的心学浪潮做出了理论上的深化与推动。蒋道林之学以“万物一体”为宗。受横渠与甘泉影响，“气”是他论证“万物一体”的核心因素。气构成了万物，人与天地万物同此一气，故人与万物具有一体性。以此为基，“万物一体”便不仅是一种单纯的心灵境界，而是一个存在论上的实然。但蒋信的“万物一体”又不等同于王阳明良知学意义上由良知呈现之仁为理据的“一体”，它所体现的更多是甘泉学派有无相生的气化运动模式。

2. 冀元亨研究

2020年，不见有研究冀元亨的专论。

楚中王学综合研究是2020年阳明后学研究的一个亮点，尤其是陈寒鸣对“楚中王学”的系统梳理与综合研究。通观目前学界的楚中王学研究成果，相对较少，我们建议下一步在继续挖掘楚中（湖北、湖南）阳明学者名录的基础上，编校整理《楚中王学集》，进而深入研究阳明学在楚中的传播与发展。

七、北方王学研究

“北方王门”提法见于黄宗羲《明儒学案》卷二十九《北方王门学案》，指明代中后期在北方地区（山东、河南与陕西）研究和传播阳明心学的学者群体，主要有穆孔晖、张后觉、孟秋，尤时熙、孟化鲤、杨东明、南大吉等，还有王阳明早年弟子王道（后学宗程朱，脱离“王学”阵营）。

（一）北方王学综合研究

任永安《明代北方王门心学研究的回顾与前瞻》（《西部学刊》2020年第8期）一文指出，阳明心学风行天下，河南、山东、北直隶、陕西等地形成了以南大吉、穆孔晖、尤时熙等学者为代表的北方王门学派。与浙中、江右、泰州诸王门相比，北方王门学派影响较小，知名度不高。在近年来兴起的阳明后学研究热潮中，北方王门研究也颇为冷清。现有研究中存在着文献整理工作不完善，成员构成认识不全面，研究成果数量少、不够系统，视角过于单一等问题。建议积极推进文献搜集整理工作，加强群体构成研究，注重整体性多视角研究，进一步加强对这一独特的心学思想学派的研究。

米文科《清初关中王学述论》（《儒藏论坛》辑刊，2020年卷）一文认为，经过晚明王学不断地自我修正和东林学派与关中冯从吾等人的批判，到了清初，王学实际上已逐渐摆脱了晚明时的空疏之风。以当时王学在关中的发展为例，以李二曲和王心敬为代表的清初关中王学，在“明学术、醒人心”和解决“朱王之争”为问题意识的引导下，一方面继续挺立良知道德本体；另一方面则融合朱子学，强调躬行实践与经世致用，从而形成了以“明体适用”和“全体大用、真体实工”为特色的学术宗旨。但与清初其他地区的王学相比，关中王学的这一特点反而造成了其学术上的保守性和传统性，影响直至清末。

常新《明代中期关中士人与阳明学的学术分歧》（《孔学堂》2020年第2期）一文认为，明代弘治年间的文学复古运动既是一场文学的革新运动，又引发了儒学内部的自我反思与批判。这一时期，基于共同的文学追求与政治理想，关中的李梦阳、康海及王九思，与王阳明参与了文学复古运动，后王阳明专注于儒学的革新，形成的“良知”说撼动程朱理学在儒学内部的尊崇地位，引发了儒学的激变。面对儒学出现的大变局，关中士人对王阳明的“良知”学做出了回应，显示出关中士人与王阳明在“良知”“格物”“知行”“工夫”等层面的学术分歧，反映出这一时期关学的朱子学立场。

（二）北方王门学者个案研究

1. 穆孔晖研究

钟治国《穆孔晖的理学思想与其学派归属考论》（《中州学刊》2020年第11期）一文认为，黄宗羲在《明儒学案》中将穆孔晖归于北方王门，认为其虽然是王阳明所取之士，但未经师门锻炼，是“学阳明而流于禅”者。实际上，在理气关系方面，穆孔晖同于朱子，主张理一气殊，但不同之处在于他又继承了张载的太虚说而主张气本论，认为气主而理从。因此，在心性论方面，穆氏认为“乾元”一气是性之本原，此善性（理）得自天而具于心，从而在本原处肯认了孟子的性善说，因而在工夫上主张以任运此性之自为、自行而不杂以人为之私智拟议的“率性”工夫为主要工夫形态。此外，他晚年主张会通儒释，三教兼资，在人生信仰和终极托付上更重视吸收佛、道两家的思想精华。统而观之，穆孔晖之学在基本立场和具体主张上更接近宋儒之说，并最终流于释氏，故不可将之归于王门后学之列。

2. 王道、张后觉、孟秋、赵维新、尤时熙、孟化鲤、王以悟、张信民研究

2020年，学界不见有研究北方王门学者王道、张后觉、孟秋、赵维新孟化鲤、王以悟、张信民的论文，但有1篇研究尤时熙的论文。

杨朝亮《“洛阳王学”尤时熙学术思想述论》（《孔子学刊》辑刊，2020年卷）一文指出，尤时熙为“洛阳王学”的代表人物之一。他初读王守仁的《传习录》就心向往之，后拜心学家刘魁为师，潜心研究阳明心学，深得阳明心学之要旨。其对“心”内涵的探索，对“良知”说的发展，对“道一”论的认知，皆形成自己独特、系统的理论体系。尤时熙在致仕后，于家乡大兴讲学，将阳明心学传入洛阳地区，开启了洛阳地区的学术转型之路。

3. 杨东明研究

秦佳慧《北方王门杨东明心性思想浅析》（《汉字文化》2020年第2期）一文指出，杨东明是北方王门的重要代表，心性思想是杨东明哲学思想的重要部分。杨东明心性思想主要包含两个部分，一方面，在承继阳明心性思想的基础上，强调心性之别；另一方面，在辩证朱子心性思想时又注重心性的统合。总体上，杨东明的心性思想表现出“一而二，二而一”的辩证关系。杨东明心性思想的提出，对宋明理学的发展具有重要意义。

4. 南大吉研究

伍红军《阳明弟子南大吉抗疫记》（《新阅读》2020年第8期）一文指出，南大吉死后，由其弟南逢吉集其遗稿编成《瑞泉南伯子集》，但仅“藏诸家塾，以视后人矣”，并未刊行，二十年后方由南大吉侄子南轩刻印行世。当代学者李似珍以此著为底本，遍收方志、逸文辑录成《南大吉集》。南大吉思想本承继陕西“关学”，学出“北宋五子”张载实学一脉。后任绍兴知府，因王阳明曾为其座主而入王门，转习阳明心学，并将王学思想传至关中，起到了振兴关中理学的作用。

秦蓁《从“北方王门”到“关学”：阳明学的地域化研究——以关中南大吉为中心》［《福建论坛》（人文社会科学版）2020年第4期］一

文认为，《明儒学案》将南大吉定位为“北方王门”，《关学编》则定位南氏为“关学”，二者的不同定位共同体现了南氏阳明学学术性质和关中地域性。南大吉一生学思经历的转变都与阳明学有着密切的关系，他以阳明弟子身份在关中地区讲学“致良知”，将阳明学与关中传统的横渠学相融合，成为阳明学关中地域化的发端。南氏理学知识的突破、门户之见的突破、认知自觉的突破，是哲学意义上的自我超越性的突破。南氏家族对“致良知”的创新性尝试及与冯从吾的交往与诠释，体现了阳明学关中地域化的独特发展模式。

2020年，由于张载诞辰1000周年而引发了“关学热”，关中王学研究受到陕西高校科研机构及相关学人的重视，而有相关论文的发表及科研项目的推出，这是2020年“北方王学”研究的一个亮点。通览学界近来已经公开发表的北方王学研究成果，所取得的学术成绩应予以肯定。尤其是《北方王门集》的编校出版，为当下的北方王学研究提供了基础文本；但是《北方王门集》尚未将北方王门学者诸文集含括在内，我们期待《北方王门全书》的整理出版。但是对北方王学的研究应该视作一个研究整理，尽量打破山东、河北、河南、陕西的省域界限，进行综合研究。当然，我们有理由期待《北方王学研究》专著的撰写与出版。

八、粤闽王学研究

粤闽王学，顾名思义，意指明代中后期广东、福建籍的阳明门人弟子。黄宗羲《明儒学案》卷三十专辟“粤闽王门学案”，主要为“行人薛中离先生侃”“县令周谦斋先生坦”二先生立学案。此外，还有方献夫、薛尚贤、杨骥、杨仕鸣、梁焯、郑一初、马明衡等七人的小传[①]。

（一）粤闽王学综合研究

2020年8月29日，由福建省政协文化文史和学习委员会指导，朱子学会、福建省闽南文化研究会主办的“阳明学在福建学术研讨会”在福建漳州召开。浙江省儒学学会会长吴光，朱子学会秘书长朱人求等70多名省内外的嘉宾学者齐聚一堂，共襄学术，共谋发展。研讨期间，与会学者紧扣“阳明学与福建”的主题，从经济发展、地域文化融合、人文思想、社会治理、历史、哲学等角度，交流分享各自独特的见解，深入挖掘、探讨阳明学对闽南乃至福建的深刻影响及其时代价值、现实意义。

2020年12月26日，由福建江夏学院主办，中国先秦史学会、中国明史学会王阳明研究分会、福建省哲学学会、福建省闽学研究会协办的“首届东南阳明学高峰论坛”在福建江夏学院举行。此次论坛共收到论文60多篇，研究主题涉及阳明学的时代价值、阳明学与福建、阳明及其后学在福建的行迹、阳明学本身的义理等，既有宏观展示宋明儒学学术背景下心学的渊源脉络，也有从细微处入手挖掘阳明与福建的史料点滴。本次论坛旨

① 《黄宗羲全集》第7册，第761—763页。

在促进阳明学研究最新成果的分享、交流与切磋，推动以阳明学为代表的中华优秀传统文化在东南沿海地区的创造性转化与创新性发展，进而促进民众文化素质和精神文明建设水平的提升。

2020年12月27日，由福建江夏学院、福建省政协文化文史和学习委员会主办的“《王阳明与福建》新书首发式” 作为“首届东南阳明学高峰论坛”的一场重要活动在福建江夏学院举行。由周建华、刘枫教授合作编著、福建人民出版社出版的《王阳明与福建》一书，是福建阳明学研究的阶段性成果，由福建省政协文化文史和学习委员会给予指导和资助。

林晓峰、张山梁《阳明学与福建地域文化》（《闽台文化研究》2020年第4期）一文指出，王阳明一生先后“两次半”入闽，其间创下了显赫的功绩，强化了边界地区的社会治理，其思想也随之传播到八闽大地。该文对其遁迹武夷、进军汀州、驻节上杭、平寇漳南、戡乱赴闽等行迹进行了描述，对其弟子、后学在福建各地任职、讲学进行了梳理，并以“四位阳明后学、四部阳明书籍、四位闽籍学子”为例，进一步阐述阳明学以其良知之精神魅力，冲破福建“朱学重镇”的藩篱，使八闽豪杰之士翕然顾化，得以持续继承、弘扬和发展，深刻影响了福建地域文化，同时对闽南地区的人文思想、社会发展产生重要影响和积极作用。

刘和富《功祀与道祀：明清时期广东阳明祠的地域差异探析》（《赣南师范大学学报》2020年第5期）一文指出，广东作为王阳明的“事功”与“言教”之地，自明嘉靖年间以来，广东惠州府、潮州府、广州府等地修建了大量阳明祠。这些阳明祠是祭祀王阳明的空间场所与物质载体，各地祭祀角度与内涵有所不同，或侧重于事功，或侧重于文教，大致可划分为“功祀”与“道祀”两种类型。“功祀”阳明祠大多位于北部山区，“道祀”阳明祠多集中于沿海地区，这种海陆地域分布差异与南赣巡抚辖区设置差异、阳明心学传播差异、区域文化程度高低等息息相关。

（二）粤闽王门学者个案研究

当今学界对粤闽王门学者个案的研究集中为对方献夫、薛侃、马明衡、郑善夫的研究。

1. 方献夫研究

2020年，不见有研究方献夫的论文。

2. 薛侃研究

2020年，研究薛侃的论文有1篇。

陈东《峄山大通岩与明代心学遗存》（《齐鲁学刊》2020年第6期）一文指出，明代心学风行一时，但在山东地区流行有限，留在孔孟故里的有关遗存更是少见。新发现的“肇修大通岩记”碑帖证明，《邹县志》《峄山志》《山东通志》等所载的“大通岩孔子石像记”作者有误，碑记文实为王阳明弟子薛侃所作。峄山大通岩的命名、孔子及四配石像的雕刻，都是由薛侃主导完成的。此外，地方志所记湛若水《登峄山感怀五首》和《谒孟子祠文》也有遗漏。

3. 马明衡研究

2020年不见有研究马明衡的论文，但是2019年有1篇研究马明衡的硕士学位论文[①]。

何柳惠《马明衡研究》（厦门大学硕士学位论文，2019年5月）一文指出，马明衡是明代福建最重要的阳明学者，《明史》认为“闽中有王氏学，自明衡始”，黄宗羲《明儒学案》称“闽中自子萃以外无著者”。目前学术界对马明衡的研究相对薄弱，本文意在考证马明衡的家世、生平及著作版本情况，同时对其与闽中士子、王门弟子的交游情况做系统的梳理，完善地勾勒出马明衡一生的轨迹及其与阳明心学的渊源。因遭战祸，马明衡诗文传世不多。考索方志、别集、总集、家谱、乡试卷等资料辑出逸诗逸文若干，与现存诗文一起分析马明衡诗文创作状况及观念。马明衡学术著作《尚书疑义》收录于《四库全书》，也是当前存世的唯一版本，被认为是明朝反蔡沈《书集传》的代表作之一。《尚书疑义》受阳明心学

① 此篇硕士论文及其“摘要”未收录于《2019阳明学研究报告》（华夏出版社2020年11月版，第158—159页），为弥补遗憾，兹收录于《2020阳明学研究报告》。

的影响，涉及“知”与“行”、如何“致知”及“师古”等问题常用阳明学体系加以解释。对于时久难辩的论题，马明衡采取了“据之于心”的解经方式。马明衡对《蔡传》解经时析理太过表示不满，对其疑经辨伪的部分持保守态度。《尚书疑义》能研讨古义，对《蔡传》解释不清的问题加以补充，有若干独到的新见解。明人解经往往冗烂居多，马明衡解经过程中亦不免阑入时事，如尧舜授受关系与宗庙问题的讨论牵扯到当时的大礼议之争，对五刑及赎刑的解读则涉及自己所遭受的刑罚。

4. 郑善夫研究

2020年，不见有研究郑善夫的论文。

阳明学在福建的传播与发展研究是2020年阳明后学研究的亮点之一，不仅有《王阳明与福建》的出版，更有两场全国性质的与“闽中王学”有关的学术研讨会在漳州、福州的成功举办，这就使得“阳明学与福建地域文化”之间的诸多关系得以揭示。然通观近年来粤闽王学的研究论著，虽然有《薛侃集》《方献夫集》《莆田马氏三代集》的编校整理，但是相关的研究工作有待进一步加强，可以考虑开展“粤中王学文献集成”“薛氏家族与阳明学研究”“阳明学在广东的传播与流变”及“福建阳明学文献汇编”“阳明学在福建的传播与流变”的专题研究。

九、泰州学派研究

《明儒学案》卷三十二至卷三十六为《泰州学案》，因该学派创始人王艮系南直隶泰州人，故名曰“泰州学派”。泰州学派主要指今天江苏泰州一带的阳明学者，但还包括与泰州王学所倡学术宗旨相近、有学脉传承的一批江西、四川、广东、浙江、湖北、福建、江苏籍的阳明学人。《泰州学案》所选阳明学者，即泰州王门学者，具体有：王艮、王襞（附朱恕、韩乐吾、夏叟）、徐樾、王栋、林春、赵贞吉、罗汝芳、杨起元、耿定向、耿定理、焦竑、潘士藻、方学渐、何祥、祝世禄、周汝登、陶望龄、刘塙等21人。《泰州学案》“小序”录泰州学派学人颜钧、梁汝元（何心隐）、邓豁渠、方与时、程学颜、钱同文、管志道等7人。此外，李贽也是泰州学派一系的阳明学者，因其思想属“异端”，故黄宗羲不为其立“学案”。实则从师承、学脉上讲，汤显祖（师从罗汝芳）、徐光启（师从焦竑）、袁宗道、袁宏道、袁中道等，也属泰州学派中的阳明学者。

（一）泰州学派综合研究

2020年12月16日，由南京大学、泰州市委、泰州市政府主办的“泰州学派学术峰会”在江苏泰州召开，来自国内知名高校和相关研究机构的50多名专家相聚泰州，围绕“泰州学派的文脉传承与时代价值”主题，挖掘泰州学派蕴含的哲学智慧、人文精神、道德规范，展示其现代价值和时代风采。会上，南京大学泰州学派研究中心发布了“2021年度泰州学派研究课题指南”。同时，举行了“泰州学派文献馆”揭牌仪式和泰州学派研究文献捐赠仪式。今后，泰州市将把传承弘扬泰州学派文化作为泰州文化名城建设的战略重点，打造泰州文明新气象；将在每年的王艮诞辰日（7月20日），常态化举办“泰州学派学术峰会”；将推动设立“泰州学派王艮学术奖”，每年评选出具有重大学术意义和价值的研究成果，奖励成果作者；将推动“泰州学派文献馆”建设，汇集全球泰州学派文献资料，通过共同努力，传承泰州学派的文化之脉；将开设“泰州学派书院和讲坛”，邀请泰州学派学术精英来泰州，结合新时代、新思想、新实践、新生活，常态化向大众传播泰州学派文化，让泰州学派焕发出新的时代光彩。

杨国荣《中国思想中的泰州学派》（《江海学刊》2020年第1期）一文指出，在中国思想史中，泰州学派展现了其独特的个性。作为明中叶后形成的思想流派，泰州学派首先表现为由儒学发展而来的支脉，不过，它又趋向于使儒学走向民间、走向大众，从而在儒学的演化中表现了其自身特点。儒学本来有注重日用常行、肯定日用即道的传统，在泰州学派中，这一传统得到了比较突出的发展。

陈来《泰州学派开创民间儒学及其当代启示》（《江海学刊》2020年第1期）一文指出，泰州学派的许多代表人物是未出仕任职而只在地方活动的阳明学运动的参与者，他们或只有较低的功名，或是平民，皆属纯粹地方精英，从而他们（比如说颜山农）的文字形式与内容所合成的话语，非常贴近民间，明显是非中心、非主流、非上层、非精英、非正统理学的话语，与士大夫王学的话语面貌有相当大的距离，形成了当时的民间儒学形态。由此可知，泰州学派的实际作用和意义，在于自觉地把社会主流价值和思想民间化、生活化、大众化、普及化、通俗化，在教化和传播主流价值方面取得了明显的成功。

张再林《身的挺立：泰州学派的思想主旨及其理论的现代效应》（《江苏社会科学》2020年第2期）一文指出，究极而言，泰州学派思想最主要的宗旨，莫过于其从“心本”走向“身本”，以一种身的挺立，标志着中国哲学从“理学”向“后理学”思潮的根本性、战略性转移。正是基于以身为本思想，泰州学派才有对个体存在的发现、对利益原则的肯定、对解构思潮的开创、对情本主义的彰显、对超越理论的发明、对儒侠精神的弘扬。因此，以身为本思想，不仅使泰州学派代表了对唯心主义、唯识主义理学的反动，而且使泰州学派发出了中国现代思潮的真正先声。以至于可以说，若没有这种以身为本思想，也就没有内源性的中国的现代思潮。中国现代各种思潮几乎都可以在这种以身为本思想中找到其本土的来源，找到其连接古今的思想之桥。

韩荣钧《太谷学派与阳明心学、泰州学派的关系》［《贵阳学院学报》（社会科学版）2020年第3期］一文指出，太谷学派为晚清民间化儒家学派，学界多认为其以儒学为宗，出入于阳明学、宋学，旁通佛老，与阳明心学及泰州学派有密切关系。太谷学派虽宗宋学，不妨其兼宗王学。在传播形式、思想倾向方面，太谷学派与泰州学派有诸多的共同点。由于地域的一致性、思想的相似性，泰州学派深刻影响着太谷学派的学术面貌。

温祥国《方以智与泰州学派：以〈药地炮“庄”〉为中心》（《学海》2020年第5期）一文指出，《药地炮“庄”》是方以智表达“融汇三教归于《易》”思想的经典作品，是他对所处时代学术环境的反映。《药地炮“庄”》中多次出现泰州学派人物的思想观点，方以智对此既有赞成也有批评。这既是对学术环境的反映，也是因为方氏家族与泰州学派有渊源，同时也体现了方以智“融汇三教”、不立门派的思想主张。

（二）泰州学派学者个案研究

泰州学派的个案研究以王艮、王栋、王襞、林春、徐樾、颜钧、何心隐（梁汝元）、罗汝芳、杨起元、耿定向、李贽、焦竑、徐光启、管志道、汤显祖、周汝登、陶望龄、赵贞吉、邓豁渠等人为代表。本书编写，权把“赵贞吉、邓豁渠”归入“蜀中王学”。

1. 王艮（附：王栋、王襞）研究

2020年，研究王艮的论文有5篇。

赵振滔《王艮“乐”思想探微》（《新乡学院学报》2020年第8期）一文指出，王艮在继承王阳明心学思想的基础上形成了独特的三“乐”思想：“心之本体之乐”“万物一体之乐”和“圣人为学之乐”。这三者是本体、境界和工夫的关系。王艮的“乐”思想之所以独特，在于他没有单纯地停留在三层“乐”境界上，而是对其做了进一步的下贯和落实，并赋予这三层境界以更为实际的内容和含义，从而表现出平民儒学的特征。

张爱萍《圣学视域下王艮大成之学的特质》（《内蒙古电大学刊》2020年第5期）一文指出，在圣学视域下，王艮大成之学的特质表现为日用性、中正性、成圣性。日用即道，为仁人君子之理提供了先天的存在基础。中正所至，个体才能突破局限达到真正的自由。但个人的自由并非大成之学的目标，至善亲民才是其追求的价值取向。这展现了他毕生致力于“万物一体”的儒学信念和“经世致用”的济世情怀。

单杨《泰州学派王艮的哲学思想研究》（《现代交际》2020年第15期）一文指出，王艮基于阳明心学，提出了“良知致”的学说，并进一步提出“天理良知”“日用良知”的观点，强调“良知”本然、良知在百姓日用生活中；又提出了具有其特色的淮南格物论，强调尊身立本、明哲保身，更加注重对个人价值的宣扬。王艮在承继阳明心学的基础上，大胆创新，尤其对“良知说”和“格物论”有着自己独特的见解。他将视角贴近平民的生活，因而他的学说呈现出儒学平民化的特点，对儒学乡村化具有至关重要的意义。

邬雯琳《王艮儒学思想平民化特色初探》（内蒙古大学硕士学位论文，2020年5月）一文指出，在王门后学中，泰州学派是发展得最为繁盛的一支，而泰州学派的开创者王艮也是一个颇具传奇色彩的人物。本文围绕王艮儒学思想的平民化特色这一议题，以王艮为学的三个阶段为线索，对王艮其人、其学说进行梳理，对他思想中的平民化特点进行分析。首先，梳理了王艮为学的“一变”。他从目不识丁的手工业者逐渐成为一名心系平民的儒家学者，这与当时的社会环境及他的家庭背景是分不开的。其次，从他为学“二变”的角度，对他从学王门的经历进行分析，阐述王艮对王阳明一脉相承的学术气质，以及他对于阳明心学的平民化改造。再次，阐述了王艮在阳明心学的基础上，发展出自己独特的“百姓日用”的天理良知说，以及“尊身立本”“明哲保身”的淮南格物论；除此之外，王艮还发挥了王阳明“乐是心之本体”的学说，并作《乐学歌》来驳斥朱熹的“存理灭欲”，同时将儒家的伦理活动平民化。最后，叙述了王艮“为学三变”中的最后一变。在这一阶段，王艮进入了自立门户、传道授业的时期。他总结自己的学术成果为继承了孔、孟之道的“大成之学”，并以此为内容进行讲学活动；王艮不遗余力地投身于将讲学平民化的事业中，使底层百姓都可以受到教育，使之产生保护自身生存权的思想萌芽。王艮思想一以贯之的平民性及他对儒学平民化的实践，在明代中期掀起了不小的波澜。可以说是启蒙思想的发源，给后人留下了巨大的精神财富。

殷勇《从明代方志看王艮学说的“正统化”》（《中国地方志》2020年第5期）一文指出，泰州学派是中国思想文化史上一个重要的思想流派，又被称为“左派王学”。在中国传统的多元社会，王艮学说流布之广、影响之深的一个重要因素是其存在着“正统化”趋向，获得具有儒学教养的官绅的认同。王艮学说“正统化”在明代方志中表现得尤为明显，主要有三方面：一是“百姓日用即道”成为明代《泰州志》编纂主旨；二是王艮卒后归入方志“理学”传；三是王艮祭祀被列入地方祀典。

2020年，学界不见研究王栋、王襞的论文。

2. 林春、徐樾研究

2020，学界不见有研究林春、徐樾的专论。

3. 颜钧研究

2020年，学界不见有研究颜钧的论文。

4. 何心隐（梁汝元）研究

2020年，学界不见有研究何心隐的论文。

5. 罗汝芳研究

2020年，研究罗汝芳论文主要有以下数篇，内容涉及罗汝芳的德性思想、伦理思想、“赤子之心”论。

梁美玲《罗汝芳的德性思想探析》（《淄博师专论丛》2020年第1期）一文认为，罗汝芳有丰富而完善的德性理论。他的德性思想源自儒学传统，是儒学的宗旨归结为“仁”的德性实践。他的德性观建立在对王阳明良知学说的深刻认识基础之上，视良知为人的先验德性，连接孟子的性善论，主张自信性善。在德性实践上，罗汝芳视人伦社会的基础德性“孝悌慈”为德性实践的起点，主张用“反求”的方法保持赤子之心的纯真自然，认为赤子之心应该成为人践行“孝悌慈”的始端；他以求仁成圣作为德性实践的最终归宿，求仁指“仁心”的长成，成圣是一种道德境界的提高，最终落实在对“孝悌慈”的践行上。罗汝芳的德性思想回归孔孟儒学与阳明心学，又能够贴近民生，符合当时伦理社会的需要，使得儒家道德哲学更加具体化、大众化。

高志强《罗汝芳“赤子之心”与“孝悌慈”思想研究》（西北民族大学硕士学位论文，2020年5月）一文指出，罗汝芳作为明朝后期泰州学派的杰出代表，对仁学有着自己独到的见解。该文通过对历史文献的研究，针对罗汝芳的“赤子之心”和“孝悌慈”思想进行了新的归纳总结，结合相关理论，得出罗汝芳的思想对当前时代的现实启示：其一是树立正确的核心价值观，发扬“孝悌慈”的精神；其二是加强对传统道德的教育，提高全民素质。

梁美玲《罗近溪“赤子之心”思想发微》（《濮阳职业技术学院学报》2020年第2期）一文指出，作为泰州学派代表人物之一，罗近溪最具特色的思想就是“赤子之心”论，他高度重视赤子之心，赋予其良知的深刻内涵。他以不学不虑为“赤子之心”的基本根据，回应孟子的良知良能学说，视不学不虑为一种大学；以生生之仁为“赤子之心”的发展线索，结合《易传》的“生生”提出“赤子之心”为最高仁，是一种“完仁”；以至善至美为“赤子之心”指导下人的修养的最高境界，善不单是指“性善”，更重要的是指“心善”，美不是外貌美，而是“心美”。罗近溪正是通过“赤子之心”连接先秦时期的传统儒学和当世的王学，使王学的发展能够走上正路，保证王学的发展与正统儒学能够相契合，从而激发王学在新时期发展的动力。

石霞、翟奎凤《易学与仁学的融通——以泰州学派罗近溪为例》

［《金陵科技学院学报》（社会科学版）2020年第1期］一文指出，罗近溪三十四岁学《易》而悟太极生生为画前本旨，由此将“四书五经”融会贯通，并以《易》作为“五经”之源。在此基础上，将乾坤作为生生的根源，认为乾坤本体的“生生”之理就是天命之性，就是仁，就是心，由此提出了心学体系中仁、良知、德性等基本观念的本体论依据，并赋予其形上含义。从乾坤本体的生生之理又引申出“复以自知”的工夫论，以复卦统言工夫，主张通过“逆觉体证”“不动心”“自然”的“不远复”工夫来求仁、致良知、尊德性。在易理“一以贯之”“四书五经”融通之中，罗近溪构建起了心学为本、天人物我、天道与人道双向贯通的一体圆融之学，其学问亦呈现出浑融的气象。

石霞《孝弟为仁之实：略论罗近溪的仁孝观》［《河北北方学院学报》（社会科学版）2020年第3期］一文指出，“仁”与“孝”是罗近溪思想的核心。罗近溪坚持孔孟仁孝互释与仁孝一体的思考方式，重新诠释了“仁”与“孝”的关系。他主张“孝悌为仁之实”，而体认万物一体之“仁”需从孝亲敬长开始，之后沿着由己及人、由下向上及由家至国的道德实践进路不断推扩，直至达到“天下归仁”的目标与实现万物一体之仁的理想社会。由此，罗近溪构建了一个彻上彻下的一体圆通的仁学，进一步发展了阳明心学。

石霞《略论罗近溪的仁孝观》（《泰山学院学报》2020年第4期）一文指出，“仁”与“孝”是儒家思想的核心范畴，对仁孝关系的辨析、谈论成为历代学者学术体系建构的应有之义。近溪思想归宗孔孟，以孔门“求仁”“孝悌”宗旨作为思想理论的核心，坚持孔孟仁孝互释的思考方式，强调仁孝一体。在此基础上，罗近溪一方面“以孝释仁”，从名实角度诠释仁孝关系，主张以“孝悌”来落实“仁义”，以孝悌之行为本始来追求仁义，孝悌便构成了罗近溪求仁的根本方法和工夫进路；另一方面，罗近溪又“以仁释孝”，强调将孝悌慈沿着由己及人、由下向上、由家至国的道德实践进路不断推扩，直至达到“天下归仁”的目标，实现万物一体之仁的理想社会。由此，罗近溪构建了一个彻上彻下的一体圆通之仁学，进一步发展了阳明心学。

耿加进《明代大儒罗汝芳的教育思想及其当代价值》（《淮阴工学院学报》2020年第2期）一文指出，泰州学派的罗汝芳是晚明重要的思想家，其在丰富的教育实践中形成了既具有理论性又具有实践性的教育思想。罗汝芳以求仁为学问宗旨，以孝悌慈为教育内容，注重正面引导，强调唤醒人心。罗汝芳承继了泰州学派的乐学思想并加以深化，把“生”“仁”等思想注入其中，从而使乐学合乎孔子求仁宗旨。在学习方法上，罗汝芳重立志，重觉悟，重当下。

朱义禄《论罗汝芳的民本思想及其施政实践》（《赣南师范大学学报》2020年第1期）一文指出，罗汝芳在其任官期间，一直把心思放在百姓身上。民本思想一直贯穿于他的施政实践中。他没有唯上心态，却有着为民众解决困难的担当精神。担当精神是他民本思想的主心骨所在。该文从“向民所欲”“亲民之心”“爱民不私”与“政为民立”四个视野做了论述。

李玉端《顾成、罗汝芳“文”“武”二墓探源》[《云南大学学报》（社会科学版）2020年第6期]一文指出，明镇远侯顾成以武官身份镇守贵州而建立功勋，后世称其墓葬为“武墓”；罗汝芳是阳明后学的代表性人物，后世则称其墓葬为“文墓”。传二墓均立于安顺九溪村河畔。已有研究表明，“武墓”确为顾成长子顾统与其妻俞氏合圹，《顾夫人俞氏圹志》厘清了该墓茔之讹传数百年的谬误；“文墓”虽疑窦重重，为考古研究带来了许多疑云，却增加了对罗汝芳晚年生活际遇、思想由激进转为隐逸的深思，且从罗汝芳的“韦氏之识”“伤子之痛”和“隐居之谜”事件分析，其隐逸并葬于安顺九溪之说极为可能。

6. 杨起元研究

2020年，学界不见有研究杨起元的论文。

7. 周汝登（周海门）研究

2020年，学界不见有研究周汝登（周海门）的论文。

8. 陶望龄研究

吴艳玲《〈陶望龄全集〉时文佚篇辑考》[《绍兴文理学院学报》

（人文社会科学版）2020年第6期］一文指出，李会富编校整理的《陶望龄全集》是阳明心学再传弟子、公安派领袖作家、晚明清流政治家、越中士林白眉陶望龄研究和作品整理的一项可喜成果，但也存在“全集”不全的不足。其中《陶歇庵制义》，据明末陈名夏和清初俞长城二人所著之书收陶望龄时文40篇，就有遗珠之憾。《皇明文准》等4种珍稀明清时文选本所收的6篇可靠作品，是《陶望龄全集》之《陶歇庵制义》未来可补收的时文逸篇，这些作品有助于全面考察陶望龄的时文成就及其对陶望龄古文创作乃至公安体诗文创作的影响。

9. 陶奭龄研究

李会富编校《陶奭龄集》（武汉大学出版社2020年7月版）一书，为明代阳明学者陶奭龄现存著作集的标点整理本，包括《赐曲园今是堂集》十一卷、《小柴桑喃喃录》两卷，另有逸文一卷、附录五卷。《赐曲园今是堂集》收集了陶奭龄自青年时到晚年家居时的各种诗篇。其中，卷一至卷十皆为诗集，卷十一为词集。《小柴桑喃喃录》是陶奭龄训诫子弟的语录，集中体现了他的为学方法、基本思想和人生体悟。逸文共十一篇，是整理者所搜集的散落于方志、族谱、他人著述的陶奭龄著作，其内容包括陶奭龄任职端州时所作的部分诗文、关于改迁格的论述、参加“证人社”的论述等。附录是关于陶奭龄生平履历、言行事迹、著述情况的他人著作。此书将为学界研究陶奭龄思想提供基础文献，对推动阳明学、蕺山学乃至整个晚明社会思潮的研究都具有重要意义。

10. 刘塙研究

2020年，学界不见有研究刘塙的论著。

11. 耿定向研究

唐东辉《耿天台非泰州学派考辨》（《济宁学院学报》2020年第4期）一文指出，自黄宗羲在《明儒学案》中将耿天台归入《泰州学案》后，学界一直沿袭黄说，将其视为泰州学派中人；但经过考辨可以发现：从师承来看，耿天台与泰州学派之王艮、王襞并无师承关系；从同门意识来看，耿天台对颜钧与何心隐二人并未表现出特别的同门意识；从思想来看，耿天台的学术宗旨即“真机不容已”并非承自泰州一派。由此可以判定，耿天台并非泰州学派中人，而应该被界定为汲汲卫道的广义的王门弟子。

王格《耿定向的“不容已”说及其卫道意识》（《肇庆学院学报》2020年第6期）一文指出，在中晚明王学运动中，耿定向是一位学者型官员，他是王学思想市场上的一位执法者。通过对“不容已”宗旨的提揭与阐发，耿定向在一种日用常行的层面认同于王阳明心学思想；但对于儒家正统，耿定向有着强烈的“卫道”意识，通过泰州学派的“格物”论，他强调絜矩之道，实际上就是要坚守儒门矩矱，抵制所谓王学流弊；在异端批判方面，耿定向虽然顺应王学潮流而不辟佛，但其对“心”学的强调并不妥协于佛教，而是接纳佛教，对于不可接纳的一切异端，耿定向则坚决与之划清界限。因此，对于当时诸多异彩纷呈的思想学说，耿定向考虑更多的是社会和政治效果，这既与其官员身份密不可分，同时也符合儒家的理想追求。

张菁洲《耿定向〈新建侯文成王先生世家〉的版本与价值》（《六盘水师范学院学报》2020年第2期）一文指出，耿定向作《新建侯文成王先生世家》以昌明王学，纪念先师。《新建侯文成王先生世家》通过对史书体制的映照与仿制，弥补了《明史·王守仁传》之不足，在文献形态上为阳明学说及其人生经历的研究提供了充实的材料；同时，又以独特的版本形态，丰富了阳明《年谱》的版本体系，兼具文献版本价值与文学价值。

12. 李贽研究

2020年学界关于李贽的研究，集中在李贽生平事迹研究、“童心”“真心”思想研究、文学艺术思想研究、李贽思想综合研究与李贽著作文献研究方面。

（1）李贽生平事迹研究

陈寒鸣《李贽学谱（附焦竑学谱）》（孔学堂书局2020年6月版）一书，系其编校整理《泰州王门集》的“副产品”，对李贽的生平学行予以细致梳理。贾乾初《发潜德于快悦，出谨肃以春和——〈李贽学谱（附焦竑学谱）〉评介》［《燕山大学学报》（哲学社会科学版）2020年第6期］

一文，对《李贽学谱（附焦竑学谱）》的学术价值予以了介绍。

马琪《麻城与李贽思想的形成》（《回族研究》2020年第1期）一文指出，李贽在湖北麻城生活的时间很长，他的主要思想也在这里形成。该文考察了李贽在麻城交往的僧人、妇女、士人这三个群体，认为这些人物对李贽“狂禅”思想、“男女平等”思想及“童心说”思想的形成，产生了相当深远的影响。历来的研究者多关注李贽在麻城的生活状况，却忽略了其思想形成与麻城这三类人群的内在关联。

张建平《〈明史·儒林传〉不载李贽传研究》（《红河学院学报》2020年第3期）一文指出，李贽生活在明代嘉隆万时期（1521—1620），这一时期是史家所说“晚明”的重点时期。这个时代的思想文化界依然在遵循着经由王阳明所改造的儒家思想——“心学”的轨迹继续向前发展，催生了李贽“天下之人，本与圣人一般”“男子之见尽长，女子之见尽短”等思想，为儒家传统思想注入了鲜活的生命力，同时在“言经”“传经”方面也做出了独特的贡献，达到了《明史·儒林传》的入传标准。但是，就是这样一位思想家，在清代官修史书《明史》的传记中却并未有传，这是值得探究的。一是其时代地位本身就不高；二是其思想与传统正史中的指导思想相互矛盾；三是其与清代前中期的帝王意志及当时纂修《明史》的总裁官思想相违背。作为封建帝王，在其统治期间更看重自己统治的稳固、持久，总裁官们则受自身儒家正统思想的影响和帝王意志的支配。

（2）李贽的“童心”“真心说”研究

胡祥《李贽“童心说”思想的本质及其影响》（《今古文创》2020年第1期）一文指出，李贽的“童心说”强调真人、真心和至文，这种思想的产生受多方面因素的影响。许多人认为李贽是儒学叛逆者，在“惑乱”道统，但他实则是在指斥当时社会的不合理乱象，想要对“治道”做出纠偏，力图维护治世之道。该文试从李贽在学术风尚做出的重要贡献等方面论述“童心说”。

王丽、李涛《李贽“童心说”的现代性精神特质及其教育价值》

（《教育学报》2020年第1期）一文指出，“童心说”融道家的“真心”、佛家的“本心”和儒家的“最初一念之心”于一体。真心即绝假纯真之心，自然个体人的原初之心。本心是清净的精神实体，即内心的清净无杂。最初一念之心就是天赋予人的自然之心，允许人的自利。“童心”与“婴儿之心”、明心见性、良知具有内在联系。李贽认为，做人、做文、生活都要遵循“真”字，文人应以个性创作抒发情感、欲望，也应正视“人必有私”。他倡导文艺创作的自由精神，反对道德说教，主张多听“迩言”。“童心说”的现代教育价值体现为回归人的本真、解放人的思想和倡导人的独立，从而回归教育的本真，使教育贯通人性，帮助人成为自身，并使学生学会思考存在性问题，促进学生自主性的充分发展。“童心说”所体现的求真原则、个体性原则、自然人性的追求等蕴藏着现代性的精神特质，如理性、个体性、自由性等，预示着中国传统文化现代性的萌芽。

隋晓聪《论李贽“童心说”》（《濮阳职业技术学院学报》2020年第2期）一文指出，明代文坛总体上看是一个复古反复古的时期，从嘉靖后期开始，出现了一股反复古的新思潮，其主要代表人物李贽受阳明心学、禅学、道学思想的影响，将目光聚焦到人本身，反理学、反传统，提倡重视人之自然之本心，主张人性解放、个性自由，提出了“童心说”，对当时的文学发展起着针砭时弊的作用，也对后世文坛产生了重要影响。

龚建伟、李若昌、孙兆寅、吴建军《李贽道德观的二重统一与矛盾》（《今古文创》2020年第47期）一文指出，基于“童心说”，李贽提出“真心”应当是价值评判的标准，私欲也由真心而生。李贽实质上将“真心”视为“义”的标杆，并且最终将其重塑为他理论中新的天理。结合李贽的总体思想来看，可以发现“私欲”是他理论中天理的具现，而“义利”和“真心与天理”则达成了二重统一。虽然这种统一中体现了他思想的矛盾，但仍然具有深刻的批判和启蒙作用。

（3）李贽文学艺术思想研究

杨媛媛《论李贽文学批评真伪观及其意义》（《顺德职业技术学院学

报》2020年第2期）一文指出，李贽文学批评观的核心是真伪批评观，具有用绝对的“真”来衡量文学作品价值的特点，要求从文学创作主体、文学发生动因和目的、文学作品本身几个方面达到真心、真人和真文的统一，赋予文学以真实自然的美学标准。其批评观应用在实践中又体现出新的特点。传奇、小说批评是李贽文学批评实践的主要部分，从这些评论中反映出李贽真伪标准对传统儒家诗教内涵的突破。李贽真伪批评观在中晚明文学批评标准的转变中具有重要意义，打破了传统“文以载道”的观点，从人的本质来谈文的本质，提高了人的主体精神，是文学批评标准由中明善与不善到晚明真与不真转变的重要一环，对以公安派“性灵说”为代表的晚明文学思潮影响巨大。

杜璇《狷狂稚子与超灵之子：现代生态视阈下李贽与爱默生的诗学精神比较》（《长沙大学学报》2020年第3期）一文指出，李贽和爱默生出生、成长于不同的国度，但因为两国的社会背景、环境等因素具有相似之处，两者的诗学精神也存在着诸多相似之处，当然，也有不同之处。两者都向往、憧憬和歌颂大自然，但在人和自然的关系上，李贽诗中追求的是“天人合一”的融合之境，而爱默生推崇的是人是万物的主宰；在个性观上，两者都反对强权统治，主张人性解放、个性自由，但李贽注重今生、现世的享乐，而爱默生注重来世的回报和享乐；在世界起源上，李贽是唯物主义者，爱默生是具有坚定的宗教信仰的唯心主义者。

吴冠宏《李贽对嵇康的评议及两者在音乐思想上的异同》（《中国文化》2020年第1期）一文指出，李贽《焚书・读史》中有四篇评议嵇康作品的文章，其中有三篇存在着肯定嵇康其人却质疑嵇康作品的现象，该文即由此契与不契的差异探入，并试图探索个中原委；至于另一篇《琴赋》为李贽读嵇康《琴赋》而产生的议论，李贽“琴者，心也”的论述命题，显然与嵇康“声心异轨”的音乐主张有别，该文即循此问题意识出发，对李贽《琴赋》的内涵展开分析与讨论，进而比较嵇康与李贽在音乐思想上的异同。

李松霖《论李贽“琴者心也”命题的美学意义》［《交响（西安音乐

学院学报）》2020年第2期］一文指出，明朝中叶，思想家李贽在其著作《焚书·琴赋》中提出“琴者，心也”的美学命题，“主情”美学思潮在中国音乐美学史上得到了发展。

刘二永《李贽戏曲叙事结构论及其理论史意义》（《戏曲艺术》2020年第4期）一文指出，李贽以平等的文学观面向戏曲文本，将诗文批评的“评点”形态引入戏曲批评中，开拓出戏曲叙事结构批评的新领域。他不仅提出“传奇第一关椟子全在结构”的重要命题，还进一步指出传奇之胜在“结构玲珑”“结构活”。围绕这些命题，他又创设了一系列概念，理论内涵涉及情节组织的集中、连贯、曲折等多个方面。从戏曲理论史来看，李贽此举带动了更多的剧论家关注到戏曲结构的重要性。其创设的概念经后人广泛运用，发展为一系列理论，其中一些又催生出新的概念，为李渔叙事结构理论体系的建构奠定了坚实基础。

（4）李贽思想定位及其综合研究

吴震《“名教罪人”抑或“启蒙英雄”？——李贽思想的重新定位》（《现代哲学》2020年第3期）一文指出，16世纪晚明心学时代的李贽，是一个颇有争议性的人物，至今仍是如此。时人称他“背叛孔孟”“名教罪人”，近人则以为他是“启蒙英雄”，是前近代中国启蒙思想运动的一面旗帜。其实，这两种看法都过高估计了李贽思想的历史地位。历史真相也许是李贽只是晚明时代的悲剧性人物，其性格乖张、言论刻薄、愤世嫉俗，故难以容人；其思想承续了阳明学的批判性精神，与泰州学派推动的儒学世俗化运动的时代气息比较契合；然其学说思想缺乏理论系统性，不宜过分夸大其思想对社会的影响。若认定李贽是反传统的思想英雄，显然是源自现代性的观念预设或“启蒙情结”，而非是真实的历史判断。若为李贽思想做历史定位，则可说其近承王畿、远绍阳明、学主童心、融通三教。

肖雯《李贽原儒型“德”“真”“学”探讨》（《山西能源学院学报》2020年第1期）一文指出，《中庸》开篇有云“天命之为性，率性之谓道，修道之谓教”，将天道、心性、工夫三者圆融互通。李贽在数十年三教归儒型的治学和不断与真假道学的对抗中逐渐形成了以“尊德性”为导向的天道观、“绝假纯真”的心性自然观、“道问学”为路径的工夫实践论。三者并举就是李贽原儒型的道德实践观。

王晓乐《论李贽的圣人之学》（《泉州师范学院学报》2020年第3期）一文指出，李贽的思想学说属心学范围，是探讨如何做圣人的圣人之学。他的圣人之学包括圣人观和成圣之道两个部分。其中圣人观部分包括绝假纯真的童心说、英雄豪杰的经世学和自由开放的多元论，成圣之道部分包括性命之题、狂狷之志和为己之学。李贽的圣人之学在文艺、社会、政治等各个领域都产生了重大而深远的影响，时至今日仍然具有重要的现实意义。

郭伟《试论五缘文化视域中的李贽形象》（《黄冈师范学院学报》2020年第5期）一文认为，作为晚明异端思想家，李贽体现了较纯粹的学者本色，与传统儒学视野中的“五缘”规范颇多疏离：淡化“亲缘”“地缘”而注重真理探索基础上的“业缘”“神缘”；理解自然形成的“物缘”而不刻意经营。在他的五缘世界中，“亲缘”是现实前提，“地缘”和“物缘”是客观条件，“业缘”和“神缘”是生活中心。基于此而建构的李贽形象，既打上了传统道德观念的烙印，又体现了萌芽状态的现代人格意识。

肖宁《李贽庄学思想研究》（河北师范大学硕士学位论文，2020年5月）一文指出，李贽立根心学，依傍自王艮以来的泰州学派，面向大众日用，不空谈心性，要求冲破社会文化的网罗，富有开放、自由、自我的精神。从其思想体系来看，他虽深受心学、释、道等多家思想的影响，但从其个性张扬，反对礼乐制度，批判“伪道学”等方面不难看出其与庄学的关联。李贽作《老子解》和《庄子解》，也并不拘泥于传统的解注方式，更注重借助解老解庄的形式抒发己意，创构新说。因此，展开对李贽庄学思想的研究，不仅有助于揭示明代庄学的发展脉络和特征，更有助于揭示李贽思想的内在理路和特质，具有重要的学术价值和现实意义。该文运用逻辑与历史相统一和比较分析的研究方法展开对李贽庄学思想的研究，大体分为四个部分。第一部分主要论述了李贽庄学思想形成的社会文化背景。李贽生在明中期以后，政治腐败，社会动荡，经济社会发生新的变化，商品经济发展，市民阶层壮大，传统价值观面临诸多挑战等，所有这些对李贽庄学意趣都产生了影响。更为直接的是，心学的兴盛、主体的高扬和思想的解放推动了明代庄学高潮的到来。明代庄学经历了从前期沉寂到明中后期爆发的过程，在承袭宋代解庄方式的同时，也表现出儒、释、道三教融合的特色，这一学术氛围无疑对李贽解庄也产生了重大影响。第二部分主要阐述了李贽解庄的意趣与特色。《庄子解》是李贽抒发个人精神志向的一部作品，其许多思想和庄子思想也极为契合。李贽解庄方式也是不拘一格，他独解内篇，舍弃外杂篇，并围绕着“道”这一宗旨，贴合庄周的思想进行解庄。李贽还重视对《庄子》文本进行分层次的阐释，使文章主旨明确。当时崇佛的社会氛围和李贽对佛、道的喜爱，使得李贽的解庄方式明显带有以佛解庄的倾向。所以，李贽《庄子解》既带有时代特色，又展现出他思想上的个性特征。第三部分主要是对李贽庄学思想的内容进行阐发。李贽在解庄的同时流露出自己不同的见解和思想，主要表现在有关道论、逍遥论、齐物论、童心说等诸多方面。李贽对“道法自然”有着自己的体悟，且尤为推崇庄子“真”的思想，具体表现在：人道、道之用；真人、真性等方面。《庄子解》较为全面地反映了李贽的庄学思想，提倡真心、主张独立思考、反对儒学的精神。这些思想在当时都引起了很大的反响。第四部分主要是展开对李贽庄学思想的评价，指出其庄学思想所取得的成就，以及解庄存在的偏颇和李贽庄学思想存在的局限，分析李贽庄学思想对当今社会的启示。李贽解庄独解内篇，从不同的角度来进行阐释，力求思想的系统完整，但是略于训诂、考证，有一定的不足。另外，李贽庄学思想提倡的人格独立和思想解放，破除了当时理学带来的虚浮风气，促进了社会进步，但他的思想中也充满了新与旧、儒与佛、自由与束缚等各种矛盾；而且，李贽的庄学思想只是对封建社会的修正，其冲决网罗的意义也仅限于此。尽管如此，在当今社会，李贽的庄学思想依旧对理想人格的塑造和思想的解放都起着重要的作用。

张晓伟《李贽自由思想新诠》（湘潭大学硕士学位论文，2020年5月）一文指出，明中叶以后，阳明心学所提倡的主体性为当时的哲学家们所认可，对于人自身的关注也逐渐增加，以至于后期的阳明学开始向异端转变，李贽便是阳明学转向异端的一个代表。李贽从“童心说”出发提出了其自由思想便是对当时高扬着的主体性的一个回应。就自由而言，李贽虽未明确提出自由一词，但其论述中已经饱含自由的思想，这主要集中在李贽关于自适、自立、自主、自治四个问题的阐释上。谢晓东教授认为，李贽之自由为空想之自由，强调其缺乏对法律重要性的说明及对市场经济的忽视。但是，反观李贽的自由思想，会发现李贽之自由源于社会又归于社会，且并不缺乏对法律及自由经济的描述。李贽强调自适，这主要是基于对“私”的一个论述上，从最贴近实际的日用纲常出发，继而上升至关于私欲人心的讨论，最后达各遂千百人之欲，以由小到大的一个逻辑结构来对传统“重公抑私”思想进行批驳；李贽强调自立，这主要基于其对“利”的描述，李贽生于资本主义萌芽的明中叶，其家庭又有着浓厚的伊斯兰氛围，这都对李贽形成重“利”这一思想产生了环境影响。富与贵是人之所欲，是理论基础，“尧舜与途人一，圣人与凡人一”的平等观是对理论的完善，天下尽市道之交的自由竞争是理论之目的，从最基础的自由逐利出发到市场经济才会出现的自由竞争，可见李贽之自由并非空想。李贽强调自主，这与不自主的中国古代毫不违和，也为李贽最后身陷囹圄、自刎而死的结局埋下了伏笔。李贽以莫大之勇气将刀片划向自己古稀之身更是其自由思想的一个亲身实践。支撑李贽如此行为的便是其对“情”的理解，“情”在整个思想史上的地位都非常的不堪，直至李贽才得以重新正名，李贽以“自然发于情性，则自然止乎礼义”为基础进而阐述了“云从龙、风从虎，归凤求凰”的自由爱恋，“红日满窗犹未起，纷纷睡梦为知己”的自由求友，但使卿辈不乱，何恤人言的顺性言谈。李贽为官多年，其施政措施上也含有自由思想，具体体现为“自治”。因乎人、恒顺于民是方法，知天知人、无己无人是手段，治贵适时，学必经世和以法自律、复依律以治百姓是目的。李贽以道家无为之思想行无不为之政的理论，正是其自由思想在政治上的一大体现。李贽虽然没有明确地提出自由这一具有现代意义的词汇，但在自适、自立、自主、自治这四个维度下也可以发现其思想包含的近代意义上的自由。

陈笃彬《晚明中西文化的别样碰撞——当李贽遇上利玛窦》（《泉州师范学院学报》2020年第3期）一文指出，利玛窦是旅居中国的意大利耶稣会传教士、学者。李贽是中国明代著名思想家、反封建斗士。李贽与利玛窦有过两次交游，他们彼此欣赏，特别是在对宋明理学的批判上，两人的态度是一致的。但由于李贽的“异端邪说”与封建统治阶级水火不相容，利玛窦担心传教事业受到影响，没有与李贽深交。李贽也因政治志向、哲学观等因素的影响，对利玛窦东来传教提出了“不知何为”论，实际上是对西学的全盘否定。两位东、西方文化巨人，他们交游过，惺惺相惜过，尽管道不同不相为谋，但他们为各自的“幻梦”奋斗过，历史也因为他们的奋斗而留下了不可磨灭的痕迹。

罗珍《船山于朱熹李贽“理欲之辩”之辨正及其价值摭论》（《船山学刊》2020年第4期）一文指出，朱熹与李贽的理欲之争，可规约为内外之辨：朱熹以士大夫的视域，以理制欲，涵养身心，向内复礼去欲；李贽以百姓的立场，否认“理”的神圣性，批判了朱熹的道德严格主义，向外逐欲。船山在延续了朱熹存理去欲的传统，对李贽的理欲观有些许承继的基础上，以内外交养之道，自内及外辨正朱熹理欲对垒，亦由外而内辨正李贽理欲混同，集朱熹、李贽理欲观之大成。

（5）李贽著作与文献研究

屈彦奎、任竞泽《李贽〈说书〉的文体辨析》［《中南大学学报》（社会科学版）2020年第2期］一文指出，《说书》是晚明思想家李贽的重要著作之一。有些学者认为，《说书》的文体是八股文，并以此为据分析李贽对科举的态度。李贽《焚书》等有关文献对《说书》的描述显示《说书》的文体不似八股文。参照李贽《童心说》以“童心”作为肯定八股时文的前提，分析李贽的科举经历及晚明士人的心态，结合《说书》的创作时间及李贽本人的八股文创作能力，并依据《说书》现存篇目的文体形态、《澹生堂藏书目》等目录学著作的归类和顾大韶等人的评论，可以肯定《说书》的文体形态为“说书”。李贽的《说书》应该是以文体命名的。《说书》文体形态的辨析有助于研究李贽对科举的态度，进而研究李贽的儒学思想、文体学思想、心学思想及文学思想。

陈幸运《李贽〈老子解〉研究》（华中师范大学硕士学位论文，2020年5月）一文指出，李贽是明中后期的思想家，在古代思想史上占有独树一帜的地位。《老子解》是李贽晚年辞官隐居后撰写并刊刻的第一部著作，奠定了其思想的基本要核和思维特性，因此解读《老子解》具有重要意义。该文以李贽《老子解》的文本为主要史料，结合其他材料，利用历史学、文献学、语义学、宗教学等多学科的研究方法，廓清了《老子解》的基本情况，提出了其成书于万历十年（1582）的观点；此外，丰富了主流学界只把《老子解》作为一部推崇无为而治的政论之书的简单解读，发现《老子解》有三大特点：第一，建立有一套严密完整的体用一如的道论；第二，蕴含有“自由”“个性”和“平等”的精神色彩；第三，继承《道德经》的批判否定精神。这些研究发现有助于学界进一步深化研究《老子》、老学和李贽思想。研究一部书的基本任务和首要前提是厘清其版本的流转状况。因此该文经研究发现，李贽《老子解》以明万历四十三年（1615）亦政堂重刊广秘籍本和明崇祯燕超堂刊本两个版本流传于世。《老子集解》参考两个版本点校收录，在点校本中水平最高，具有很高的学术价值，是学者研究李贽《老子解》的首选底本。《老子解》成书时间为何时是学术界的一件公案，还原《老子解》成书的准确时间，是论证其在李贽思想形成中作用的重要一环。该文主要就李贽和焦竑往来的信件，运用文献分析方法，分析信中事理之间的逻辑，从而梳理出重要事件的时间节点；此外，运用语义学的方法，对相关的关键材料中长期被误解之处做合情合理合逻辑的解释，从而彻底打破了学界主流的万历二年（1574）说和最新研究成果万历九年（1581）说等，确定《老子解》的成书时间于万历十年（1582），处于李贽辞官之后、隐居不久、著书伊始的阶段。《老子解》不仅对形而下层面的处事治世论有重要阐发，对形而上层面的本体之道也有独到见解。李贽认为，道的本体处于自出和流动的状态，个体、群体和天地万物，同在橐籥之道的策动下同生同长，圣人与众人皆有平等的体道资格和能力，众人无需仰仗圣人。体道有内外两面，必须同时满足，于内是每个人心中均有一种与道相连的婴孩之气，个体通过自我的虚静极笃的工夫可发现并唤醒婴孩之气。于外是舍弃“众有”无法真正感知道体，（圣人）应以“同心”对待众人，即以苍生是否真正获取婴孩之气作为达于道境的最终标准。李贽解老时并没有分割体用，而是构建了一套完整严密的“道兼体用”“体用一如”论。道论及其二元相对和转换论，终究是一种认识的理念和方法，而非是亘古不变的真理。二元相对和转换论折射出的是批判和否定的思维模式，李贽将其彻底继承，“无道”便是其中鲜明的“批道”证据。批判和否定的思维为全新的思想理念清理出了空间，李贽重塑的新的价值观念和行为方式具有鲜明的“自由”“个体”“平等”特质，这些色彩在李贽随后几年的论著中不断越描越明、越刻越清，成为李贽思想的核心精神。因此，对《老子解》和《道德经》做进一步的研究，取其思想和思维的真谛，对于新时期下，历史传承与现代教育的结合将有重要意义。

俞士玲《明代图书生产与思想争鸣：以李贽的图书刊刻为中心》（《文献》2020年第4期）一文指出，李贽一生“随手辄书，随书辄梓”，以著书刻书宣传自己的思想，与他人展开思想争鸣，同时告知世人自己的行踪，以此维持一位活跃思想者的曝光度，也以图书生产解决生存困境并作为身后遗产。李贽尽量自刻己作，掌控出版权，确保一己思想的准确表达，也确保图书生产能始终跟进自己的思想进程。其万历十八年（1590）和二十八年（1600）刻《焚书》的不同堪称明证。对于书坊刻书，他并不强调作者著作权，但抱怨对方事先不告知、事后不赠书；对自己意欲合作的书商，则尊重对方的决定权。李贽图书生产绝不能仅在商业刻书框架下进行讨论。判定假托李贽之作及逝后横空出世的“遗书”的真伪，并非研究的终点，其中呈现出李贽及其思想的抗逆性和形塑力同样值得重视。

13. 焦竑研究

2020年研究焦竑的论文有若干篇，涉及他的生平事迹、文学、史学、哲学思想及研究综述。

周文焰、陈冬冬《明万历朝焦竑科场案始末考》（《历史档案》2020年第2期）一文指出，关于万历二十五年（1597）顺天乡试科场案，学者们从当时政治环境出发，认为副主考焦竑是受政治对手排挤而遭诬陷，此说似乎已成定论。然而，基于当时科场案发生的原因、案件的审理程序和对史料的梳理，包括不同史料来源及后世正史对科场案的记载来看，焦竑在政治上受排挤是事实，但科道官指摘其“文体险诞”也是职责所在。在科场案中，焦竑承担过失的确过重，但完全归咎于政治对手排挤和诬陷也有失偏颇。把此案放在时代背景中加以考察，可知该科场案并非个例。焦竑科场案的发生，反映了明中后期社会文化的多元化趋势和阳明心学、佛道二氏等思想对科举文体的冲击。

程听《“思维降格”与“思想层次”——焦竑“华实”观三论》（《中国文学批评》2020年第4期）一文指出，“华实”作为一种“思维降格”的表述，实则有丰富的阐释空间与“思想层次”。晚明理学名家焦竑借“华实”理解当时的世道与士风，并形成了自身的学问次序和诗文思想。焦竑“华实”观不仅有丰富的“思想层次”，更有“性命之学”作为“一贯”的思想线索。“性命之学”的核心是《中庸》的“至诚之道”。焦竑以追求“至诚”的“性命之学”为“实”，面对晚明“纵乐的困惑”，便有“华繁实寡”之叹；观学问次序则有“三教会通而儒家先，一切皆学而诗文次”的序列；观诗文创作则有以心性与治道为要、诗声与意象为辅的思想。“华实相副”不只是简单的文论思想，更是作为“华实”关系的理想，成为焦竑生命体验与思想世界的写照。

温庆新《史官意志与焦竑的小说观念及意义——以〈国史·经籍志〉的小说著录为中心》（《中国文学研究》2020年第1期）一文指出，焦竑因强调“史之职”与“史之权”，以史官意志与职责要求作为著书指导，希冀实现“阐明公道，昭示来兹”的目的。在这种思想作用下，《国史·经籍志》从史官学养与职责要求出发，对部类的源流、内涵及文教意义重新诠解，强调书目编纂对于引导“风尚”“世道”以利于统治的重要性。这对焦竑的小说观及《国史·经籍志》的小说著录亦有十分深远的影响，致其以“史之职”为小说创作者应该具备的学养，以“史之权”为小说作品内容应该体现的内涵。因此，焦竑认为子部小说家类作品，应发挥起考订征信与政教启示等功用。

米文科《论焦竑对王阳明“三教一道”思想的发展与转变——儒释道三教关系视域下的阳明心学思想建立之检讨》［《贵阳学院学报》（社会科学版）2020年第3期］一文指出，“三教一道”是阳明学三教关系上的一个重要思想，但不同于王阳明认为三教在实际中存在着见道偏全的观点，焦竑则主张“道一教三”、殊途而同归，认为儒佛道三教尽管在具体的教法上不同，不能相混，但都可以根据各自的教法而达到“道”的境界。焦竑对“三教一道”的认识不仅反映了阳明学“三教一道”思想的发展与演变，同时也体现了晚明三教融合的进一步深入，因此具有重要的思想史意义。

黄芳《焦竑研究综述》（《安顺学院学报》2020年第4期）一文指出，焦竑作为明代重要思想家，对晚明学术产生了重大影响。对于这样一位重要的学者，学界对焦竑的研究早在民国时期就已发端绪。20世纪90年代以来，学者们针对焦竑生平著述、学术特质、文学及史学等方面展开了更为广泛的讨论，研究成果亦层出不穷。相比学界对焦竑文学、史学的深入探讨，其经学成就却罕有学者涉及，尚有较大可以开拓的空间。以焦竑“四书”学为切入点，考察焦竑经学与晚明心学及文学的多向互动，无论是对焦竑学术的深入挖掘，还是以此透视晚明精神文化构建均具有重要意义。

14. 潘士藻研究

2020年，学界不见有研究潘士藻的论著。

15. 徐光启研究

2020年，学界同仁关于徐光启研究论文有1篇。

王静《西方科学与徐光启“内圣外王”理想的实践》（《阴山学刊》2020年第1期）一文指出，面对晚明衰颓的局面，儒家“内圣外王”理想的追求更具现实急迫性。徐光启在对中西学术深入学习比较后，创造性地将西方科学融入对内圣外王的追求中。他试图通过引进西方的天文历算知识、农业水利技术、军事装备等达成“外王”的追求；同时，通过推广西方演绎逻辑，开辟了由智达德的新途径，希冀实现“内圣”。徐光启的努力激发了明清之际中西科学会通的高潮，促进了科学方法融入儒学，提供了儒学与科学良性互动的范例。

16.管志道研究

2020年，学界不见有研究管志道的论著。

17.汤显祖研究

2020年，研究汤显祖的论文有80余篇，兹择要介绍如下。

郑腾尧《近十年汤显祖研究综述》（《齐齐哈尔师范高等专科学校学报》2020年第1期）一文指出，汤显祖是明代著名的剧作家，在世界享有很高的声誉。2008年美国出版的著作《一百部剧本》，被称为世界上最著名的剧本排行榜，收录的唯一中国剧本就是汤显祖的《牡丹亭》，而且名列前茅。近10年来，关于汤显祖的研究层出不穷，尤其是2016年恰逢汤显祖逝世400周年，关于汤显祖的研究也迎来了一次高峰。在汤显祖与地域关系研究、汤显祖与莎士比亚比较研究、汤显祖作品内容研究、创作思想研究等方面成果非常丰硕。

刘上洋《汤显祖与江右文化》（《江西社会科学》2020年第1期）一文指出，长盛不衰的江右文化传统，为汤显祖的戏剧创作提供了肥沃土壤。晚明心学的深刻影响，有力地提升了汤显祖戏剧创作的思想和艺术高度。对儒家文化的忠实信仰和实践，以及汤显祖宦海浮沉的经历，为他的戏剧创作提供了丰富的内容和素材。江右宗教文化的影响，为汤显祖的戏剧融入神秘而又瑰丽的色彩。江右文人的铮铮风骨和强烈文化情怀，为汤显祖的戏剧创作注入了巨大的精神动力。江右戏剧文化的繁荣，为汤显祖的戏剧创作提供了重要的基础条件。

王萍《觉醒与反思——莎士比亚与汤显祖人文观比较研究》（《枣庄学院学报》2020年第4期）一文指出，莎士比亚和汤显祖是16世纪东、西方剧坛上最为杰出的两位剧作家。比较两位剧作家对于人的自我意志的觉醒、人文主义者所处的社会困境，以及剧作家对此种困境的反思与解脱方式，可以展示出东、西方不同的哲学观对于两位剧作家创作的重要影响，并可以借此看出莎士比亚和汤显祖人文观的异同。

淡洵《汤显祖与莎士比亚——中西戏剧双星的“相遇”》（《戏剧之家》2020年第30期）一文指出，汤显祖和莎士比亚作为世界顶尖的戏剧家，在戏剧史上书写了辉煌璀璨的一页。如今，在文化交流日益频繁之际，他们的经典作品仍值得细细品读。该文着眼于两位大师在创作中共同的艺术规律，将差异性和同一性辩证看待，通过作品分析戏剧的主题陈设、话语勾勒、哲思探寻方面的异同，整体感知戏剧呈现出的风格形态与审美特征，从而进一步发掘东西方戏剧“相遇”的精彩及它们为后世戏剧创作提供的丰富借鉴。

豆家乐、曹若男《莎士比亚和汤显祖的悲剧主题在当代的思考》（《戏剧之家》2020年第36期）一文指出，悲剧主题极具研究价值，而莎士比亚和汤显祖是悲剧界极具魅力和代表性的两位剧作家，他们的作品相当具有研究价值。首先，两位剧作家在创作时的东西方思想具有联结性和对立性。其次，从两位作家创作的具体基点来看，莎士比亚的创作基点是人文主义思想与社会现实的矛盾，汤显祖则是以儒释道三家思想为基点。最后，从两位剧作家创作主题的侧重点来看，莎士比亚侧重于对社会现实的揭露，汤显祖则侧重于对人生、宇宙、政治的哲学探讨。这些东西，对我们研究古代东西方文化、社会生活和今天的东西方文化交流具有重要意义。

孙雨飞《汤显祖至情论文化价值阐释》（《戏剧之家》2020年第34期）一文认为，情一直是文学创作永恒的主题，至明代，心学思想兴起，汤显祖将注意力转移到对人的关注上，提出了至情论。所谓至情，汤显祖在《牡丹亭记题词》中说：“情不知所起，一往而深，生者可以死，死可以生。”这种能突破生死的情便是至情，它是对人本能欲望的肯定。至情论的提出，一方面，从师友角度看，汤显祖受罗汝芳“制欲非体仁”思想的影响，开始正视人的本能欲望；受挚友紫柏大师理情冲突说的影响，意识到情理水火不容。另一方面，从个人经历看，官场失意使汤显祖将注意力转向戏剧创作，并认为戏剧是至情思想表达的最好载体。至情论在当时与后世都产生了重要影响，《娇红记》与《牡丹亭》一脉相承，在继承汤显祖至情思想的同时加入了同心子说。《红楼梦》的结局由喜变悲，将至情再次推向高峰。

金白梧《江南文化诗性特质的深刻烙印——以明代汤显祖的活动为考察》（《佳木斯职业学院学报》2020年第2期）一文指出，江南是个具有特殊意义的地理概念，“唯美，追求生命、艺术和自然”，在某种程度上是人们心中“诗歌和艺术的蓬莱胜景”。与此相呼应的是，江南文化中更多地展现出浪漫、典雅的诗性特质。该文追寻明代戏曲家汤显祖的生平足迹，力求发现他与江南文化之间看似偶然实则必然的联系，解析江南文化对其戏曲创作生涯的巨大成就所起到的不可估量作用。

陈良中《新发现汤显祖〈玉茗堂书经讲意〉考辨》（《历史文献研究》辑刊，2020年卷）一文指出，新发现《玉茗堂书经讲意》是汤显祖的经学著述，从汤氏文集有关《尚书》的论述和后人对汤氏《尚书》著作引述文句的考订来看，可以证明是书为汤显祖著作。《玉茗堂书经讲意》成书历时三十三年，该书非完帙，少数文字漫漶，有大量异文俗字，校勘不精，难称善本，但对于研究汤显祖思想却具有重要意义。

18. 袁宗道、袁宏道、袁中道研究

2020年学界同仁关于“公安三袁”的研究论文有十余种，兹择要汇辑。

周家洪《公安三袁文学成功的外因》［《长江大学学报》（社会科学版）2020年第5期］一文认为，公安三袁在文学上取得巨大成功，除了内因之外，还有外因的作用。一是时代的因素。万历皇帝亲政后却又怠政，朝廷对意识形态领域的控制减弱，三袁可以多次与复古派进行激烈的争辩，并最终取得胜利；阳明心学为三袁文学理论主张提供了思想基础，李贽思想对三袁产生了深刻的影响，使三袁尤其是袁宏道摆脱当时文坛复古思潮的束缚；明代尤其是晚明文人多喜欢结社，三袁因此形成公安派。二是三袁祖父袁大化要求子弟读书考取功名的家训，三袁父亲袁士瑜、外祖父龚大器、舅舅龚仲敏、龚仲庆家教的作用。三是楚文化对三袁的影响。四是三袁广泛的交友和游历。

申旸、周向频《晚明公安三袁的造园实践与特色》（《华中建筑》2020年第11期）一文探究了袁宗道、袁宏道、袁中道的人生经历与造园轨迹，分析“三袁”最具特色的荷叶山房、柳浪湖别业、筼筜谷的造园实践，总结他们的园林在选址与布局、要素与手法、功能与场所的特色，最后归纳公安三袁的造园实践所体现出的晚明时代性与荆楚地域性。

赵以保《论晚明袁宏道绘画美学观》［《三峡论坛》（三峡文学・理论版）2020年第3期］一文指出，袁宏道在绘画美学上提出了一系列观点，首先，在绘画本体上，主张绘画是对象之“真”与主体之“情”的本然呈现；其次，在绘画创作上，主张画家“师森罗万象”，认为绘画创作正是物我适然相遇后的神会心得，创作灵感来源于外在“森罗万象”的感兴触动；再次，在绘画风格上，推崇“自然平淡”之美，强调画家在创作中的自由灵动、不受羁绊。袁宏道绘画美学观强调“贵真尚趣”，推崇“真情实感”的本然呈现，在晚明绘画因循复古盛行之际，无疑是一股清流。

潘鑫、梁桂芳《英语世界的袁宏道散文研究》［《燕山大学学报》（哲学社会科学版）2020年第5期］一文指出，在英语世界，袁宏道的散文研究产生了一系列有特色、有价值的成果。在文本研究方面，英语世界的学者对袁宏道的游记、尺牍和杂著都做了富有特色的阐发：游记方面，主要涉及袁宏道对自然审美主义和感官主义的欣赏态度及独特的语言艺术；关于尺牍，主要涉及袁宏道个性的展现及禅的反映；杂著方面，主要涉及对《珊瑚林》和《瓶史》的研究。此外，由于学术背景和理论方法的异质性，中西袁宏道散文研究不可避免地产生了争鸣现象，体现在袁宏道对小说的兴趣及其文学思想与作品中浪漫主义的倾向上。

谢旭《从师心到师心与师古兼重：从王学角度看袁中道对公安派理论的矫正》（《人文杂志》2020年第1期）一文指出，随着以泰州学派和李贽为代表的王学激进思想的日渐衰弱，晚明狂放的社会思潮渐趋消沉，整个社会进入反思阶段，取而代之的是乘王学流弊而起的以东林学人为代表的王学修正运动，他们融汇朱、王，提倡心体与工夫、良知与格物并重。

受此影响，公安派最后的掌门人袁中道的思想也随之发生了转变，由早年倾慕泰州学派与李贽的狂放之学转向注重工夫的江右王学。与之相适应的是，袁中道也在不断地调整自己的文学理论，从早期反对复古，到后期弥合复古与性灵，直接启发和影响了之后的竟陵派。

贺莉莉《困顿与迷失：论晚明性灵派袁中道文学创作转变》［《东北农业大学学报》（社会科学版）2020年第1期］一文认为，生活于明代万历、天启年间的袁中道，因与两位兄长袁宗道、袁宏道在文学创作中唱响“独抒性灵，不拘格套”的反拟古之音而名震晚明文坛。在晚明社会思潮的整体流变中，袁中道独特人生际遇与个性特征，促成其文学创作前后的转变。通过梳理其在人生不同阶段作品呈现的心境变化，阐释其创作转变的典型表征，分析背后的社会原因、时代历史影响及创作个体的矛盾倾向，可展现性灵派晚期的活动脉象，透射多重社会危机影响下晚明文人创作心态和价值选择的变化样态，亦可从中窥视晚明文学创作群体在思潮流变影响下困顿与迷失的微观镜像。

通览2020年学界同仁对于泰州学派专题研究、人物个案研究，以及2020年12月召开的“泰州学派学术峰会”的研讨成果，可以发现：无论是研究的广度还是研究的深度，或者是研究的方法论，泰州学派的相关研究都已经达到了阳明后学研究的较高水平。而王艮、罗汝芳、李贽、焦竑的个案研究一直是泰州学派研究的焦点。我们期待泰州学派中的学术菁华如“平民儒学”“个性解放”“思想自由”，能够实现其在当代的创造性转化与创新性发展，努力开创出新时代的“泰州学派”。同时，我们也期待《泰州学派全书》《泰州学派通史》《泰州学派人物传记丛书》的编撰与出版。

十、黔中王学研究

“黔中王门（学）”的提法，不见于黄宗羲编纂的《明儒学案》，改革开放40多年来，经过贵州地方当代文史学者诸如吴雁南、张新民、王路平、谭佛佑、余怀彦、王晓昕、敖以深、刘宗碧、张坦、李迎喜、李友学、杨德俊、赵平略、张明、张小明、陆永胜等的发掘与撰文论证，“黔中王门”（“黔中王学”）的提法日渐成熟，并得到阳明学界的认可。

（一）黔中王学综合研究

张新民《明代黔中地区阳明文献的刊刻与传播——以嘉靖贵阳本〈新刊阳明先生文录续编〉为中心的研究》（《孔学堂》2020年第3期）一文认为，王阳明“龙场悟道”后即通过讲学活动传播其心学思想，黔中士子从其学者人数颇多，遂形成全国最早的阳明心学地域学派——黔中王门。黔中王门学者与宦黔心学官员相互配合，自正德后期以迄万历年间，先后整理和刊刻了6部阳明典籍。种类及数量之多，即使置于全国亦十分突出。其中《新刊阳明先生文录续编》，即代表官方的王杏与代表地方的陈文学、叶梧相互合作的产物，乃是极为罕见的阳明文集早期单行刻本，无论是版本还是史料价值都极为珍贵。阳明文献在黔中地区的大量刊刻，恰好反映了心学新颖思想在西南边地的广泛传播，呈现了黔中王学崛起于边缘区域的生动文化景观，折射出边缘与中心交流互动的复杂历史信息。

刘媛《王阳明与中晚明贵州书院精神》［《贵阳学院学报》（社会科学版）2020年第3期］一文指出，书院是中国古代教育的重要载体之一，书院文化也是时代精神的缩影。中晚明贵州书院教育经历了以理学为主到以心学为主的思想背景转向和以官学为主到以私学为主的书院体系变化，在王阳明心学和讲学之风的影响下，实现了在讲学形式上从侧重体制内生员讲学到侧重体制外平民化讲学、在讲学内容上从注重理学教化到重视心学启迪、在讲学性质上从以规范性讲学为主到以自由化讲学为主、在讲学目的上从学以成吏到学以成人的转变，从而形成以平民化和自由化讲学为主、注重心学启迪、培养人的主体性的书院精神。

（二）黔中王门学者个案研究

目前学界关于黔中王门学者个案研究，主要集中在对李渭、孙应鳌、马廷锡、陈珊的研究上。

1. 李渭研究

2020年学界研究李渭的论文有两篇。

王路平、石祥建《王阳明黔籍再传弟子李渭家世考述》［《贵州民族大学学报》（哲学社会科学版）2020年第2期］一文认为，李渭是王阳明黔籍再传弟子，为黔中王门三大师之一，黔东王门传灯赖以存焉。然而，长期以来，学界鲜有专文详论李渭的家世和生平，致使至今无法破解李渭心学的诸多谜题。李渭出身于一个官宦世家，其先祖早在元初即落籍贵州思南，为当地名门望族，其曾祖李盘和表叔公申祐有大功于明廷。李渭之父李富乐善好施，深谙儒家修齐治平之道，李渭之学即始于其父之庭训。从先祖李僧，到高祖李斌，到曾祖李盘，到父亲李富，历世六代，李渭生长在这样一个注重忠孝仁义的家族背景和家庭环境中，无疑对李渭个人人格的形成、心志的锻造和好学深思的品行起到了非常重要的作用。

崔道贵《明朝理学家李渭辞官回黔兴教》（《贵阳文史》2020年第2期）一文指出，李渭，号同野，明朝贵州省思南府水德江人，生平成就卓著，被神宗皇帝赐联“南国躬行君子，中朝理学名臣”。

2. 孙应鳌研究

2020年，学界研究孙应鳌的论文有若干篇，涉及他的知行观及易学、文学、教育思想学研究。

扈继增《心体工夫境界：黔中王门孙应鳌知行说的三重向度》（《贵州文史丛刊》2020年第3期）一文指出，知是良知本体，行是良知之用。在心体纯然的状态下，心与物接，良知自然发用为行，知与行本然合一。常人因气拘物蔽，其良知心体无法完全呈现，从而导致了知与行的分离。孙应鳌认为个体通过慎独、诚意的明心工夫，可以重新回归到知行合一的本然状态，实现本然与实然的统一，进而达到与天地万物为一体的一贯境界。孙应鳌对“知行并进”与“知行合一”做了区分。“知行并进”是在见闻之知向良知的转化过程上立说，“知行合一”则是在良知之体用上立说。“知行并进”中虽有良知之用，但中间夹杂“有我之私”，知与行仍分为二，二者是道德理论与道德实践的关系；“知行合一”则是个体在克除私意后，实现的良知之体与良知之用的统一，是体与用的关系，其知行说的实质是体用论。

牛磊《“易”以贯之：试论明儒孙应鳌工夫论的易学资源》［《宁波大学学报》（人文科学版）2020年第4期］一文指出，作为黔中王门的代表人物，孙应鳌的易学思想以阳明心学为其核心。孙氏在构建其心学体系的过程中对于易学的借鉴与改造，主要体现在以心解《易》、以《易》证心的双向诠释中。在孙氏的易学体系中，易即是一，一则无物不有、无道不涵，理学世界中诸如“性”“命”“神”“理”等核心概念，都被统摄于易道之中。因此，对于儒家性命之理不仅应“一以贯之”，也应当“易以贯之”。这一点也充分展开于孙应鳌以《周易》经传为思想资源构建的“慎独”工夫论中。

汪洋《论孙应鳌的七绝创作》（《名作欣赏》2020年第33期）一文指出，莫友芝将孙应鳌誉为“贵州开省以来人物冠”，既言其哲学成就，也指其诗文创获。孙应鳌一生创作了近千首各体诗歌，其中七绝成就最高，具有含蓄蕴藉、起伏变化、构思巧妙三方面特点。

赵广升、赵蕙《西安碑林博物馆藏孙应鳌教育碑刻五种述评》（《贵州文史丛刊》2020年第4期）一文指出，明嘉靖四十年（1561）至四十二年（1563），孙应鳌任陕西提学副使，有碑刻八种收藏于西安碑林博物馆，其中教育类碑刻五种，共十四石。这些碑刻完整地记录了孙应鳌在陕西传播心学、改造陕西学风的教育实践。该文考述了五种碑刻的内容，评价其教育思想价值，并指出其对当代教育的借鉴意义。

3.马廷锡、陈珊研究

2020年，学界不见有研究马廷锡、陈珊的论文。

十一、蜀中王学研究

“蜀中王门（学）”同“黔中王学”一样，其提法不见于明清之际思想家黄宗羲编纂的《明儒学案》。近年来，随着“阳明学热”的逐步升温，“地域阳明学与阳明学的地域化”成为阳明学研究中的一个学术增长点，适时提出“蜀中王学”，也是可以进行讨论的。

（一）蜀中王学综合研究

2020年，学界不见有综合研究蜀中王学的论著发表。

（二）蜀中王门学者个案研究

近年来，围绕蜀中地区的王门学者，已经开展不少有意义的研究，主要集中在对席书、杨名、赵贞吉、邓豁渠、何祥、杨甲仁的研究上，兹对2020年的研究成果予以综论。

1. 席书、杨名研究

李承贵《论席书对阳明心学的特殊贡献》［《东南大学学报》（哲学社会科学版）2020年第5期］一文指出，作为王阳明的知己和道友，席书究竟为王阳明心学做出了怎样的贡献？就目前阳明学的研究成果看，似乎少专文涉及。纵观席书与王阳明交往的历史，席书对阳明心学的贡献可归纳为这样几个方面：视王阳明被谪为“因言遭谪”的政治迫害，从而使王阳明在政治上备感温暖；邀请王阳明讲学文明书院，为阳明心学在贵阳地区的生根创造了条件；支持王阳明的学术主张，撰《鸣冤录》，为阳明心学擂鼓助威；欣赏王阳明的德才，积极向朝廷举荐，使王阳明在精神上深受鼓舞。席书的这些贡献，不仅是对王阳明精神困顿的缓解和对阳明心学障碍的扫除，更是对王阳明人格的肯定。所谓“德不孤，必有邻”，王阳明亦因此对自己的学问方向和政治立场愈加自信。席书亦因此成为王阳明心学脉络中的重要一员，是阳明心学的虔诚拥趸。

张丽平《明代名臣席书研究》（西华师范大学硕士学位论文，2020年5月）一文指出，席书出身于明代四川望族，入川始祖为席友轸，至席书时已历七世。明代中期，席氏人文蔚起，科甲连绵。席书在明孝宗弘治三年（1490）考中了进士，于是担任了山东郯城知县，后来历任工部都水司主事、户部山东司员外郎、河南按察司佥事、贵州按察司副使、河南布政司右参政、浙江按察司按察使、山东云南右布政使、福建左布政使、督察院右副都御史，嘉靖年间官至礼部尚书兼武英殿大学士，去世后赠太傅，谥文襄。席书交游颇广，朋友众多，与王阳明、黄绾、胡缵宗、杨一清等人交往尤为密切，席书时常与他们交流学术，互通书信，并且互相欣赏。席书一生著述颇丰，有《漕船志》《鸣冤录》《大礼集议》《大礼纂要》《席文襄公奏疏》《元山文选》等著作留世，这些著作内容丰富，影响深远，保留了大量历史资料，具有重要的研究价值。席书在做官期间参加了许多赈灾活动，救活了大量的饥民，功不可没，在中国赈灾史上应有一席之地。席书一生最引人关注的是其议礼活动。正德十六年（1521），发生了大礼议事件，席书与其他“议礼派”支持明世宗“继统不继嗣”，经过长期不懈的斗争和努力，最后支持明世宗的“议礼派”取得了大礼议的胜利；席书也因此身居高位。席书在做官时鼓励人们开垦荒田，兴修水利，又重视教育，修建学校，打击地方豪强，严惩贪官污吏，在明代政治上做出了很大的贡献。席书的学术思想既受到前人的影响，又有自己的特点，特别是他对王阳明心学在贵州的传播做出了巨大贡献。席书在政治上有自己独到的思想理念，这一点在他治理灾荒上表现得尤为明显。在文学方面，席书的散文和词都值得称道，特别是他的词作体现了较高的文学造诣，但埋没较久，有待发覆。席书是一位政治人物，历史上对他的评价不一。有人因为席书丰富的学识和正直的人品而赞扬他，也有人因为在大礼议事件中与席书的立场不同而说他是奸佞小人，这都是当时的政治环境造成的。席书不是阿谀奉承之辈，他从人情出发，善于观察和分析时势，只是希望社会得到很好的治理。综合来看，席书是敢于直言上疏、忠君爱民的一代名臣。

2020年，学界不见有研究杨名的论著。

2. 赵贞吉研究

2020年，学界不见有研究赵贞吉的论文。

3. 邓豁渠研究

李一禾、张如安《“不拘”与“纵情”——论〈明儒学案〉中黄宗羲对邓豁渠形象的建构》［《南京师范大学学报》（社会科学版）2020年第1期］一文，通过对比《明儒学案》泰州学案前言邓豁渠传记与《南询录》《里中三异传》等内容，发现黄宗羲在编写《明儒学案》泰州学案前言邓豁渠传记部分时，对邓豁渠的事迹和思想做出了一定的删改与整理。包括摘取邓豁渠与其师赵大洲因思想分歧而不再相见的文献，却不选择《白苏斋类集》中邓豁渠与赵大洲是因与学术无关之事而交恶的说法等，同时黄宗羲在参考邓豁渠的自传《南询录》的同时也在文字上做出了许多带有用意的删改。黄宗羲特地将不受时人重视的邓豁渠放入泰州学案，为其作传、点评，他所塑造的一个“只主见性，不拘戒律”“纵情”的邓豁渠形象，暗含了黄宗羲对于邓豁渠及泰州学派的态度，即认为他们不是王阳明的正统继承者，他们在思想上的偏误也因此不需要阳明学人来解释、负责。

4. 何祥、杨甲仁研究

2020年，学界不见有研究何祥的论文；据悉，杨甲仁的诗文集（《愧庵遗集》）已经由成都市龙泉驿区阳明心学研究学会会长义文辉完成了标点整理，近期准备在四川大学出版社公开出版。2020年12月30日，义文辉还以“腾讯会议”的形式做了题为“清初四川心学大家杨愧庵思想简述”的学术报告。

行文至此，不难发现，“蜀中王学”虽然系新近提出的一个阳明学命题，但2020年关于席书研究的学术成果较为丰富。随着蜀籍阳明学者文献的陆续发掘与整理出版，《蜀中王学集》的汇编和蜀中王学人物的专案研究与“蜀中王学研究”的专著撰写，也值得期待。

十二、徽州王学研究

姜波、刘艳《论徽州心学发展的逻辑进路》［《淮北师范大学学报》（哲学社会科学版）2020年第5期］一文指出，元末至清初，心学在徽州经历了一个萌芽、兴盛和逐步消退的过程，理学和心学的交融交锋是贯穿于这一过程的内在思想逻辑。元末明初，徽州学者朱升、郑玉和程敏政等人的“和会朱陆”思想汲取了陆学的养分，为心学进入徽州做了学术上的铺垫。正是这种“右陆”的态度，使得他们在发扬朱子学的同时也彰显了陆学，为湛、王心学进入徽州提供了基础。明中晚期，部分徽州学子以包容的态度接受甚至力挺阳明心学，至此，心学在徽州达到了前所未有的兴盛。明末清初，随着阳明心学流弊的日益暴露，特别是阳明后学各执其师思想之一端，过度发挥，导致阳明心学内部四分五裂，流弊四起，徽州讲坛被理学学者所取代，讲学内容也从“朱王会通”逐渐转为“崇朱黜王”，讲坛主题的转变意味着徽州心学的逐步消退，心学在徽州终为无果之花。

下篇

海外阳明学研究

下篇　海外阳明学研究◎

阳明学派作为明朝中晚期思想学术领域中的一个著名流派，先后传播于日本、韩国等东亚儒家文化圈中，产生了较大的学术影响并形成了独具特色的日本阳明学、韩国阳明学。现当代，日本、韩国均成立有阳明学会，并有不少学者从事阳明学的传承与研究。

自18世纪甚至更早以来，王阳明就一直是欧洲和北美学术界的研究对象。但这一早期的阳明学研究，却被20世纪60—70年代所发表的诸多英文著作所掩盖，从而变得模糊不清。追溯欧美学术界“发现王阳明”的这一早期历史，可以让我们看到更加源远流长的东西方思想交流史。当代欧美汉学界、哲学界也有不少专业学者从事阳明学文献的英译与阳明学著作理论的阐释研究，并有一定数量的阳明学研究成果。

一、日本阳明学研究

2020年中文发表的研究日本阳明学的论文有近十篇，涉及的议题有日本阳明学的形成发展史及其理论特质、中日阳明学的比较研究及现当代学者的阳明学研究阐释。

刘莹、唐利国《论日本阳明学的虚像与实像》（《浙江学刊》2020年第1期）一文认为，随着国内阳明学研究的逐步开展，日本阳明学也渐成“显学”，其中关于“两种阳明学”的讨论和“日本阳明学”是否存在的论争，堪称目前学术界关注的焦点，种种异说呈现，推进了对日本阳明学的研究。该文重视思想展开过程中纵横两个方向上的“连续性”，通过心之“迹”化、心之“气”化及心之“固”化三个面向，梳理出源自中国的阳明学在近世日本的传播和发展、在近代转型期的变革功能，以及在近代以后服务于非民主化社会动员的保守趋向三个阶段，以揭示日本阳明学的思想特点及其社会功能。

黄滢《论“日本近世阳明学系谱”的近代生成》（《外国问题研究》2020年第1期）一文认为，目前学界普遍接受的“日本近世阳明学系谱”形成于近代，经过井上哲次郎等人的构建而基本定型。实际上，与朱子学派、古学派相比，江户时代的所谓“阳明学者”并没有十分明确的学派意识，也并未形成连贯的学脉，甚至没有一个相对集中的思想主张。经井上哲次郎塑造的“日本阳明学”形象已不同于陆王心学在江户日本被接受时的本来面貌。井上等人对日本近世“阳明学”的改造有其时代根据，而近代中国在“救亡压倒启蒙”的时代背景下，几乎未加学理分析地接受了井上塑造的政治化的日本阳明学系谱，这一系谱留给今天的正面和负面遗产值得当今学界从学术角度重新检讨。

欧阳祯人、张兴《关于日本阳明学的几个问题——欧阳祯人教授采访录》（《国际儒学论丛》辑刊，2020年卷）一文，系对武汉大学国学院欧阳祯人教授关于日本阳明学研究的采访，其中涉及与日本学者邓红教授合作主编“日本阳明学研究名著译丛”及其本人对日本阳明学特质的理解。

吴黎坤《对日本在江户时代接受阳明学的特征的考察》（内蒙古大学硕士学位论文，2020年4月）一文指出，王阳明的学问在明朝中后期通过他本人及其弟子的努力，不仅上至朝野，而且下至平民百姓间，都广为传播，甚至传到了日本，在江户时代留下了浓墨重彩的一笔。不管是政治、经济还是文化领域，都有日本的阳明学者活跃的身姿。该文主要通过文本分析法和比较分析法，去重新审视日本阳明学者在江户时代接受阳明学的特征及他们对阳明学的改造。

钱明《从“文武合一”到“心刀合一”——基于中日阳明学比较的视域》（《浙江学刊》2020年第1期）一文认为，武士的形象在日本就如同中国的君子。中国有“君子一言”，日本有“武士一言”，都是用来形容诚信的。在仁、智、勇这三个核心概念中，儒士文化凸显的是仁与智，强调“仁智合一”，而武士文化凸显的是仁与勇，强调的是“仁勇合一”。王阳明的“智”是建立在“仁”或良知本体的基础之上的，这也是为什么日本的武士讲的是“心外无刀”，而阳明心学讲的却是“心外无理”，“理”即“仁”即“良知”，它与“心”同一，“智”依附于“心”，故而心智的本质仍在于仁或良知。这是心学化的阳明兵学思想的本质特征，也是与武士化的兵学之道的重要差别。

高桥恭宽、许家晟《日本阳明学派与怀德堂诸儒者的思想交杂》（《日本学研究》，2020年第2期）一文就怀德堂儒者对中江藤树及其学问作何评价一事，通过三宅石庵与五井兰洲两代进行了分析阐述，认为，石庵对藤树之学的“公道”“公学”产生共鸣，然而兰洲认为格物致知是儒家思想核心，因此批判藤树不知《中庸》且重视《大学》八纲目之诚意。兰洲将藤树的近于阳明学之立场作为“学派之对立”予以批判。从石庵与兰洲对藤树之学认识及殊异中，可以见到藤树的学问显现为“阳明学派”，进而可知当时“学派形成”的时代变化。

左汉卿《论考中江藤树人物形象变迁及其思想对民众道德教育的影响》（《日本学研究》辑刊2020年卷）一文，通过对日本阳明学始祖中江藤树人物形象塑造和演变过程进行考察和分析，阐析了藤树从“孝子”—“畸人”—“大儒”—“先哲”—“近江圣人”的形象塑造一再塑造的原因，探究了中江藤树及其倡导的阳明学对于日本近世以来国民思想教化和国民道德建设的影响，从而探究阳明心学在海外传播和发扬的历史轨迹，探明其对日本民众道德教育的积极作用，揭示其对于我国新时代公民道德培育的借鉴价值和启示意义。

李想《在比较视域中看安田二郎的阳明学诠释》（《人文论丛》辑刊，2020年卷）一文指出，安田二郎用“习惯”揭示王阳明在消除意志性的紧张问题上与朱子、白沙的一致性，主张朱子在追求心理合一的过程中形成理论，王阳明从心理合一的结论立论，故二者为自下而上和自上而下之别。由此分判，他重新解读阳明学的物、心与知行合一等内容，勾勒出王阳明的思想轮廓，并认为王阳明无法解决恶的根源问题。安田的诠释，兼顾到概念的辨析和思想结构的阐述，较能注重阳明学的特质。牟宗三对朱王关系和无思无虑等的诠释与安田互有异同，反映出诠释的丰富性及安田阳明学的独特性。

欧阳祯人、刘海成《著名日本学者岛田虔次的象山论》（《人文论丛》辑刊，2020年卷）一文指出，岛田虔次认为，陆象山的“先立乎其大者”“心即理”的本质在其理论的主观指向上是“体制的维持”，与朱熹之学一样，“是站在同一立场的霸权的争夺战”，“是更彻底的体制拥护性的，是对体制更彻底的奴隶性的”观点。另一方面，岛田又认为，“无极而太极之辩”其实依然是“性即理”与“心即理”之辩的延伸，其本质是在批判老氏之学的基础之上，进一步完善、加强“心即理”体用不二的哲学结构，打造一个“五居九畴”之中的“皇极”，即君君、臣臣、父父、子子固若金汤的社会意识形态；陆王心学和程朱理学一样，都是为了论证和维护皇权的合法性和稳定性。全面地看，陆王心学体系之中还包含了非常先进的理论内容，它把人的本质和个体独立价值张扬到了极致；其内在的历史性和时代性的矛盾，为我们现代的心学研究留下了巨大的理论空间。

楠本正继《王阳明哲学思想探微》（《河北民族师范学院学报》2020年第1期）一文指出，王阳明一方面主张作为根本存在的心及其浑一的性质，来对抗以支离、外索为事的世儒之学；另一方面，主张切合家族社会国家之具体生活的伦理道德，以抑制佛老的空虚之学。由此可知阳明学其实是对朱子学的补偏救弊，并将心性本体与伦理道德融合成一体，可以说是将儒学发展到了新阶段。王阳明的所谓良知是以自身作为是非的判断,自身作为孝悌仁爱的作用，是从作为使人伦成立的根本存在的方面来说的。与朱子学兼顾道德与知识不同，阳明学是彻底以道德性命的心学为主；但以心学的成德工夫作为根本来精通知识又是阳明学与朱子学相通的地方。由此，朱子学与阳明学可以作为包括中日在内的东亚儒家文化圈融入世界文化并综合创新的理论根基。

杨俊安《沟口雄三的明清哲学研究：以王阳明、李贽、戴震为中心》（山东大学硕士学位论文，2020年6月）一文指出，“阳明学”一词在明治维新末期出现，并掀起了一场强调实践行动、注重培育个人精神的名为“日本阳明学”的社会运动。沟口雄三从“心”的概念着手，试图还原一个在中国前近代思想演变中具有重要起点意义的阳明学。

曹渊《试论冈田武彦的〈王阳明与明末儒学〉》（《文化创新比较研究》2020年第33期）一文，主要讨论了冈田武彦《王阳明与明末儒学》一书，并尝试以此对儒学思想在日本的概况及与其本土文化结合的过程进行探讨，以便于进一步深入研究日本儒家思想的发展。

二、朝鲜、韩国阳明学研究

为推进韩国阳明学研究，韩国阳明学研究者在1995年成立韩国阳明学会，创办有《阳明学》辑刊（ISSN：1229—5957），2020年3月、6月、9月、12月，分别出版第56，57，58，59期，刊发儒学与阳明学研究论文数十篇。

2020年中文期刊刊发的朝鲜、韩国阳明学研究论文有3篇（种），内容涉及韩国阳明学的本质、霞谷学派及韩国阳明学者的个案研究。

金世贞《从实心与时代精神看韩国阳明学》（《王学研究》，2019年第2期）一文指出，韩国阳明学的主要特点是“实心”与“时代精神”。“实心”一词在王阳明的《传习录》中并未提到过，《传习录》中也未提到过实效、实行。然而从张维、崔鸣吉、郑齐斗、江华学派到郑寅普的韩国的阳明学者们，在表达上都非常重视“实心”、实行、实功、实效。所以不管是“实心”这一术语的使用，还是对“实心”的重视，都是韩国阳明学的主要特点。“实心”这一概念是朝鲜中期以后，对只重视形式、名分及义理的虚伪、虚饰及伪善的行为进行批判的一种对应理论。张维、崔鸣吉、郑齐斗、江华学派、郑寅普等人重视“实心”，是为了解决当时自己所处时代存在的问题。朴殷植虽然没有提及“实心”，但他也是想根据阳明学来解决当时的时代问题。该文围绕他们表现的“实心”与“时代精神”，沿着韩国阳明学的发展历程，分析了韩国阳明学的特点和特性。

高星爱《现代韩国儒学研究的特征》（《国学学刊》2020年第1期）一文指出，1945年韩国解放以来现代韩国儒学研究的发展变化，并非是单纯的理论上的展开，而是结合时代现实的变化，不断反思与创新的结果。

可以说，1945年以后的韩国儒学研究与现代化紧密相连，在对传统思想的反思与时代历史发展方向的关系中，儒学研究不可避免地探究功过问题与主体性问题。这表明，儒学研究自始至终都未与社会现实割裂开来，而是随着社会现实的发展变化与时俱进，不断思考儒学对社会现实的影响与作用，决定了现代韩国儒学研究的方向与特征。回顾以往儒学研究的发展变化，不仅有助于正确把握儒学思想在韩国近现代化进程中的地位、影响与作用，而且有利于展望儒学研究未来的发展方向。

张昆将《朝鲜阳明学者郑霞谷与朱子学者闵彦晖的华夷论辨》（《域外汉籍研究集刊》，2019年第1期）一文认为，朱子理学与阳明心学，纵有诸多思想论争，但就该文所见，好像很少有人比较过两学派的华夷之辨，或因王阳明本人从未挑战过朱子的华夷立场，或因王阳明所处环境没有朱子面临外患亡国的处境，因此华夷课题并未在两学派论争过程中被显题化。但在异域的朝鲜王朝，华夷论辨课题特别复杂，或多或少牵动着朱子学与阳明学者不同的思想论争。

三、欧美阳明学研究

倪梁康、张任之主编的《耿宁心性现象学研究文集》（商务印书馆2020年5月版），系海内外学者对瑞士汉学家的两部阳明学专著《心的现象——耿宁心性现象学研究文集》（商务印书馆2012年版）、《人生第一等事：王阳明及其后学论“致良知”》（商务印书馆2014年版）的评述性论文汇编。论者认为，瑞士现象学家耿宁把王阳明及其后学论“致良知”引入世界哲学的视域，并以现象学的独特视角将王阳明“良知”概念三分为本原能力、本原意识和始终完善的良知本体，开启了阳明学在现象学观照下所呈现出的不同视域境界和理论气象。通过指明王阳明哲学的最终目的并非建立一种“宗教哲学”，“性”是“本善”还是“向善的秉性”之辨析，以及对良知“本在”和整全具足的特征的描述，从“用”的维度阐述“良知”作为生命之本、知性和理性之本、德性之本和情感之本的“统体”，或许可视为对“现象学的阳明学”的一个有益补充。

2020年汉语世界关于欧美阳明学有关的论文有若干篇，主要与英译《传习录》有关。

冀志强《耿宁关于阳明学“良知”概念的研究》［《邵阳学院学报》（社会科学版）2020年第3期］一文指出，耿宁认为王阳明的良知概念有三个方面的内涵：其一是作为一种向善的秉性与倾向；其二是作为一种本原意识；其三是作为始终完善的本原知识的本己本质。在阳明后学中，对于“致良知”方法的不同理解，导致了其中几个重要代表人物之间的讨论，这些讨论则给我们思考阳明心学提供了一些新的问题视域。

徐赛颖《“厚重翻译”观照下的亨克英译〈传习录〉探析》［《浙江

大学学报》（人文社会科学版）2020年第3期］一文认为，《传习录》英文首译本由美国学者亨克于1916年翻译并出版，其译本呈现出鲜明的厚重翻译特色。亨克主要借助序言、注释、评点英译、索引等延展手段增强译本的“厚重性”，在基本把握原作精神的基础之上，多方位创造富含文化信息的言说语境，构建起中西方文化平等交流的桥梁，推动了阳明学走出中国，为中国优秀传统文化典籍走向世界提供了重要借鉴。

蔡冰瑶《多元系统理论视角下〈传习录〉两个英译本的比较》（电子科技大学硕士学位论文，2020年5月）一文指出，《传习录》自1572年被收录《王文成公全书》以来，先后被翻译成多种语言向海外推介，在东亚及西方世界中有一定的影响。《传习录》迄今仅有两个全英译本，由亨克与陈荣捷分别于1916年和1963年译成并出版。二者出版时中美的历史及社会文化环境存在诸多不同，两个译本的语言特征及两位译者所采取的主要翻译策略也存在很大差异。该文以多元系统理论为基础，以亨克与陈荣捷两位译者在不同时期翻译的《传习录》英译本为研究对象，将译者与译本置于其所处的多元系统中，主要采用描述性和对比分析的方法进行比较研究，试图在历史与社会文化语境中，分析两位译者翻译该著作的动因，以及两个译本呈现出不同语言特征、两位译者采用不同翻译策略的原因。首先，从“系统”角度探究了亨克、陈荣捷选译《传习录》的社会文化动因；其次，分析了两个译本所处历史时期，英译文学在美国文学多元系统中的“位置”，并根据英译文学的“位置”，从词汇、句法及文体三个层面剖析了两位译者采取的不同翻译策略；最后，在进行历史、文化分析的基础上，结合“形式库”概念，对两个译本的语言特征进行了讨论。

四、越南学者的阳明学研究

范越胜《王阳明“知行合一”之说对于越南20世纪初开放与维新运动的间接意义》（《王学研究》，2019年第2期）一文指出，王阳明先生提出“知行合一”的主张是为了针对朱子“知先行后”之说与脱离实践的倾向，但是此思想后来给东亚各个国家开了一条新的道路，那就是维新道路。20世纪初，随着东亚各个国家维新活动的爆发，越南的爱国志士与中国、朝鲜的各个革命者一样强力地接受来自日本带有实践性及革命性的近代阳明学，同时展开了维新运动。这就是阳明学对越南维新运动志士带来间接影响的表现。

黎黄南《王阳明的心学思想对越南现代社会的精神生活的影响——交叉和发展的能力》（《王学研究》，2019年第2期）一文指出，在民族文化发展历史上，越南很早接受了包括儒教在内的中国文化。越南的精神生活从更新到现在有很多变化进步，开辟了有强烈的民族认同感的文化方向。西方文化的价值游入，却没有抹杀越南人生活中亚洲文化的典型特征。因此，王阳明的心学学说完全有交叉、整合和共生的机会，并从越南人民的道德、宗教、信仰等精神生活发展到政治等各方面。这种交叉是当今经济一体化和全球化趋势不可或缺的一步。澄清明儒学的影响能力，即王阳明的心学对目前越南社会的精神领域的影响能力，尤其是适应能力，可创造出越南人的新文化价值。

附　录

2020年阳明学主题会议综述

2020年度，围绕王阳明与阳明学，浙江省哲学社会科学界（包括省外的高校科研机构）通过组织学术会议、举办学术论坛等多种形式，强有力地推动了阳明学的研究阐释与推广宣传。据不完全统计，2020年全年举办了53场以“王阳明与阳明心学”为主题的学术研讨会、文化活动周、文化旅游节，而各高校科研单位、企业组织、社会民间组织举办的阳明学讲座、《传习录》读书会，更是举不胜举。从一定意义上说，与阳明先生去世后相当长的一段时间里，阳明弟子门人定期举办的“阳明学会讲（讲会）”一样，2020年，月月有阳明学会议的举办、周周有阳明学学术沙龙（读书会、学术讲座）的分享。

2020年在“阳明先生遗爱地”及阳明后学活动地——浙江（杭州、宁波、余姚、绍兴）、贵州（修文、贵阳）、江西（赣州、崇义、吉安、上犹）、福建（漳州、福州）、江苏（南京、泰州）、广西（南宁、宾阳、梧州），以及北京、河北、四川、香港举办的“王阳明与阳明心学”学术研讨会及相关活动主要有：

“吾心光明：纪念王阳明先生逝世491周年拜谒活动”（江西大余，1月5日），“王阳明教育思想研讨会”（江西崇义，1月5日），“天下同念：2020纪念阳明先生逝世491周年活动”（浙江绍兴，1月9日），“绍兴市王阳明研究会第一届会员大会第三次会议”（浙江绍兴，1月9日），“阳明心学与浙东学派论坛”（浙江宁波，1月11日），“中国国际商业高峰论坛暨世界阳明心学大会（四川）论坛”（四川成都，1月11日），“心之所思：阳明学的内涵与影响学术工作坊”（河北石家庄，1月14日），

“王阳明哲学工作坊”（香港，1月17日至18 日），“王阳明与马丁·路德：早期近代东西方的思想突围与历史分途对谈会”（北京，1月21日），“‘如何在阳明湖上讲好阳明故事’主题交流活动”（江西赣州，3月27日），“纪念王阳明到任庐陵知县510周年学术座谈会”（江西吉安，4月10日），“‘武胜门课题研究动员’暨余姚市阳明文化书院社科普及示范基地授牌仪式”（浙江余姚，4月15日），“杭州学习生活促进会阳明学院”（浙江杭州，4月23日），“第四届中国阳明心学高峰论坛直播论坛周”（北京，5月25日至31日），“王阳明法治思想研究讲座”（浙江余姚，6月18日），“现代社会中的‘致良知’与法治专题座谈会”（浙江宁波，7月4日），“2020阳明文化巡讲巡展活动”（浙江绍兴，7月17日），“王阳明法治思想与‘法治余姚’建设研讨会”（浙江余姚，7月24日），“2020阳明文化巡讲巡展”（贵州贵阳，8月23日），“大型历史正剧《天地人心·王阳明》首次新闻发布会”（北京，8月23日），“阳明学在福建学术研讨会”（福建漳州，8月29日），“阳明心学的当代价值学术工作坊”（贵州贵阳，9月12日），“贵州省阳明学学会2020年学术年会暨王阳明亲民思想学术交流会”（贵州修文，9月19日），“王阳明与阳明湖文化旅游学术研讨会”（江西崇义，9月19日），“多元视域下阳明学与思想教育理论的当代建构学术研讨会”（江苏南京，9月20日），“《山阴光相桥王氏宗谱》编纂工作学术研讨会”（浙江绍兴，10月11日），“2020阳明心学大会新闻发布会”（浙江绍兴，10月16日），“大岚镇隐地龙潭村‘龙溪’揭碑仪式”（浙江余姚，10月18日），“2020宁波（余姚）阳明文化周活动新闻发布会”（浙江宁波，10月20日），“王阳明祖居地纪念馆开馆仪式”（浙江余姚，10月30日），“首届‘阳明之路’书画篆刻大赛开展仪式”（浙江绍兴，10月30日），“2020阳明心学大会”（浙江绍兴，10月31日至11月1日），“纪念王阳明先生诞辰548周年礼贤仪典”（浙江余姚，10月31日），“2020宁波（余姚）阳明文化周开幕式”（浙江余姚，10月31日），“中天阁论道：‘阳明心学与良知善治’主题峰会”（浙江余姚，10月31日），“姚江书院重建研讨会暨《姚江书院志略》点校本发行仪式”（浙江余姚，10月31日），“阳明文化‘五进’活动”（浙江余姚，10月30日至31日），“阳明史迹地代表座谈会”（浙江余姚，10月31日），“中天阁论道：阅读王阳明的一点感受——康震专场”（浙江余姚，11月1日上午），“从阳明心学到浙东学派：演进转型的文化价值与当代启迪学术研讨会暨《2019阳明学研究报告》首发式”（浙江宁波，11月1日），“2020贵阳市小学生第四届‘王阳明诗文名篇’书法大赛暨第二届朗诵大赛”（贵州贵阳，11月2日），“宁波阳明心学研究重大招标课题成果研讨会暨宁波阳明心学研讨座谈会”（浙江宁波，11月3日），“‘阳明故里杯’讲好中国故事全国广播剧微剧邀请赛开赛仪式”（浙江余姚，11月6日），“‘弘扬阳明文化　共建壮美广西’学术研讨会”（广西南宁，11月7日），“中国崇义第四届阳明文化旅游节系列活动”（江西崇义，11月20日至21日），“‘心学的景深与视域’青年学者学术工作坊”（浙江杭州，11月21日），“2020绍兴‘古越龙山·阳明杯’城市围棋邀请赛”（浙江绍兴，12月4日至7日），“‘知行合一’当代教育价值与学校行动论坛”（江苏南京，12月10日至11日），“纪念王阳明诞辰548周年阳明文化广西主题活动周暨阳明文化高峰论坛系列活动”（广西南宁、宾阳、梧州，12月12日至16日），“泰州学派学术峰会”（江苏泰州，12月16日），“‘阳明文化：浙商精神之源’主题活动”（贵州修文，12月21日），“首届东南阳明学高峰论坛”（福建福州，12月26日），“《王阳明与福建》新书首发式”（福建福州，12月27日）。

兹根据诸项学术研讨活动的举办时间，胪列梳理。

（一）“吾心光明：纪念王阳明先生逝世491周年拜谒活动”在江西大余举行①

2020年1月5日上午，由中国明史学会王阳明研究分会、赣南师范大学国学研究院、大余县青龙镇政府主办，赣州阳明书院、阳明蒙正文旅、大

① 信息来源于《青龙镇协助举办王阳明先生逝世491年拜谒仪式》，大余县人民政府网，2020年1月7日。

余县阳明文化研究会协办的“吾心光明：纪念王阳明先生逝世491周年拜谒活动”在江西省赣州市大余县青龙镇的阳明心园举行。来自江西、福建、广东、辽宁等地阳明学研究专家及大余县阳明文化研究会、青龙镇政府、青龙中学的师生代表等共百余人参加了拜谒活动。

拜谒活动由中国明史学会王阳明研究分会常务理事、朱子学会阳明学专业委员会副主任兼秘书长、福建省平和县委宣传部副部长张山梁主持。在全体人员向“王阳明落星之处碑”行三鞠躬礼后，先是由青龙中学学生表演朗诵“王阳明家训”，学生们身着汉服，神情庄重地诵读，以表达“勤读书、早立志、学做人、做好人”的志向。诵读节目之后，中国明史学会王阳明研究分会常务副会长、赣南师范大学国学院院长周建华教授恭读拜谒辞。最后，在青龙中学学生讲述“王阳明落星青龙铺”的故事声中，全体人员手持菊花一一缓步到碑前，向“王阳明先生落星之处碑”鞠躬献花，以景仰之情、崇敬之心表达对“千秋三不朽”王阳明的追思。

据悉，大余县青龙铺是王阳明自广西返乡路途的最后一站。明嘉靖七年十一月二十九日（公元1529年1月9日），当顺江而下的舟船行至这里时，一代圣贤王阳明在此告别人世，将他的英魂永远留在了这片成就他“真三不朽”的土地上，并留下了“吾心光明，亦复何言”千古名言。

（二）“王阳明教育思想研讨会”在江西崇义举办①

2020年1月5日下午，由中国明史学会王阳明研究分会、赣南师范大学国学研究院联合召开的“王阳明教育思想研讨会”在江西省崇义县举办。中国明史学会王阳明研究分会常务副会长、赣南师范大学国学院院长周建华教授，中国明史学会王阳明研究分会副会长、赣南师范大学国学院副院长李晓方教授，中国明史学会王阳明研究分会副秘书长董华，崇义县委宣传部部长何琳等出席会议。

① 信息摘录自《王阳明教育思想研讨会暨“王阳明教育思想研究基地”等揭牌仪式在我县举行》，崇义县人民政府网，2020年1月9日。

研讨会上，各位阳明学研究专家围绕王阳明教育思想的传播和发展，对王阳明为学立志、因材施教、寓教于乐、学行结合、有教无类等教育理念进行深入研讨，并对其《传习录》中“知行合一”论述、崇义阳明遗存遗址的文化教育意义、阳明文化对外交流的重要性等交换了学术观点。

会前，与会场分别在崇义县阳明书院、章源中学举行了“王阳明教育思想研究基地”、章源中学王阳明塑像、章源中学“王阳明教育与实践研究中心”及章源中学“良知传习室”的揭牌仪式。

据悉，近年来，崇义县大力传承弘扬阳明文化，高标准打造了“一山一湖一园一馆一院一碑”阳明文化主题景观和学术交流平台，举办了两届“阳明文化国际论坛”和三届“阳明文化旅游节”活动，初步打响了“阳明之城、王学圣地”文化品牌。下一步，崇义县还将持续打造阳明文化主题街区，推进“阳明寨4A级乡村旅游景区文旅综合体”项目建设，启动“阳明心城”建设，致力于打造具有全国影响力的阳明文化传承和传播高地。

（三）“天下同念：2020 纪念阳明先生逝世 491 周年活动”在浙江绍兴举办①

2020年1月9日是阳明先生逝世491周年，由绍兴市委宣传部主办，浙江省稽山王阳明研究院承办，绍兴市新闻传媒中心、绍兴市教育局、绍兴市文化广电旅游局、绍兴市兰亭文化旅游度假区管理委员会、绍兴市文化旅游集团、绍兴市柯桥区旅游发展集团协办的“天下同念：2020纪念阳明先生逝世491周年活动”在阳明先生墓地——绍兴兰亭阳明园举行。

绍兴市委宣传部常务副部长徐荻，绍兴市教育局副局长肖理生，绍兴市文化广电旅游局副局长陈文华，绍兴市文化广电旅游局副局长杨颂周，绍兴市文化广电旅游局副调研员何宝娟，绍兴市文化旅游集团副总经理胡坚峰，绍兴市兰亭文化旅游度假区管理委员会副主任金秀芳，绍兴市柯桥区旅游发展集团副总经理李传芳，余姚市委宣传部文化发展科科长黄士杰

---

① 信息摘录自《天下同念：绍兴举办纪念阳明先生逝世491周年活动》，环球网，2020年1月9日。

等领导及嘉宾出席活动。

1月9日上午9点整，典礼仪式在肃穆的乐曲声中启动。在经过了全场肃立、上香、敬酒及恭读祭文的环节后，阳明小学的学生献上了一台精彩绝伦的祭舞——《吾心光明》，将祭祀活动推向了高潮。在行礼结束后，全体参祭人员有序缓步来到墓前，向阳明先生墓鞠躬献花。

此外，本次活动还特别邀请到浙江省稽山王阳明研究院院长董平、副院长钱明、潘承玉，阳明后裔代表王书铭，绍兴市炉峰禅寺方丈净芳，绍兴市王阳明研究会会长张校军，余姚市社科联、余姚市历史文化名城研究会、余姚书画院、杭州德尘书院、陕西省文化传播协会阳明心学研究会、惠州市王阳明文化研究会、全国阳明教育联盟、浙江省慈善义工协会等单位代表，以及绍兴各界民众代表共500余人共同纪念阳明先生逝世491周年。

（四）“绍兴市王阳明研究会第一届会员大会第三次会议”在浙江工业职业技术学院举行①

2020年1月9日下午，“绍兴市王阳明研究会第一届会员大会第三次会议”在浙江工业职业技术学院学术报告厅举行。绍兴市社科联副主席严国庆、秘书长李建兴，绍兴市王阳明研究会会长张校军、执行会长孙有峰及副会长张炎兴、汪柏江、马士力，浙江工业职业技术学院院长毛建卫，与绍兴市王阳明研究会会员代表共近200人出席会议。

毛建卫代表会议承办单位浙江工业职业技术学院致辞，向与会人员介绍贯穿学院办学过程的“实学”理念，即“三爱四实”：关爱学子，珍爱老师，热爱学术，在人才培养上更加追求“实际”，在科学研究上更加追求“实用”，在社会服务上更加追求“实效”，在文化建设上更加追求“实学”。特别强调，“四实”体现了中国传统实学精神的核心要义：实事求是、知行合一、经世致用。

① 信息摘录自《绍兴市王阳明研究会第一届会员大会第三次会议在我校圆满落幕》，浙江工业职业技术学院官网，2020年1月13日。

严国庆代表绍兴市社科联讲话，肯定了绍兴市王阳明研究会的工作业绩，并对研究会提出了两点要求：一是把阳明学研究与推进市域治理现代化结合起来；二是把意识形态的工作贯穿到阳明学研究中来。并代表绍兴市王阳明研究会的主管单位，预祝大会取得圆满成功。

张炎兴宣读浙江省稽山王阳明研究院的贺信，传达了浙江稽山王阳明研究院院长董平教授对本次会议的祝贺。马士力向全体会员作绍兴市王阳明研究会2019年度工作报告，报告从研究成果、阳明文化“五进”工作、对外学术交流、王氏家谱续修、“阳明心学研学游”等五个方面总结了2019年绍兴市王阳明研究会在研究和普及阳明心学方面取得的成果。随后，进行绍兴市王阳明研究会新书——《名世真才王阳明》的首发、赠送仪式，向绍兴市图书馆、越城区图书馆等9家图书馆赠书；该书由绍兴市王阳明研究会编著、浙江教育出版社出版。

之后，绍兴市王阳明研究会的6名会员代表进行交流，从不同角度分享研究、学习、践行王阳明思想精髓的体会与思考。其中，浙江工业职业技术学院阳明实学研究院教师伍红军以“王阳明实学思想及其在绍兴的发展”为主题，梳理了中国实学发展脉络、阳明实学的主要内容及阳明实学在绍兴的发展历程，最后提出阳明学研究向“实学”转向的两个建议：一是挖掘、光大王阳明思想中的实学成分，为阳明学正名，寻找到与唯物论的结合点；二是挖掘阳明学的外围研究点，需从“衍”（思想的衍生与进化）和“用”（反哺当代的应用）上下功夫。

会议最后由张校军进行总结讲话，他肯定了本次会议举行的重要意义，对绍兴市王阳明研究会2020年重点工作进行了布置，即“一本二研三进”。“一本”是指强化研究会本身建设；“二研”是指加强重点方向的阳明课题研究和开展研学游；“三进”是指重点推动阳明文化进学校、进企业、进社区。

（五）“阳明心学与浙东学派论坛”在浙江宁波举行[①]

2020年是王阳明逝世491周年和黄宗羲诞辰410周年。

2020年1月11日，为纪念宁波的两位杰出先贤，弘扬浙东学术文化，由宁波市社科联主办、宁波市王阳明文化研究促进会承办的“阳明心学与浙东学派论坛”在宁波阳明文化苑举行。

浙江省儒学学会会长吴光研究员在题为“阳明心学与清代浙东学派”的主题演讲中，首先肯定了阳明心学在“浙学”中的作用：阳明心学形成于明代中期而兴盛于明末。一时之间，遍及大江南北，形成了以“浙中王门”“江右王门”“泰州王门”为主体的王学八派。《明儒学案》所记整个明代的学术格局，其中属于王阳明及其后学的学案占了一半，这标志着宋明儒学的发展进入了一个新阶段。在王学八派弟子中，以浙中王门的钱德洪、王畿最为著名。王阳明以后的浙学发展史，尽管朱子学一直占有一席之地，但其主流始终受到阳明心学的重要影响，例如刘宗周的蕺山学派，黄宗羲的浙东经史学派，乃至近现代的龚自珍、章太炎、蔡元培、马一浮等学术大师，都对王阳明及其学问人格有高度评价。简言之，阳明心学是明代以后浙学的主流，是当代中国的显学。其后，吴光继续就“阳明学的理论构建”“阳明学的根本精神”“清代浙东经史学派的领袖与人物”“清代浙东经史学派特色与精神”等多个专题进行深入剖析。

华东师范大学人文学院院长、国际哲学学院(IIP)院士杨国荣教授做了题为“作为浙学的王阳明心学及其历史影响”的学术讲演。他指出，王阳明的心学既是浙学的特定形态，又对浙学产生了多方面的影响。这里所说的浙学，是指广义的“浙”地之学，这一意义上的浙学呈现如下几个方面的特点：注重理论思考或理论阐发，包含批判的意识，关切现实，具有历史的观念。以上特点同样在王阳明的心学中得到了体现。王阳明的“意之所在即是物”说和“工夫与本体”之辨，从不同方面体现了独特的理论建构；其良知说、心即理说从一个比较内在的层面为浙学的独立思考、批判

① 信息来源于《“阳明心学与浙东学派”论坛在阳明文化苑举行》，宁波社科网，2020年1月14日。

意识提供了某种根据；其知行合一、事上磨炼等观念，从不同方面体现了对现实的关切；其“五经皆史”说，内含着深层的历史意识。作为浙学的特定形态，王阳明的心学对浙学产生了多方面的影响，这种影响不仅体现于“浙中王门”，而且在思想史的意义上表现为对明清之际的浙学，特别是黄宗羲思想的制约。黄宗羲是明清之际浙学的重要代表人物，在思想的层面上，黄宗羲多方面受到心学的影响，王阳明的心学也通过制约黄宗羲的思想而在这一时代的浙学之上留下了多方面的印记。

南京大学中华文化研究院副院长、南京大学道学与东方文化研究中心主任徐小跃教授的演讲主题是“心性是王阳明传习的一以贯之的大道”。他认为，王阳明的“心即理”“知行合一”“致良知”的“立言宗旨”全是为了建立起重道德本体、道德自觉、道德实践的思想体系，并以此净化心性，变化气质，淳化世风，成就道德，成长生命，成全人格。这是一条人文的路线，这是一条心性的路线，这是一条伦理的路线，这是一条“为己”的路线，这是一条内圣外王的路线，这是一条“求放心”的路线。

（六）“中国国际商业高峰论坛暨阳明心学大会（四川）论坛”在成都召开[①]

2020年1月11日，以“知行合一·经世致用”为主题，由商业国际交流合作培训中心与世界阳明心学大会组委会共同举办的“中国国际商业高峰论坛暨阳明心学大会（四川）论坛”在成都召开。来自全国各地的专家学者、企业家代表共近800人参会，论坛特别邀请了第十三届全国政协文史和学习委员会副主任叶小文，四川省政协副主席、省社会主义学院院长赵振铣，国家外经贸部原副部长龙永图，四川省社科院党委书记李后强出席本次论坛，并围绕新时代背景下“阳明心学”对企业发展、社会发展的启示与作用、“阳明心学”的落地践行等多方面议题致辞或发表主旨演讲。

① 信息摘录自《中国国际商业高峰论坛暨阳明心学大会（四川）论坛在成都召开》，澎湃新闻网，2020年1月12日。

赵振铣在致辞中首先对来自各地的专家学者、企业家代表表示欢迎，强调“阳明心学”的智慧，无论是在企业文化核心价值观、经营理念的提炼上，还是在企业文化的具体落实上，均有重要的借鉴意义。企业家们既要努力学习现代企业管理的知识技能，也要从优秀传统文化中汲取营养。唯有如此，企业才会有旺盛的生命力与创造力。

龙永图在致辞中指出，面对百年未有之大变局，面对现代科学技术的日新月异，面对人民对幸福生活日益强烈的追求，我们应更加努力学习、传承和弘扬包括阳明心学在内的中华民族的优秀文化，努力实现经济高质量发展。

叶小文在主题报告中对阳明心学进行了系统的分析，阐述了阳明心学在增强中国人民的文化自信中的作用，强调阳明心学是坚定内心的定力之学。

李后强从目前面临的一些社会现实问题入手， 围绕从阳明心学中挖掘出的有益于当代物质文明与精神文明协调发展的价值内涵做了演讲。

叶小文还和赵振铣、度阴山举行了“关于阳明心学与企业管理”的高峰对话，广州中商控股集团董事长吴帝聪，七十二传媒CEO向科鸣也参加了对话。龙永图还以“百年未有之大变局及其应对”为题做了形势报告，并回答了企业家关心的问题。

据悉，这次论坛的举行将进一步助推经济文化的发展，引导企业进一步坚定发展决心，打造工匠精神，引领广大企业家做到知行合一、以知促行、以行求知，并以全球的视野和世界的胸怀，推动以阳明心学为代表的中国传统文化智慧走入民间，走出国门，走向世界。

（七）“心之所思：阳明学的内涵与影响”学术工作坊在河北师范大学举办①

2020年1月14日，由河北师范大学历史文化学院与晏梁学术中心合作举

① 信息来源于《我校举办“心之所思：阳明学的内涵与影响”学术工作坊》，河北师范大学新闻网，2020年1月18日。

办的“心之所思：阳明学的内涵与影响”学术工作坊在河北师范大学行政楼201会议室举行。来自中国传媒大学、贵州大学、宁波大学、河北师范大学、河北省社会科学院、河北经贸大学、河北工业大学的共20余位专家学者与会。

河北师范大学党委书记戴建兵教授在工作坊开幕致辞中表示，阳明学自诞生以来受到思想界和后世广泛瞩目。阳明学在传播过程中，对晚明清代北方学术发展也有深远影响。晚明清代北方一代大儒孙奇逢、李颙和颜李学派等皆闻风而兴。河北师范大学历来重视对中华优秀传统文化的传承与弘扬，先后建立河北省燕赵文化研究协同创新中心、中华优秀传统文化传承与发展研究中心、颜李文化研究中心等研究机构，打破学科畛域，重点围绕河北和京津地区优秀传统文化的研究阐发、教育普及、保护传承开展工作，努力开辟和培育中华优秀传统文化传承和发展的新形式和新业态，实现传统文化的创造性转化和创新性发展。本次举办的“心之所思：阳明学的内涵与影响”学术工作坊必将对中华优秀传统文化在河北师范大学的传承与弘扬产生重要影响。

在开幕式后的工作坊研讨中，中国传媒大学阳明书院院长周月亮教授以“领袖心学”为题、贵州大学中国文化书院（阳明文化研究院）院长张清教授以“阳明龙场悟道与始论知行合一”为题，先后做主题发言。河北省社会科学院哲学所副所长梁世和研究员以“阳明学与儒学的超越性建构”、河北经贸大学图书馆馆长武占江教授以“唤醒良知，重振礼仪之邦——王阳明‘理性信仰’的特点与当代价值”、河北工业大学马克思主义学院研究员李洪卫以“阳明‘志’‘意’概念及与诸家‘意论’比较”、宁波大学哲学和国学研究中心副教授邹建锋以“河北地区阳明后学人物考”、河北师范大学学报编辑部副编审陈山榜以“颜元论陆王心学与程朱理学”、河北师范大学马克思主义学院副教授郭亮以“王阳明龙场悟道的释经学意蕴”、河北师范大学历史文化学院副院长王坚副教授以“阳明学与清代民国北方学术”为题进行了学术报告，就相关议题进行交流探讨。

据悉，本次工作坊是新时期以来河北省内阳明学研究的首次高峰论坛，不但传承延续了河北省内阳明学研究的优良传统，而且经过与会专家深入而热烈的讨论，也为阳明学研究在河北的再出发提供了新起点。

（八）“王阳明哲学”工作坊在香港中文大学新亚书院召开①

2020年1月17日至18 日，由香港中文大学哲学系主办的“王阳明哲学”工作坊在香港中文大学新亚书院钱穆图书馆召开。

香港中文大学教授黄勇认为，王阳明对当代道德心理学和伦理学的最大贡献在于：超越body pain和social pain的是心体，即良知（conscience pain）。王阳明认为，对于那些缺乏同感的人，甚至恶人，我们也可以、能够而且应该具有同感。我们不仅仅感受到身体上的同感，更应该感受到良知上的同感，从而为其解除心体或良知上的痛，这才是最终目的。值得注意的是，王阳明所强调的“无善无恶”是一种自善，即“万物为一体”，就不存在善恶之分。同感作为美德，不仅体现在行动上，更体现在情感上，这是一种先觉而非后觉。

中山大学教授陈立胜围绕“中晚明时期的特殊性”和“阳明学的因应之道”两个方面讲述了阳明学于中晚明的意义，又围绕“清末民初阳明学的重新登场”“阳明学成为国民党的意识形态”“共和国前后”和“王阳明与中国梦”四个方面讲述了阳明学于20世纪的意义。并通过大量实例指出，阳明学作为一种精神力量在中国近现代史上发挥着重要作用。同时，阳明学于20世纪的意义又不限于中国，在东亚儒家文化圈中都可以观察到阳明学参与东亚社会转型中的作用，并在“东亚文化圈”迈向现代“国性”与“国民性”进程中表现出了丰富多彩的“历史效应”。

香港科技大学教授黄敏浩认为，王阳明关于“良知”含义的两次转变是为了回应当时如何判断意念之善恶的问题，而并非瑞士汉学家耿宁认为的“阳明良知双重意义说”。台湾大学助理教授陈志强认为，在心学理论中，心念陷溺是恶的根本来源，进而论证了心念陷溺是恶的来源，以及心

① 信息来源于《“王阳明哲学”工作坊》，香港中文大学哲学系网站，2020年1月17日。

念陷溺的形式；这一论证阐明了明代儒学（特别是心学）在恶这一问题上的基本态度，从而为学界系统把握儒学理论提供了有益的启示。此外，台湾东吴大学教授沈享民、台湾南华大学教授陈士诚、台湾中正大学博士赖柯助、香港中文大学博士郑泽绵等也参加了“王阳明哲学”工作坊，并分享了各自关于王阳明哲学研究的最新成果。

（九）“王阳明与马丁·路德：早期近代东西方的思想突围与历史分途对谈会”在中国历史研究院召开①

2020年1月21日，由中国历史研究院古代史研究所明史研究室、世界历史研究所全球史研究室联合主办的“王阳明与马丁·路德：早期近代东西方的思想突围与历史分途对谈会”在中国历史研究院古代史研究所君实厅召开。中国历史研究院副院长李国强研究员、古代史研究所所长卜宪群研究员、世界历史研究所副所长饶望京，以及来自古代史研究所、世界历史研究所和其他相关学术机构的学者共30余人参加了本次对谈会。

李国强在致辞中指出，由中国历史研究院古代史所明史研究室和世界史所全球史研究室共同举办的这次对谈会，是一次关于东西方文明相互比较的历史对话，这个有益尝试充分体现出成立中国历史研究院的初衷，必将对打破学科壁垒、推动学科融合起到示范作用。王阳明和马丁·路德是两位同时代的巨匠。马丁·路德被恩格斯誉为他那个时代的巨人。习近平总书记曾指出：“王阳明的心学正是中国传统文化中的精华，是增强中国人文化自信的切入点之一，作为中国人，不可不知王阳明。”王阳明与马丁·路德的思想是宏大而精深的，对历史做出的贡献是巨大的，对后人产生的影响是深远的。而在同一个时代，东西方出现两位了不起的思想家，这的确十分有趣，值得深入研究。

本次对谈会由中国历史研究院古代史研究所研究员赵现海、世界历

① 信息摘录自《“王阳明与马丁·路德：早期近代东西方的思想突围与历史 分途对谈会”在中国历史研究院召开》，中国历史研究院网，2020年1月23日。

史研究所研究员景德祥分别担任主讲人。他们从世界近代史的宏观视野出发，指出王阳明与马丁·路德都举起了个人主义的思想大旗，推动了主体意识的觉醒，是对各自传统思想的突破，堪称早期近代历史潮流中的双子星塔。但由于历史土壤的不同，二人分别引发的思想革命，对于中华文明、西欧文明的历史影响结果，最终却大相径庭。在中国，程朱理学很快收复失地，仍然是明清中国的正统意识形态。与之不同，新教在西方对天主教发起了有力的挑战，动摇了旧的政治秩序、社会秩序和心灵秩序，对于资本主义的发展、科学革命的产生和民族国家的兴起起到了巨大推动作用。与此同时也要看到，理学大一统的意识形态，为明清王朝维护统一和稳定提供了思想基础。西欧却在宗教改革等力量的影响下，长期陷入冲突与分裂之中。由此可见，思想者的初衷、所处社会的接受程度和思想对后世的积极与消极影响等诸多问题，需要研究人员有更丰富的视角和宏阔的视野，才能加以把握。

（十）“‘如何在阳明湖上讲好阳明故事’主题交流活动”在赣州阳明湖景区举办

2020年3月27日，赣州旅游投资集团组织专家学者在赣州阳明湖景区（原上犹陡水湖景区）组织了一场别开生面的交流会，来自赣南师范大学、赣州市社科联、赣州旅游投资集团等单位共5位阳明学研究专家围绕“如何在阳明湖上讲好阳明故事”这一主题展开深入交流和探讨。赣州旅游投资集团党委委员、副总经理黄冬梅和阳明湖景区管委会有关人员参加了交流活动。

与会人员一致认为，赣州是阳明先生历史遗迹最为丰富的地方之一，在赣州留下的一系列重要历史事件，是其辉煌人生的缩影。尤其是上犹、崇义两县与王阳明先生渊源深厚，阳明文化在两县影响深远。“在阳明湖上讲好阳明故事”，将进一步凸显文化内涵，传播阳明文化，推进赣州阳明文化和生态旅游的融合，对推动阳明湖区域旅游开发建设具有重要的意义。

（十一）“纪念王阳明到任庐陵知县510周年学术座谈会”在江西吉安青原山阳明书院召开①

2020年4月10日，“纪念王阳明到任庐陵知县510周年学术座谈会”在江西吉安青原山阳明书院召开。井冈山大学教授李伏明、井冈山大学庐陵文化研究中心主任丁功谊等对阳明心学颇有研究的专家学者，与青原区文广新旅局、青原山景区管委会、青原山阳明文化与传播研究中心、阳明书院等相关单位负责人，以及阳明心学爱好者一起座谈，交流了学习阳明心学的心得体会。

上午九点半，与会的阳明心学研究专家及心学爱好者们来到阳明书院五贤祠王阳明先生铜像前，对王阳明先生进行了祭拜。首先诵读了《告谕庐陵父老子弟》节选部分，然后对王阳明先生铜像行拜谒礼，最后献上鲜花，以表达对圣贤王阳明先生的敬仰。

随后举行的座谈会上，大家以“新时代背景下如何学习王阳明进行社会治理——以王阳明治理江西（庐陵）疾疫为例”为主题，结合当前肆虐全球的新冠病毒疫情分别做了阐述发言，从不同角度分析了王阳明在510年前面对“灾疫大行”时，如何指挥战“疫”及推出战“疫”策略的历史功绩与现实意义。

与会人员通过研读王阳明510年前在庐陵瘟疫横行时发布的《告谕庐陵父老子弟》，学习了王阳明围绕三个“之道”的战“疫”策略：相邻之道实行疗心之法，心不疗无以祛病，倡导民众“兴重孝悌”，相邻“出入相友，守望相助，疾病相扶持”；救疗之道从骨肉陪护道起，细述战“疫”七措，涉及清洁环境、合理药膳、上门救助、疫情通告、官府主导多层面；爱养之道即倡导仁心、责任和担当。

与会人员一致认为，王阳明先生510年前推出的战“疫”策略与当下疫情暴发后党和政府采取的措施有诸多相似之处，值得我们学习借鉴。以史

① 信息来源于《青原区召开学术座谈会纪念阳明先生到任庐陵知县510周年》，吉安新闻网，2020年4月20日。

为镜，观照现实，我们在缅怀阳明先生治理庐陵功绩的同时，要进一步弘扬阳明良知学，践行知行合一思想，促进新时代文化建设，为吉安市青原区在优秀传统文化领域的传承与繁荣奠定扎实的基础。

（十二）“‘武胜门课题研究动员’暨余姚市阳明文化书院社科普及示范基地授牌仪式”在浙江余姚举行①

2020年4月15日，为推动余姚市阳明古镇武胜门片区科学规划高质量开发建设，由余姚市社会科学界联合会和余姚市阳明文化书院联合举办的“‘武胜门课题研究动员’暨余姚市阳明文化书院社科普及示范基地授牌仪式”在余姚市阳明街道阳明社区会议室举行。余姚市政协原副主席干凤苗、余姚市姚江文化研究会会长诸焕灿、余姚市东海城市文化研究院院长华建新、中国作协会员符利群、余姚市良知文化宣讲团团长朱建璋等共近20位余姚市阳明文化研究专家出席本次活动。

活动开始，余姚市社会科学界联合会副主席杨鹏飞代表市社科联宣布接受余姚市阳明文化书院成为余姚市社科联成员，同时确定书院为市“社会科学普及示范基地”并授牌。余姚市阳明文化书院院长许为民教授感谢市社科联的信任，并表示阳明文化书院将努力工作，为在阳明故里弘扬阳明文化做出应有的贡献。

以“史”为灯，许为民教授围绕“阳明古镇武胜门片区科学规划高质量开发建设”这个主题做了学术演讲和课题指导，使在座专家学者对阳明古镇和武胜门片区有一个直观全面的了解。余姚市阳明文化书院副院长陆风雷代表宁波开投蓝城投资有限公司，对阳明古镇武胜门片区开发问题，向与会专家从规划方向做了解读。他提出，在规划思路上，阳明古镇将以阳明文化挖掘和营造作为主要脉络，以府前路商业街区、武胜门文化街区和龙泉山生态休闲公园三个片区作为阳明文化的空间载体，立志成为国际

① 信息来源于《余姚召开“专家论诊”课题研究动员会》（谢建龙、蒋云燕撰稿），宁波社科网，2020年4月15日。

文旅、商业、研学、文创四大功能于一体的都市型儒家文化商业街区。余姚作为一座历史文化名城，正在创建国家级历史文化名城关键时期，武胜门片区作为阳明古镇最具文化氛围的片区和核心区之一，后续的改造和建设将建立在“考究以阳明故居为中心的人生经历，觅取武胜门簪缨风流海晏河清的集体记忆”的中心创意上，计划以“一街、一心、一园、三区和双广场”来进行结构布局，以片区、街区的历史“再现空间、叙事空间、精神空间”载体规划，为阳明古镇结构布局提供更精准、更丰富的文化空间内涵。

文化作为地区软实力，深深地影响着一个地区的凝聚力、生命力和传播力、影响力。与会专家纷纷通过自己的所见、所思、所学，对如何开展此次课题调研、更好地服务武胜门片区改造，展开了热烈讨论。符利群提出“文旅五化”新理念，认为阳明古镇的建设需要综合考虑“文宣推广、招商引资，商业项目，游客，消费者，原住民和经营者”这五个要素有序进行。诸焕灿从阳明文化史学的角度向大家介绍武胜门作为进城道口和士大夫集聚地在古代余姚的关键地位，为课题调研提供了思路。陆银辉则建议在武胜门片区的三个文化空间中，分别策划创建一至两个标志性核心建筑，认为后续的武胜门课题调研可以结合这个方面进行。干凤苗希望在座专家学者，能够积极主动参与这一课题调研活动，基于府前路课题调研的经验，对武胜门片区的开发改建提供更加宝贵的建议。华建新、朱建璋、黄信良、王晓来、赵建荣等阳明学研究专家提出，要根植于“阳明心学、打造心学圣城”文化，结合现代科技体验，把“阳明古镇”打造成展示新时代余姚形象的一张全新名片。

（十三）“杭州学习生活促进会阳明学院”在杭州揭牌成立[①]

2020年4月23日，“杭州学习生活促进会阳明学院”在杭州揭牌成立。

---

① 信息摘录自《杭州学习生活促进会阳明学院揭牌成立》，杭州网，2020年4月25日。

浙江省儒学学会会长吴光，浙江省民营投资企业联合会会长周德文，杭州学习生活促进会副会长叶高翔、常务副会长蒋岳祥、副会长黄健等共同为“杭州学习生活促进会阳明学院”揭牌。

在揭牌仪式上，吴光做主题发言。他热烈祝贺杭州学习生活促进会阳明学院成立，并回顾了筹备学院的辛苦历程，对学院提出了“百折不挠、知行合一”“会众合一、多元包容”“明德亲民、多接地气”的殷切期望。周德文提出，杭州学习生活促进会阳明学院成立后，一要立志，发挥企业家精神，担负起社会责任；二要立行，就算再难也要做，就是要敢于承担风险；三要立业，为企业提供服务，为社会创造价值。蒋岳祥代表杭州学习生活促进会会长陈子辰做了讲话，热烈祝贺学院成立，要求杭州学习生活促进会阳明学院尽快制定和落实三到五年工作规划，兼顾社会效益和经济效益，实现可持续发展。

黄健的总结发言指出，中国社会由传统走向现代的思想源头就是阳明心学，可以说，王阳明是开启中国社会现代转型的第一人；杭州学习生活促进会阳明学院作为多领域精英的聚集体，要秉持阳明心学的精神，办出特色，办出成果。

（十四）“第四届中国阳明心学高峰论坛直播论坛周”在中国传媒大学举办①

2020年5月25日至31日，由中国传媒大学、北京三智文化书院、中国亚洲经济发展协会产业创新发展工作委员会主办，中国传媒大学阳明书院承办的以“全球疫情下看中国智慧与人类命运共同体”为主题的“第四届中国阳明心学高峰论坛直播论坛周”，以网络云论坛的形式在中国传媒大学全媒体运行中心举办。

在5月25日的开幕式上，北京大学教授、著名文化学者乐黛云先生录制

① 信息来源于《全球疫情下看“中国智慧与人类命运共同体”　第四届中国阳明心学高峰论坛在我校举办》，中国传媒大学新闻网，2020年6月10日。

视频表达对论坛的祝愿，中国文化书院院长王守常教授，中国传媒大学阳明书院院长周月亮教授，中国阳明心学高峰论坛组委会副主席陈强生，中国亚洲经济发展协会产业创新发展工作委员会会长申坤分别发表开幕致辞。

本次直播论坛周汇聚了来自北京大学、武汉大学、中央党校、浙江大学、南京大学、深圳大学、中国传媒大学等高校和单位的共49位知名专家学者，通过一周的连续直播，共计开展了21场直播演讲及主题对话活动。

论坛共设置三个议题，分别是“中国智慧构建人类命运共同体”“全球公共危机与中国传统文化”“阳明心学与心理学”。武汉大学国学院院长郭齐勇教授，浙江大学哲学系董平教授，深圳大学国学院院长景海峰教授，中国传媒大学人类命运共同体研究院院长李怀亮教授，中国传媒大学艺术研究院党委书记张金尧教授，中国传媒大学通识教育中心主任李有兵副教授，贵州省文史研究馆原馆长顾久教授，陕西师范大学关学研究院院长丁为祥教授，中国科学院心理研究所史占彪教授，南京图书馆名誉馆长徐小跃教授，北京大学教授李四龙就三个议题分别做主题演讲。专家学者们通过热烈的研讨与碰撞，集体打造了一场影响深远的思想盛宴。

据悉，“第四届中国阳明心学高峰论坛直播论坛周”在中国教育网络电视台国学台、腾讯新闻、凤凰风直播、三智心媒体、儒学融媒体中心等多家媒体同步直播，全网累计参与观看人数突破了155万人次。

（十五）“王阳明法治思想研究”讲座在浙江余姚举行①

2020年6月18日，由余姚市社科联、余姚市司法局主办，余姚市阳明文化研究院、余姚市良知文化公益宣讲团承办的“王阳明法治思想研究讲座”，在余姚市府前路阳明古镇市社科普及示范基地举行。余姚市司法局副局长李郁莎、余姚市民政局副局长杜红卫，凤山、梨洲等城区四街道司法所所长、有关律师事务所和市良知文化公益宣讲团成员等共20多人参加。讲座活动由余姚市阳明文化研究院院长、浙江大学许为民教授主持。

① 信息摘录自《余姚市举办“王阳明法治思想研究”讲座》，宁波社科网，2020年6月22日。

王阳明法治思想研究讲座，重点探讨阳明法治思想中的十家牌法、乡约制度在当代法治宁波、法治余姚工作中的创新应用。余姚市社科联主席杨鹏飞从王阳明乡村治理思想的实践主体、王阳明乡村法制治理思想的社会管理学分析、王阳明乡村法制治理推进乡村振兴与法治建设管理的当代意义等三个方面，向与会嘉宾做了主题分享。杨鹏飞提出，当代乡村振兴与法治建设管理应充分发挥乡村法治的自治作用，防止“包揽管治”思维下的全管倾向；加强乡村道德建设，推进乡风文明传承与延伸；加强农村法治社会管理，维护农村和谐稳定。余姚市委党校副教授黄信良以“讲法治也要致良知”为主题，着重和大家分享了王阳明“良知”思想在法治中的重要性，他通过“一厘米的自主权”和“开胸验肺”两个故事，向与会嘉宾引出在处理社会纠纷和矛盾时，良知是高于法治的非正式规则体系中的最高标准的主题。

许为民教授在主持中对阳明先生的两个主要法治文献——《十家牌法》和《南赣乡约》的创立背景、主要内容及特点做了简短介绍，并提出了王阳明法治思想的五个要点：以民为本，亲民爱民是治理目标；了解民情，掌握信息是治理基础；顺应民意，彰善纠过是治理任务；启发民心，循序渐进是治理手段；依靠民众，自我完善是治理原则。这五点相互联系，形成一个完善的体系，彰显了王阳明法治思想的深邃内涵和当代价值。

在开放讨论环节，李郁莎表示，当前宁海县的“三十六条”、象山县的“村民说事”已经打造出具有地方特色的法治系统，余姚市司法局希望用阳明法治思想推进具有余姚特质的新时代法治建设。杜红卫则希望与余姚市社科联、市司法局合作，在余姚“三治”（自治、法治、德治）建设走在前列的镇村开展调研和试点，弘扬王阳明法治思想，打造具有时代特点、中国特色、余姚特质的新乡约。

讲座活动中，余姚市社科联、市司法局、市良知文化公益宣讲团还向余姚市阳明古镇和市阳明文化书院颁发了“余姚市法治文化建设示范点”“王阳明法治思想研究工作室”“余姚市良知文化公益宣讲团实践基地”“余姚市民间文艺传承基地”的铜牌。

（十六）“现代社会中的‘致良知’与法治专题座谈会”在浙江宁波举办

2020年7月4日，宁波市王阳明文化研究促进会在宁波市海曙区青林湾公园阳明文化苑举办了“现代社会中的‘致良知’与法治专题座谈会”。来自宁波市司法领域的法官、律师，从事法学研究的学者，研究阳明心学的专家，以及宁波市王阳明文化研究促进会的会员代表出席了座谈会。与会者结合最近发生的热点事件，从不同角度对现代社会中“致良知”与法治的关系提出了看法，进行了交流。

（十七）“2020阳明文化巡讲巡展活动”在浙江绍兴启动①

2020年7月17日，由绍兴市文化广电旅游局主办，绍兴图书馆、绍兴市王阳明研究会、绍兴博物馆承办，绍兴市文化旅游集团协办的“阳明文化巡讲巡展活动”在绍兴图书馆启动。绍兴市王阳明研究会会长张校军，绍兴市文化广电旅游局副局长杨坚祥等出席启动仪式。

2019年的“阳明文化巡讲巡展活动”在大运河沿线的北京、沧州、济宁、南通、南京、常州、上海、杭州、绍兴等9个城市开展，参与人数逾2万，对阳明文化的弘扬和传播起到了积极作用。2020年的“阳明文化巡讲巡展活动”从7月开始，在大运河沿线的北京通州区、天津、德州、徐州、淮安、扬州、嘉兴等7个城市的图书馆及绍兴、赣州、贵阳、吉安、南昌、修文、余姚等地9家王阳明之路图书馆，举办主题为“阳明文化”的讲座巡讲与展览巡展活动。

据悉，2018年，由绍兴图书馆牵头，浙江、贵州、江西三省的9家图书

① 信息摘录自《2020年阳明文化巡讲巡展活动启动仪式在绍兴图书馆举行》，《绍兴日报》2020年7月18日。

馆成立了“王阳明之路图书馆联盟”。该联盟的成员图书馆都来自与阳明先生有密切关系的地方，2020年的巡讲巡展活动将走进这9家联盟图书馆，解读阳明心学，传播阳明文化，并开展阳明心学的交流合作。

（十八）“王阳明法治思想与‘法治余姚’建设研讨会”在浙江余姚举行①

2020年7月24日，由余姚市公安局、市社科联主办的“王阳明法治思想与‘法治余姚’建设研讨会”在余姚市公安局举行。来自余姚市公安系统的干警和余姚市阳明文化研究专家共16人，就王阳明法治思想与“法治余姚”展开了研讨。

研讨会上，余姚市公安局党委委员、政治处主任谢群芳指出，余姚市公安局办有“阳明警学堂”，对全市公安民警进行培训。本次研讨会是余姚市公安局与当地学术研究机构合作，开展对王阳明法治思想专题研究的有益尝试，必将对“法治余姚”建设起到有力的促进作用。余姚市社科联副主席杨鹏飞认为，本次研讨会的举行，有力地推进了余姚市法治文化研究向纵深发展，体现了余姚市社科研究机构服务警务，为余姚法治建设提供阳明法治思想资源和法治实践的经验，并从阳明心学的角度回应当前警务工作面临的新问题，发挥了哲学社会科学研究成果引领和服务的特殊作用。

宁波市王阳明文化研究促进会副会长华建新做了题为“王阳明“良知法治思想”的理论结构、特色与“法治余姚”建设”的发言，认为王阳明“良知法治思想”的形成是经过了长期的思想探索。其在入仕后上“边务八条”，在刑部司狱司担任轮值主事时撰写了具有法治价值的两篇狱政文，其后在南直隶“录囚”，平反冤假错案，为其“良知法治思想”的形成奠定了实践基础。王阳明的良知法治思想是时代的精华，那些反映社会

① 信息摘录自《警学共论：余姚举行王阳明法治思想与“法治余姚”建设研讨会》，宁波社科网，2020年7月29日。

发展基本规律的思想对当代社会法治实践仍具有生命力和指导意义。余姚市公安局协辅警管理大队教导员方永尧做了题为“王阳明良知与法治思想的理论特色及法治余姚建设”的主旨发言，围绕对良知法治思想的理解、认识神奇智慧的阳明心学、新时代基层民警学好用好阳明心学的重要意义、余姚公安如何有力助推法治余姚建设等问题做了深入研讨。

其他与会专家结合自己的工作岗位对阳明法治思想谈了建议与思考。与会人员一致认为，王阳明的“良知法治思想”是穿越时空的，彰显“法治余姚”鲜明的时代特色是当代人的责任与使命，深入研讨王阳明的“良知法治思想”，可以为“阳明故里”“阳明古镇”建设提供良好的法治文化支撑。

（十九）“2020 阳明文化巡讲巡展”走进贵阳孔学堂图书馆[①]

2020年8月23日，由绍兴市文化广电旅游局主办的“2020阳明文化巡讲巡展”走进贵阳孔学堂图书馆。这是继“2019阳明文化巡讲巡展”活动走进大运河沿线图书馆以来新开辟的一条线路——王阳明之路公共图书馆联盟线，也是2020年此条线路继赣州市图书馆之后的第二站。

此次巡讲巡展活动以讲座授课和图文展览的形式，提炼、阐述王阳明的生平及其心学的文化内涵和思想渊源，将晦涩深奥的心学理论转化为公众易于理解和接受的方式加以生动解读，对阳明思想的传播推广和阳明心学交流合作具有特别的意义。

此次讲座，绍兴市王阳明研究会高级讲师朱越民以“阳明心学的文化价值”为主题，全面、生动地介绍阳明先生的一生事迹，并阐述其心学价值。讲座中，她谈到，中华优秀传统文化对于增强文化自觉和文化自信具有重要意义，它可以为人们认识和改造世界提供有益启迪，可以为治国理政提供有益借鉴。

① 信息摘录自《2020年“阳明文化”巡讲巡展走进孔学堂》，天眼新闻网，2020年8月23日。

同时，“圣贤之道——阳明的故事”展览在贵阳孔学堂举行，展览时间为2020年8月21日至9月20日。展览分立圣人之志、悟圣人之道、行圣人之行、传圣人之学、成圣人之事和绍兴阳明遗迹等六部分，全面反映了王阳明“立德、立言、立功”三不朽的一生。

据悉，贵州是阳明心学的起点，而浙江绍兴是阳明先生的长眠之地。浙江、贵州对于阳明先生一生，及其心学萌生、成熟、传播都具有非常特殊的地位。基于浙江、贵州两地与阳明先生的深厚渊源，以主题讲座、展览的形式弘扬阳明文化，对于两省民众了解学习阳明文化、碰撞思想火花、传递友谊之光，具有积极的推动作用。

（二十）“大型历史正剧《天地人心 · 王阳明》首次新闻发布会”在北京举办①

2020年8月23日，由国家广播电视总局2019年（广媒）字第89号立项报备，中国青年报社、共青团中央网络影视中心重点培育，并联合绍兴汉宁影视文化传播有限公司、宁波汉影文化传播有限公司共同出品的40集大型历史正剧《天地人心 · 王阳明》在北京梅地亚新闻中心举办首次新闻发布会。

中国青年报社党委书记张坤在致辞中说，习近平总书记指出：“王阳明的心学正是中国传统文化中的精华，也是增强中国人文化自信的切入点之一。”一个国家、一个民族不能没有灵魂。如何铸就中华文化新辉煌？如何传承和发展优秀传统文化？如何用新时代中国特色社会主义思想铸魂育人？也是正在加速媒体融合纵深发展、努力实现一流新型青年主流媒体目标的中国青年报社的使命与职责。虽然王阳明的一生充满传奇，但他和我们一样，是有血有肉、有情有义、有苦有乐、有彷徨有挫折的普通人。他从小立志，以“人人皆可成圣贤”的人生追求，以济困救世、明德亲民的家国情怀，以“夫人者，天地之心，天地万物，本吾一体者也”的宽阔

① 信息来源于《〈天地人心·王阳明〉举办首次新闻发布会》，《中国青年报》2020年8月24日。

胸襟，事上磨炼敢担当，知行合一致良知，成就了一番立德、立功、立言的大事业。他的成长成才，对于新时代青少年有很多教育启迪意义。

绍兴市委宣传部部长丁如兴在致辞中说，王阳明创立了以“心即理”“知行合一”“致良知”等为精髓的心学思想，他集思想家、政治家、军事家、教育家于一身，留下了极为丰富的思想文化遗产，至今仍具有穿越时空的历史价值和现实意义；而绍兴是王阳明生活时间最长、留下遗存遗迹最多的地方，也是阳明心学的萌发地、成熟地和传播地。

中国作家协会第八届全国委员会主席团委员、四川省作家协会主席阿来表示，文化蕴涵了很多值得人们深思的精神价值，应发挥其教育的作用。在中国历史上，王阳明是一个在中国知识分子中开一代风气、使中国文化发生巨大转变的人。他提出“知行合一”“理在心中”，也许我们今天就像王阳明悟道一样，在一个特殊的国际和国内形势下，重新提问中国文化的定义和前途。

余姚市社科联副主席黄士杰说，有更多人参与“阳明文化”的传承和弘扬，更好地从阳明心学中受到启发，汲取能量，是王阳明家乡人的骄傲。我们将不遗余力地为电视剧的拍摄提供帮助和支持，因为我们期待一部优秀的反映王阳明一生的影视剧作品已经很久了。

作为《天地人心・王阳明》总导演，李伟在发布会上特别提到，王阳明把“心”集成为“学”，更重要的是在其身后的500年里，人们越来越意识到王阳明提出的心学的重要性。我们要拍中国的历史正剧，中国的历史文化是全世界独一无二的宝库。我们有责任把真实的历史当中精彩的东西拿出来与后代讲。我们在追寻一种文化内涵，而其中最重要的一份遗产就是王阳明的心学。

据悉，《天地人心・王阳明》讲述的是明朝一代杰出思想家、政治家、军事家王阳明，为立德、立功、立言而探索奋斗的一生。他命途多舛，但少年立志、官署格竹、江北审囚、弹劾刘瑾、被陷遭贬，依然对真理追求不变，直到龙场悟道才开始走向光明，此后赣南剿匪、平定宸濠之乱，提出“心即理”“知行合一”“致良知”的心学之道，用自己一生的实践证明，人可以通过修身磨砺而成就一颗通透光明无私之心。梁启超先生尊他为“千古大师”，王阳明身上也体现了一种“人民至上、生命至上”的家国情怀。

这部讲政治、站位高、立意深、开放性的历史正剧，希望得到所有旨在传承和发展中华优秀传统文化的各地政府部门、社会各界人士支持，出品筹备、全媒体传播的过程，也是学习王阳明的过程，是文化传承取精华去糟粕的过程。

《天地人心·王阳明》于2021年6月开拍，争取面向央视和地方各主流卫视及海外发行传播。

（二十一）“阳明学在福建学术研讨会”在福建漳州召开①

2020年8月29日，由福建省政协文化文史和学习委员会指导，朱子学会、福建省闽南文化研究会主办的“阳明学在福建学术研讨会”在福建漳州召开。

福建省政协文化文史和学习委员会副主任逄立左，福建省闽南文化研究会会长林晓峰，漳州市人大常委会副主任李珊珊，漳州市人民政府副市长吴卫红，闽南师范大学副校长张龙海，漳州市政协原副主席李惜真，浙江省儒学学会会长吴光，朱子学会秘书长朱人求等70多名省内外的嘉宾学者齐聚一堂，共襄学术，共谋发展。

林晓峰认为，王阳明的功、德、言深刻影响了福建的地域文化，阳明学与闽学、闽南文化相互融合、相互促进。首先，众多阳明门人、后学入闽任职，发扬阳明先生“随地讲学”的精神，传经布道，深度影响福建学风。其次，《阳明先生集要》《居夷集》等一批阳明学著述在闽刊刻或由闽人辑刊，有力推动阳明学的传播发展、发扬光大。再者，闽南是阳明过

① 信息来源于《“阳明学在福建”学术研讨会在漳召开》，台海网，2020年8月30日；《挖掘·传承·弘扬：“阳明学在福建”学术研讨会部分嘉宾发言摘要》，《闽南日报》2020年8月31日。

化之地，也是阳明学的重要传播地。王阳明及其阳明学对闽南地区人文思想、社会发展产生了重要作用，影响了闽南人的思维方式，催生了李贽、黄道周、李光地、林语堂等一大批闽籍学者，使得追求思想解放、冲破限制束缚成为闽南文化的重要因子，强化了闽南人崇尚实用、追求功利的社会伦理价值取向，推动形成了冒险、务实、多元的闽南人文特性，同时批判“重农抑商”观念，推动闽南社会“重商”思想和商贸文化的形成。

吴光指出，当下的社会尤应弘扬“知行合一”“明德亲民”思想。明正德十二至十三年（1517，1518）间，王阳明在平定福建、江西、湖南、广东四省交界地区的山民暴乱之后，为安定民生、保障长治久安，先后奏请设立了福建平和、江西崇义、广东和平三个新县。其平乱设县的举措，具有三大作用和历史性意义：一是在经济社会发展的落后地区建立政治行政中心，有利于加强控制；二是有利于发展经济，安定民生；三是有利于兴办学校，振兴文教，化民成俗。当我们回顾王阳明不朽业绩，崇敬其鞠躬尽瘁、精忠报国的崇高品德时，尤应学习王阳明在千难万险中体悟出来的“良知心学”，不仅要知良知，更要行良知，要像王阳明那样真正做到“知行合一”“明德亲民”。这也是新时代“阳明心学与福建地域文化建设”的意义所在。

武夷学院教授张品端强调，阳明心学的一个突出特点就是“心理为一”，主张心与理的为一，是出于对实践道德的论证，将主观与客观融合统一，用先天道德性的内容把“心”与“理”沟通，把朱熹的“性即理”引向“心即理”，说明仁、义、礼、智不仅是客观的道德规范，而是每个人发自内心的要求，更是人心固有的天然本性。王阳明从“理学”向“心学”转变的第一步，是以其“知行合一”说为重要标志，他摒弃了朱熹的“知先行后”说，发展了陈淳的“知行无先后”“知行是一事”“知行统一”思想。王阳明认为“体用一源”，理气不可离，并提出了“心外无物、心外无理”的思想。

井冈山大学教授李伏明认为，一切历史都是现代史。后人之所以研究、纪念王阳明，是因为阳明学具有巨大的时代价值。必须充分挖掘运用阳明文化，弘扬其亲民、担当精神，回归世道人心的初点，将和谐稳定的地方政治秩序建立在服务民众的基础之上，进而建设更加富庶祥和的美好家园。要运用各种方法手段，展示并传承阳明文化中的亲民精神和初心意识，使其发扬光大。

平和县委宣传部副部长张山梁指出，福建阳明祠的修建过程反映了福建文化的多元包容。在武夷山、长汀、上杭、平和等王阳明经略、过化之地，于明嘉靖、崇祯及清康乾年间三个较为集中的时间段，先后修建11座阳明祠，以祭祀王阳明，铭记其捍患平乱之功，感念其施民教化之德。福建在修建阳明祠的过程中，体现了地方官府主导、阳明后学推动、朱王共融共建的地域特色，从一个侧面说明了福建文化的多元包容。可见，福建阳明祠的修建过程，也是体现福建朱王会通、共融发展的过程。

研讨期间，其他与会学者紧扣“阳明学与福建”的主题，从经济发展、地域文化融合、人文思想、社会治理、历史、哲学等角度，交流分享各自独特的见解，深入挖掘、探讨阳明学对闽南乃至福建的深刻影响及其时代价值、现实意义。

研讨会开幕式上，福建省闽南文化研究会、平和县委宣传部还分别向福建省政协文化文史和学习委员会、浙江省社科院哲学所、江苏省社科院哲学与文化所、武汉大学中国传统文化研究中心、贵州师范大学、井冈山大学、宁波市王阳明文化研究促进会、南安市委宣传部等8家单位赠送了《阳明先生集要》（崇祯刻本）影印本及《闽南传统民俗文化》。

据悉，2020年是一代大儒王阳明踏入福建513周年、《阳明先生集要》（崇祯刻本）在漳刻成发行385周年。王阳明与福建素有渊源，曾总制福建汀、漳二府军政四年之久，亲履漳南征伐剿寇，奏请设立平和县，为强化闽赣粤边界地区的社会治理做出了重要贡献。一直以来，阳明学在福建得到继承、弘扬和发展，深刻影响了一大批福建士子文人。从2018年起，漳州已连续举行“王阳明与平和”“阳明学与闽南文化”等多场阳明学专题学术研讨会。本次学术研讨会的举行，将进一步提升漳州在阳明学研究、传承和发展上的研究层次，为建设“富美新漳州”提供文化软实力。

（二十二）“阳明心学的当代价值学术工作坊”在贵阳孔学堂举办[①]

2020年9月12日，由贵阳孔学堂文化传播中心、贵州省孔学堂发展基金会主办的首期“孔学堂学术工作坊”举行，来自中山大学、复旦大学、贵州大学、贵阳学院及中华文化发展促进会和宁波市王阳明文化研究促进会等的阳明学研究专家，围绕“阳明心学的当代价值”这一主题进行深入交流与探讨。活动由中山大学哲学系教授冯达文主持。

全国政协委员王秦丰教授认为，在当代社会，王阳明的心学思想，特别是致良知的理念，对每一个人的修身都具有很大帮助。这个理念本身有形而上的意义，也有形而下的操作，是本体论，也是工夫论。而要修身，必须有形而上的理解，更要有形而下的工夫。“良知”是修身的本体，“诚意”是修身的关键，“知行合一”是修身的路径。

复旦大学哲学学院教授何俊结合阳明心学产生的历史背景表示，这一思想的主要价值，其实在于重新启蒙，唤醒人的主体性，让每个人都成为自己的主人，避免把别人的脑袋安在自己身上。同时，阳明心学存在一定的弊端，那就是让人动辄站在道德高地，以个人价值判断和要求他人，从而导致师心自用和悬空思考。

中华文化发展促进会副会长叶克冬结合历史上不同时代对待阳明心学的态度，认为当前应该学习王阳明思想理论上敢于挑战权威、追求真知的大无畏精神；学习他善于思考、潜心钻研的治学态度，以及知行合一、学而行之的务实作风。宁波市王阳明文化研究促进会会长陈利权研究员从世界文化交流融合的角度，阐述了“阳明心学是佛教中国化发展的完成”的观点，以及当下传承和弘扬阳明心学的意义。

此外，贵阳学院阳明学与黔学研究院院长赵平略教授结合当前社会的实际，认为知识分子需要一种责任感，对国家和民族的担当，以及面对权

---

① 信息来源于《贵阳孔学堂“学术工作坊”首期　专家共论阳明心学的当代价值》，天眼新闻网，2020年9月12日。

力失误时，作为知识分子的个体该如何正确选择。贵州大学阳明学研究中心主任张明副教授从王阳明在贵州的历史出发，分享了一代大儒的“贵州经验”，那就是文化的教化、民族的融合和边疆的巩固。中山大学哲学系教授李萍则从历史社会变迁及伦理学的角度，分享了克服“教育和约束别人”弊端的为己之学的意义。

贵阳孔学堂文化传播中心主任索晓霞研究员表示，此次学术工作坊的举办，专家学者们不仅分享了自己的深刻见解，更在方法论上带来了更大的视野，从更大的时空观来思考阳明心学，用一种世界文明的眼光来研究阳明心学，不仅角度新颖，而且见解深刻，富有启发意义。2020年起，孔学堂高等研究院将以“学术工作坊”的形式，每年邀请国内专家学者，以阳明学为主要内容，通过系统、广泛的学术讨论，充分、深入地挖掘阳明思想的当代价值，着力推动阳明文化“创造性转化、创新性发展”。

（二十三）“贵州省阳明学学会2020年学术年会暨王阳明亲民思想学术交流会”在贵州修文举行①

2020年9月19日，由贵州省民政厅、省文联指导，贵州省阳明学学会、修文县委宣传部、修文县文联主办，贵州旅游投资集团有限公司承办的“贵州省阳明学学会2020年学术年会暨王阳明亲民思想学术交流会”在位于贵州省修文县龙场镇的中国阳明文化园·龙冈书院内举行。贵州省人大常委会原副主任、“阳明心学·龙场论坛”秘书长顾久教授，贵州省文联人事部负责人刘小峰，修文县委宣传部部长肖伦文等出席。

9月19日上午，“王阳明亲民思想学术交流会”举行，贵州大学出版社副社长龚晓康教授就““亲民”何以不可作“新民””做主题发言，贵州师范大学教授王进就““一视同仁”与政治之何以可能——王阳明“亲民”思想之思考”做主旨发言，贵州省委党校哲学教研部主任漆明春教授

① 信息摘录自《贵州省阳明学学会2020年学术年会暨王阳明亲民思想学术交流会举行》，天眼新闻网，2020年9月20日；《贵州省阳明学学会换届　王路平当选第二届会长》，《贵阳日报》2020年9月21日。

就“阳明的民本思想及当代价值”做发言，修文县文联主席李小龙就“王阳明亲民思想的龙场实证”做学术交流。顾久教授做交流会总结点评，肯定了四位学者从不同角度提出的思考，并提出阳明学在古今、在中外应当如何更好、更深地发展和运用等问题，供与会学者思考和研究。

9月19日下午，“贵州省阳明学学会第二次会员代表大会”召开。会议听取、审议并通过了《贵州省阳明学学会首届理事会工作报告》，听取并通过了《贵州省阳明学学会关于修改学会章程的说明》《贵州省阳明学学会第二次代表大会选举办法（草案）》，随后，举行了贵州省阳明学学会第二次会员大会第一次全体会议，以无记名投票方式，选举产生了由27位同志组成的理事会。通过贵州省阳明学学会第二届理事会第一次全体会议选举，王路平当选贵州省阳明学学会第二届理事会会长，王进、李小龙、张其鹤、赵典友、唐安、龚晓康、漆明春当选为副会长。新当选理事会会长王路平在发言时指出，贵州省阳明学学会将以坚守良知为底线，以弘扬阳明文化为己任，以复兴黔中王学为使命，进一步加强组织建设，提高阳明学研究队伍的整体素质和学会工作水平，加强学会对外交流合作，继续推进阳明学研究向更广、更高、更深的领域发展。

修文县委宣传部部长肖伦文在闭幕会上讲话，代表修文县对贵州省阳明学学会第二次会员代表大会的召开及新当选的理事会成员、会长、副会长表示热烈祝贺，对贵州省阳明学学会会址落户修文龙冈书院表示热烈欢迎。他表示，修文作为王阳明先生谪居悟道之地，贵州省阳明学学会会址迁到修文是一种回归。学会回归修文后，将更有源头活水，更有底气自信。学会落户修文后，修文县将尽全力支持学会的各项活动开展，并将用好学会资源，为修文的国际阳明文化节、“阳明心学·龙场论坛”等活动做好参谋和支撑。

（二十四）“王阳明与阳明湖文化旅游学术研讨会”在江西崇义举行①

2020年9月19日，由中国明史学会王阳明研究分会、崇义县委宣传部、赣南师范大学王阳明研究中心共同主办，崇义县文广新旅局、过埠镇人民政府共同承办的“王阳明与阳明湖文化旅游学术研讨会”在江西省崇义县过埠镇举行。来自广东省河源市、和平县，以及赣州章贡区、南康区、龙南市、大余县等阳明行经地嘉宾代表、50多位专家学者齐聚阳明湖湖畔，通过实地考察、主旨发言、探讨交流等方式，共襄学术，共谋发展。

学术研讨期间，赣南师范大学国学研究院院长周建华、中国明史学会王阳明研究分会理事董华、赣南师范大学王阳明研究中心主任李晓方分别就“王阳明与阳明湖的文化打造与旅游开发”“关于崇义过埠暨阳明湖阳明文化的历史定位”“回归常识　讲好阳明故事　助推崇义旅游发展”做了主旨发言。赣州市文广新旅局培训站站长黄斌提出“演绎阳明实景剧”的建议，赣南师范大学国学院教授王利民提出“打造阳明养生文化”的设想，赣州阳明文旅董事长黄丽虹就“王阳明乡村治理思想的现代意义”做了发言。其他与会专家紧扣“阳明学与阳明湖”的研讨主题，从经济发展、地域文化融合、人文思想、社会治理、历史、哲学等角度，深入挖掘、探讨了阳明学对阳明湖的深刻影响及其时代价值、现实意义。

崇义县文广新旅局局长朱华文介绍说：“崇义县一直致力于推动阳明文化与旅游融合发展。下一步，我们将找准阳明文化与阳明湖景区的切入点、着力点，以景区为载体，以文化为依托，以项目为抓手，将阳明文化植入景区，丰富景区游览体验，做好文化、旅游融合互动发展的文章。”

① 信息摘录自《王阳明与阳明湖文化旅游学术研讨会在我县召开》，《崇义手机报》第2217期，2020年9月21日。

（二十五）“多元视域下阳明学与思想教育理论的当代建构学术研讨会”在江苏南京召开①

2020年9月20日，由东南大学教育部高校思想政治工作创新发展中心、东南大学中国传统文化发展与教育研究中心、东南大学中国特色社会主义发展研究院主办，东南大学马克思主义学院承办的第三届“中华优秀传统文化与思想政治教育”高层论坛“多元视域下阳明学与思想教育理论的当代建构学术研讨会”在南京召开，会议以“线上＋线下”的方式进行。来自华东师范大学、复旦大学、南京大学、中国人民大学、上海交通大学、山东大学、同济大学、北京师范大学、上海大学、上海财经大学、黑龙江大学、浙江省社科院、中华书局、《江淮论坛》杂志社等全国多所高校、科研机构和书院的专家学者共50余人出席了此次会议。

东南大学马克思主义学院院长袁久红教授在研讨会开幕上致辞，指出源远流长且博大精深的中华优秀传统文化既为当代马克思主义理论研究提供了丰富的思想与理论资源，也为推动思想理论教育的创新发展提供了深厚的力量，东南大学思想政治理论课“创优行动计划”高度重视中华传统文化的地位与价值，期待本次会议能够围绕阳明文化资源与思想教育理论的当代建构这一主题为思想理论教育的创新发展提供新的智慧。

会议主旨发言阶段，华东师范大学教授杨国荣指出，阳明心学的世界观中凸显出对个体的高度关注，其内在包含的万物一体说、良知说、知行合一说、物事说等不仅引导我们重新思考自由、正义等问题，同时还启示我们在当前思想政治理论教育中要注重培育学生独立思考的能力、健全的价值观、科学的实践观等。复旦大学教授吴震指出，泰州学派具有草根化、民间化特色，其以“良知现成说”“日用即道说”“满街圣人说”“乐学乐道说”为核心内容，将儒家学说世俗化，在将儒家思想转化为日常行动之道方面发挥了重要贡献。南京大学教授徐小跃提出，应站在

① 信息来源于《第三届“中华优秀传统文化与思想政治教育”高层论坛“多元视域下阳明学与思想教育理论的当代建构”学术会议在南京顺利召开》，东南大学新闻网，2020年9月23日。

历史唯物主义的视角下，从阳明学的产生背景及问题意识、阳明学提出的解决问题之道及阳明学思想体系的核心本质三方面深刻把握阳明心学及其现代价值。南京大学教授李承贵认为，阳明学的特征决定了其与思想理论教育融合具有现实可能性，在融合过程中要注重对阳明学中“心即理”的内在构造与运行过程的理解与掌握。

会议主题汇报阶段，学者们围绕阳明学的教育思想意蕴、阳明学教育思想的当代发展、阳明学的书院实践与教育理论等三个主题展开了热烈讨论。

关于阳明学的教育思想。黑龙江大学教授魏义霞对近代阳明学研究的六种范式和形态进行了归纳，并指出近代哲学家对王阳明思想的阐发再现了阳明学对中国近代哲学的影响及其在中国近代的传播轨迹，这不仅为当代解读王阳明思想提供了多种样式和选择，而且为当代教育提供诸多启迪。中国人民大学教授温海明以易学为切入点，在心易结合的基础上探讨了阳明学中蕴含的思想政治教育理念，强调要在阳明学易悟易之中反思当今的思想政治教育。上海财经大学教授郭美华通过分析朱熹和王阳明对孟子的《尽心》章、《知性》章的不同理解，论证了儒家的“知行合一”思想、圣人的天生观及人的生存论的可能性问题，并引申出思想政治教育要具有连续性、现实性等特征。上海大学教授吴立群指出，王阳明的知行观强调格物致知无内外之分，知行合一是一个动态展开过程，由此表明教育不仅是知识传授，而且是一种知行合一、启发心智的意义教育。同济大学副教授陈畅指出，阳明心学的形上学思路是对社会政治秩序问题的最深层回应，其致力于探讨“个体”时代社会秩序何以可能的问题。江苏省社会科学院哲学与文化研究所博士焦德明指出，王阳明的“立志”思想强调求为圣人之志是为学根本，“志”贯穿为学始终，“立志”表现为志立专一。东南大学教授陆永胜指出，从哲学、思想史背景看，王阳明的“知行合一”本身构成一种工夫哲学体系，具有自身的理论效力与实践能力，在当代话语语境中，对王阳明“知行合一”的理解具有多层面性，其本身饱含德教和政教的意蕴，呈现出多层面的理论特征。

关于阳明学教育思想的当代发展。东南大学教授马刘魁在当前脑机接口技术发展背景中分析了“致良知”在现代社会面临的困境，提出当前必须要赋予“致良知”新的时代内涵，并借助科学技术为致良知教育探索新的发展机遇。浙江省社会科学院副研究员张宏敏指出，王阳明良知心学的实质是一种道德主义教化之学，这对于完成思政课“立德树人”任务的启示意义在于，在教育实践层面以人文素质和道德教育为优先，同时还要兼顾知识教育和技能教育，在教育过程中要关注每一个学生的全面发展、和谐发展、持续发展和终身发展。茅山书院蒋门马指出，王阳明心学蕴涵着修炼成圣人的方法，即“致良知”与“知行合一”，借鉴其方法对于提高党员干部的个人修养具有重要价值。

关于阳明学的书院实践与教育理论。北京师范大学—香港浸会大学副教授吴炳钊通过梳理和分析王阳明的书院实践和理念，揭示了阳明学思想政治教育的基本特点，并指出这些特点显示了王阳明在思想教育方面的创造性，在当代仍具有深刻的借鉴价值。江苏科技大学副教授崔海东详细介绍了阳明后学所涉及的三十所书院的发展进程及特点，强调其对于形成阳明学传播基地，推进阳明学深入民间具有重要意义和影响。

东南大学教授陆永胜做研讨会的总结发言。他认为此次学术会议的圆满召开取得了丰硕的成果，为阳明学与思想教育理论建设提供了丰富的思想资源、多种理论向度、研究视角和实践路径，会议深入探讨了诸多范畴和命题，揭示了理论研究的可能限度。阳明学作为中华优秀传统文化的精华，其本身含有丰富的思想政治教育理论资源，在新时代语境下，对其进行创造性转化和创新性发展，阐发其在思想政治教育中的当代价值具有广阔的研究空间和重要的现实意义。

（二十六）“《山阴光相桥王氏宗谱》编纂工作学术研讨会”在浙江绍兴召开①

2020年10月11日，“《山阴光相桥王氏宗谱》编纂工作学术研讨会”在绍兴举行，来自全国各地的阳明学研究专家和王氏宗亲代表商讨《山阴光相桥王氏宗谱》编纂工作。

早在2019年4月4日，绍兴市王阳明研究会召开了“《山阴光相桥王氏宗谱》修编工作会议”，正式成立绍兴《山阴光相桥王氏宗谱》续修委员会，委托绍兴市家谱协会落实王氏宗谱编纂工作小组成员的组成工作，并由会长郭欢裕兼任工作小组组长，主持编纂工作。经过修谱专家们的努力，目前已搜集民国时期及以前的绍兴（府）县志有关光相桥王氏资料，征集钱明、王诗棠、傅振照、钱茂竹、李永鑫、张炎兴等一批学者对阳明先生及裔孙的著述和文章，并对这些研究文章进行细致的考证。同时也收到了《阳明先生年谱引证》《姚江秘图山王氏家族研究》等书籍和参考资料。修谱专家们还前往重庆、贵州等地进行现场考证，取得许多收获。目前，王氏宗谱编纂工作小组决定将谱名定为《山阴光相桥王氏宗谱》，堂号名为德逸堂，山阴光相桥王氏始迁祖为王华。

绍兴市王阳明研究会会长张校军表示，经过一年多的寻访、研究、考证和资料收集等，《山阴光相桥王氏宗谱》编纂工作可以启动，王阳明在绍兴的王氏宗谱可以修谱了。

《山阴光相桥王氏宗谱》续修委员会副主任王书翔表示，作为阳明先生后裔，愿为编纂好《山阴光相桥王氏宗谱》尽自己的绵薄之力。《山阴光相桥王氏宗谱》如能编纂修成“正果”，将是整个王氏家族的荣耀，也是绍兴继承和弘扬阳明学说的具体表现。

绍兴市佛教协会会长、炉峰禅寺方丈净芳表示，盛世修谱，传承文明，追思先贤，启迪心性。在绍兴市王阳明研究会的引领和绍兴市家谱学

---

① 信息来源于《弘扬和继承阳明学说又一力作！山阴光相桥王氏宗谱编纂工作启动》，绍兴网，2020年10月12日。

会的指导下，有关专家学者跋山涉水，开展田野调查，奔赴贵州、重庆、四川、北京、山西、山东和浙江余姚、杭州、上虞等地，考察王阳明后裔遗址，查阅历史档案，讨教前辈大德，走访王氏族人，甄别资料信息，做了大量的工作，淘沙取金，去芜存菁，搞清了许多似是而非的史实，取得了丰硕的成果，这对《山阴光相桥王氏宗谱》的编纂工作是有力的促进和莫大的帮助。

（二十七）“2020 阳明心学大会新闻发布会”在浙江绍兴召开①

2020年10月16日，“2020阳明心学大会新闻发布会”在浙江绍兴召开。发布会上，绍兴市委宣传部常务副部长徐荻表示，从2020年开始，绍兴市人民政府将携手国际儒学联合会、中国哲学史学会，每年在绍兴举办“阳明心学大会”；举办“阳明心学大会”是为了进一步推动阳明心学在国内外的研究及传播，全面提升阳明心学在国内外的影响力，打造阳明心学高地。

“2020阳明心学大会”举办时间定于10月30日至11月1日，主题为“阳明心学与社会治理”。10月31日上午举行大会开幕式，10月31日下午及11月1日上午分别举行天泉会讲、阳明心学与企业家精神、阳明心学与胆剑精神、首届全国大学生知行合一传习论坛等四个分论坛。在此期间还将有阳明考古成果、阳明文化创意展、大学生话剧《千古一圣王阳明》、首届“阳明之路”书画篆刻大赛开展、阳明书舍开馆等活动。

（二十八）“大岚镇隐地龙潭村‘龙溪’揭碑仪式”在浙江余姚举行②

2020年10月18日，由余姚市大岚镇党委、大岚镇人民政府主办，大岚

① 信息来源于《官宣！绍兴举办“阳明心学大会”时间定了》，绍兴网，2020年10月16日。

② 信息摘录自《大岚镇隐地龙潭村“龙溪”揭碑仪式今天举行》，余姚新闻网，2020年10月18日。

镇隐地龙潭村村委会承办的“大岚镇隐地龙潭村‘龙溪’揭碑仪式”在浙江余姚龙潭自然村举行。本次活动特邀宁波市政协常委、社会法制和民族宗教委员会主任陈利权和余姚市委常委、宣传部部长王娇俐为“龙溪”碑正式揭碑。

在揭碑仪式上，余姚市政协常委、余姚书画院副院长计文渊介绍了“龙溪”的来历与概况，姚江文化研究会会长诸焕灿介绍余姚王氏家族史，王氏宗亲代表诵读《王氏家训》，崇德向善，见贤思齐，家风千载，垂训子孙。

据悉，明正德八年（1513）六月，王阳明率道友、弟子数人到四明山游学。途经姐溪，众人嫌溪名不雅，纷纷提议改名。几经探讨，最后决定采用王阳明提出的“龙溪”。此后，王阳明继续率众人沿溪而上，探龙溪之源龙潭，夜宿附近的隐地村远族宗亲家。为纪念此事，同时也为了传播和弘扬阳明文化，隐地龙潭村特在此地铭刻“龙溪”石碑。

近年来，余姚市大岚镇在充分挖掘、弘扬阳明文化上下功夫，不断丰富拓展镇域文化内涵，努力“把文化软实力转化为发展硬实力”，通过修缮王氏宗祠、布展阳明文化墙、立阳明先生塑像等方式，致力于将隐地龙潭村打造成阳明故里的阳明文化教育传承基地。

（二十九）“2020宁波（余姚）阳明文化周活动新闻发布会”在浙江宁波举办①

2020年10月20日上午，宁波市人民政府新闻办公室召开新闻发布会。宁波市委宣传部副部长任学军，宁波市社科院副院长、宁波市社科联副主席童明荣，余姚市委常委、宣传部部长王娇俐就近年来宁波市阳明文化建设主要工作、“2020宁波（余姚）阳明文化周活动”情况进行介绍并答记者问。

① 信息摘录自《2020宁波（余姚）阳明文化周月底开幕！多项重磅活动等你参加》，《宁波晚报》2020年10月22日。

据悉，2020年10月31日是著名的哲学家、政治家、军事家、文学家王阳明548周年诞辰日。10月30日至11月5日，以“阳明故里·良知善治”为主题的“2020宁波（余姚）阳明文化周活动”将在宁波余姚隆重举办。本次活动继续邀请中国历史研究院作为指导单位，国家、省、市有关领导，国内外从事阳明文化研究的著名专家学者出席。

1.宁波市委、市政府高度重视阳明文化建设

浙江省省长郑栅洁在宁波工作期间，曾多次对阳明文化建设工作做出指示，就深入弘扬阳明文化、提升宁波阳明研究水平提出了明确要求。中共宁波市委十三届八次全体（扩大）会议提出要努力当好坚定文化自信、繁荣发展社会主义先进文化的模范生，推动阳明文化等优秀传统文化的创造性转化、创新性发展。

（1）阳明文化研究阐释不断加强。2017年10月，浙江省首个以弘扬阳明文化为宗旨的非营利性社会团体——宁波市王阳明文化研究促进会成立。2018年11月，成立宁波市王阳明研究院。2018年，面向全国公开招标立项《王阳明大辞典》等6项阳明心学系列研究重大课题。由浙江大学、宁波大学等高校和余姚市社科联联合开展的阳明古镇武胜门片区文化商旅布局和功能定位课题研究已完成12个。全市每年组织开展“阳明文化五进”活动150余场次。先后编撰出版了《王阳明诗文选》《2019宁波（余姚）阳明文化周学术成果集》等一批研究成果。

（2）“阳明古镇”建设有序推进。“阳明古镇”项目于2019年开工。目前，总投资1.3亿元的府前路片区古建筑修缮和姚江边休闲街仿古建筑修缮工程即将完工，已有30余家引领性、品牌性的新兴文化企业入驻，2020年“阳明文化周”期间将举行开街仪式。初步编制了武胜门历史街区旅游策划方案，山后新村地块在2020年10月完成土地出让，武胜门街区已启动征用意愿调查。

（3）“姚江书院”重建完成初步规划。把“姚江书院”重建项目定位为阳明古镇建设的标志性建筑项目，项目选址在王阳明故居西侧，建筑风格为仿明清，在多次组织专家进行论证的基础上，形成重建规划方案初稿。规划中的书院总建筑规模约16280平方米，主要包括展示、会务、讲学、研修、藏书、出版、对外交流、祭祀等功能。书院建成后，由政府管理，与余姚市社科联合署办公，配备一定的研究人员编制。

（4）阳明文化弘扬氛围日渐浓郁。由浙江省委宣传部、浙江省文化产业投资集团、北京伯璟文化传播有限公司、宁波市委宣传部、余姚市政府投资1500万元联合出品的纪录片《王阳明》已完成摄制，将于2020年底在央视播出与观众见面。浙江省委宣传部牵头，宁波全力参与并以余姚等地为主要取景点的电视连续剧《阳明传》也在抓紧创作中。

2.“2020宁波（余姚）阳明文化周活动”安排

“2020宁波（余姚）阳明文化周活动”继续按照以往的“1+3”模式举办。“1”就是“礼贤仪典”和“开幕式”。“礼贤仪典”于10月31日上午在阳明故居广场举行。“开幕式”在宁波太平洋大酒店举行，同时将举办纪录片《王阳明》发布和“姚江书院”重建方案发布仪式。“3”就是设置“主题论坛篇”“传承弘扬篇”“创造转化篇”等三大篇章。“主题论坛篇”设置中天阁论道：“阳明心学与良知善治”主题峰会，中天阁论道：《姚江书院志略》发行仪式暨“姚江书院”重建研讨会，中天阁论道：康震专场——阅读王阳明的一点感受、“从阳明心学到浙东学派——演进转型的文化价值与当代启迪”研讨会、宁波阳明心学研究重大招标课题成果发布研讨会等5项活动。

“传承弘扬篇”设置先贤遗泽——王阳明、朱舜水、黄宗羲遗墨文献展、“王阳明祖居地”纪念馆开馆仪式、“此心光明”阳明文化笔会、“阳明文化丝路行”活动、阳明文化“五进”活动等5项活动。

“创造转化篇”设置阳明古镇府前路历史文化街开街仪式、“阳明心学传承与企业管理优化”访谈、“实学家故里行”全国融媒体采风行动暨“阳明故里杯”中国微广播剧大赛等3项活动。

3.“2020宁波（余姚）阳明文化周活动”主要特点

（1）这是一场阳明文化的盛会。将以“阳明故里·良知善治”为活动主题，邀请国内知名阳明学专家举办“阳明心学与良知善治”主题峰会，深入挖掘阳明先生“致良知”“知行合一”思想精髓，进一步树立“阳明故里、心学圣地”的城市文化形象和文化品牌。

（2）这是一次全民参与的活动。为深入推进阳明文化大众化传播，吸引广大群众积极参与，安排了“公祭王阳明”礼贤仪典、阳明文化“五进”（组织与会阳明学专家和本土阳明学专家走进农村、社区、企业、学校、机关开展宣讲）、展出余姚先贤遗墨文献等活动，让群众成为活动的主体，参与到阳明文化传承弘扬活动中来。

（3）这是一个推进发展的平台。宁波（余姚）紧紧围绕推进优秀传统文化创造性转化和创新性发展的目标，把“阳明文化周”打造成为文化产业创新发展平台。全力推进“阳明古镇”项目建设，推动阳明古镇府前路文化街于“阳明文化周”期间开街，努力将其打造成为市民感悟文化、休闲生活的好去处。

附：答记者问

记者问：宁波的“四知精神”为什么将“知行合一”放在首位?

任学军答：习近平总书记提到“王阳明的心学正是中国传统文化中的精华，也是增强中国人文化自信的切入点之一”。宁波余姚是王阳明的出生地、成长地和讲学之地，多年来我们一直致力于阳明文化的研究、推广与传播，努力使阳明心学思想在新时代展现出更多的时代价值。我们新的宁波精神“四知精神”将宁波余姚先贤王阳明的“知行合一”放在首位，就是想通过阳明文化的传承弘扬，大力倡导“致良知”“知行合一”的理念，努力使王阳明的从小立志做圣人的理想、为国为民的情怀和勇于担当的品质成为宁波市民群众的人文精神和追求目标。我们将从三个方面着手：一是统筹资源加大整合力度。阳明故里在余姚，阳明思想不仅在余姚，也在宁波、在浙江、在中国、在全世界。既要统筹全市资源，如宁波的高校资源、各类智库研究平台、人力财力资源等，也要加强与海内外阳明学术研究专家的合作，统一谋划，全面推进，大力开展阳明文化建设，积极打造“阳明故里・心学圣地”文化品牌，努力使“阳明文化”成为宁波一张闪亮的文化名片。二是推进阳明文化挖掘研究。阳明文化博大精深，在中华优秀传统文化中具有特殊的魅力和地位，我们研究、阐释、传播阳明思想、阳明文化，是为了发现阳明心学的当代意义和实践价值。比如说，阳明思想与中国近代思想启蒙的关系是什么？为什么在余姚接连不断出现思想大家？我们要利用社科研究人员和各类智库平台开展阳明文化的挖掘和研究，用阳明心学思想帮助我们解决当下的现实问题、社会矛盾和心理困惑，让阳明文化与时代接轨，“活”在当下，成为指导和推进经济社会高质量发展的催化剂。三是实现创造性转化创新性发展。习近平总书记在党的十九大报告中，提出要“深入挖掘中华优秀传统文化蕴含的思想观念、人文精神、道德规范，结合时代要求继承创新，让中华文化展现出永久魅力和时代风采”。浙江省委书记袁家军在2020年省委党校秋季开学典礼上指出，要增强文化自信和文化自觉，大力发展以浙江历史为依托的传统文化。我们要汲取优秀传统文化中的精华，或以新的形式改造，或以新的创意再造，或赋予新的动能，或增加新的元素，使其成为培育和践行社会主义核心价值观、推进经济社会高质量发展的助力，打造新时代思想文化高地，为当好“重要窗口”模范生交出文化高分报表做出新的贡献。

记者问：近年来，宁波市阳明文化阐释研究方面的主要工作及下步打算是什么？

童明荣答：近年来，宁波市社科院（市社科联）按照市委、市政府的部署要求，在市委宣传部的指导下，组织开展了一系列阳明文化挖掘研究工作。通过构建阳明研究平台、开展系列课题研究、组织阳明文化专著编撰，推动阳明文化的传承和弘扬。接下来，将努力提升阳明研究平台级别、加强阳明文化课题研究、打造阳明文化研究标志性成果、构建阳明文化研究团队，力争打造成为全国阳明文化研究的响亮品牌，助推宁波成为国内阳明文化研究的学术高地。

记者问：今年的“阳明文化周”有哪些亮点特色？

王娇俐答：一是活动层级不断提升。中国历史研究院继续作为指导单位参与活动，还邀请了全国知名的阳明学专家参与。二是活动形式不断丰富。既有传统的论坛讲座、展览展示等，又有“王阳明祖居地”纪念馆开馆、阳明文化笔会等，还有针对后疫情时代企业发展的“阳明心学传承和企业管理优化”研讨，更有推进优秀传统文化传承发展的“姚江书院”重建方案研讨等活动。三是群众参与更加广泛。我们将举办群众性阳明文化系列活动（主要有中天阁论道：康震专场——阅读王阳明的一点感受；阳明文化走进新疆库车的“阳明文化丝路行”；阳明文化“五进”基层活动等），推进阳明古镇府前路历史文化街的建设，并举行开街仪式。

（三十）“王阳明祖居地纪念馆开馆仪式”在浙江余姚大岚镇举办①

2020年10月30日上午，“王阳明祖居地纪念馆开馆仪式”在浙江余姚大岚镇隐地龙潭村举行。余姚市委常委、宣传部部长王娇俐，浙江省社会科学院研究员、浙江省儒学学会会长吴光和江苏省社会科学院哲学与文化研究所所长胡发贵共同为纪念馆揭幕。

随后，在王阳明祖居地大岚镇隐地龙潭村的文化礼堂，吴光向该镇机关干部、群众分享了自己在阳明学研究过程中的心得，并从宏观角度概述了王阳明的生平事功及其思想主旨与基本精神，激发了广大干部群众传承阳明文化、共建美丽乡村的热情。

据悉，余姚市大岚镇隐地龙潭村是王阳明的祖居地。为打造阳明文化教育传承基地、传播和弘扬阳明文化，大岚镇于2020年8月开工建设“王阳明祖居地”纪念馆，总投资150余万元，同年10月完工。纪念馆占地面积约500平方米，分“王阳明祖居地”展示厅和隐地大会堂两部分，其中展示厅面积约250平方米，分为“浙东王氏、瓜瓞延绵”“姚江王氏、蜚声中

① 信息摘录自《“王阳明祖居地”纪念馆开馆》，余姚新闻网，2020年10月30日。

外”“隐地林茂、龙潭源长”三部分，运用了立体造景、镂空投影、互动场景等现代技术，详细介绍了姚江王氏家族传承、王阳明生平及王阳明在隐地龙潭村研学的故事。

（三十一）“首届‘阳明之路’书画篆刻大赛开展仪式”在浙江绍兴举行①

2020年10月30日下午，由中国教育战略发展学会传统文化专业委员会、浙江省儒学学会主办，绍兴市王阳明研究会、绍兴市文化馆等单位承办的“首届‘阳明之路’书画篆刻大赛开展仪式”在绍兴市文化馆举行。浙江省儒学学会会长吴光、江苏省社会科学院哲学与文化所所长胡发贵、浙江国际阳明学研究中心主任钱明、中国东方文化研究会阳明文化委员会会长王梅林、浙江省社会科学院哲学所副所长张宏敏、绍兴市王阳明研究会会长张校军等嘉宾出席开展仪式。

据悉，“首届‘阳明之路’书画篆刻大赛”分儿童组、青少年组、大学生组和社会成人组，对阳明文化有一定学习兴趣和了解的全国书法、绘画和篆刻爱好者均可投稿参赛。大赛自2020年6月发布征稿启事以来，共收到广东、福建、贵州、江西、江苏等二十余个省份、自治区及直辖市800多幅稿件。经过初选和复选，浙江省书法家协会原主席鲍贤伦亲临评选现场指导，评出入围作品200余件，获奖作品40件。获奖入展作者将颁发获奖证书、入展证书，并赠送《“阳明之路”首届书画篆刻大赛优秀作品集》。学生组获奖作者，还将获得绍兴“阳明之路”主题免费“研学游”一次。

绍兴市王阳明研究会秘书长、绍兴市阳明小学校长马士力指出，这次以“阳明之路”为主题的书画篆刻比赛活动，以弘扬阳明文化为目的，以阳明先生足迹为辐射点向全国征稿。这不仅是一次阳明行迹地的联合书画艺术活动，更是阳明心学思想的普及弘扬活动。本次大赛的参赛作品，创作的内容主要是王阳明的诗文、书信、奏疏、公文及闪耀其间的数百条名

① 信息来源于《看展去！首届“阳明之路”书画篆刻大赛今日开展》，绍兴网，2020年10月30日。

言警句，这是阳明心学经典的一次大展示，更是用艺术手段对心学思想的一次阐释，意义十分深远。

（三十二）“2020 阳明心学大会”在浙江绍兴举办①

2020年10月31日至11月1日，由国际儒学联合会与绍兴市人民政府、中国哲学史学会共同主办的“2020阳明心学大会”在浙江省绍兴市召开。此次心学大会的主题是“阳明心学与社会治理”，来自全国的阳明学研究专家、企业家代表、高校学子等共400余人参加了此次大会。

开幕式上，绍兴市委书记马卫光，国际儒学联合会副理事长、中国哲学史学会会长陈来，南昌市委宣传部部长龙和南，浙商总会副会长竺福江，浙江省社会科学界联合会副主席陈先春分别做了大会致辞。

马卫光代表绍兴市委市政府向到会的嘉宾表示热烈欢迎。他说，阳明心学是中国优秀传统文化的精华，既是治心治身的大学说，更是治国治世的大学问。作为阳明心学发端地、成熟地和传播地，绍兴将切实加强王阳明遗迹遗存保护利用和阳明文化普及教育工作，把“致良知”“知行合一”等思想精髓与社会主义核心价值观融合起来，使其深入人心，更好地把阳明心学转化为促进社会和谐的实际成效。他希望各位专家学者结合党的十九届五中全会精神和生平所学，立时代潮头、通古今变化、继往圣绝学、发思想先声，积极研究和推广阳明心学蕴含的社会治理思想，创新化古，推动阳明心学融入时代、走向社会、落地升华，帮助绍兴乃至全国和世界上更多城市提升社会治理能力和水平，为推动人类社会发展进步贡献更大力量。

陈来首先转达了国际儒学联合会会长刘延东预祝大会圆满成功的良好祝愿。他在致辞中表示，浙江是文化大省，实为人文渊薮；会稽钟灵毓秀，更是人杰地灵。悠久的历史和深厚的文化底蕴，使绍兴在不同历史时

① 信息摘录自《2020阳明心学大会在浙江绍兴开幕》，人民网，2020年10月30日；《探寻时代价值 2020阳明心学大会今开幕》，央广网，2020年10月31日；《探寻阳明心学与社会治理的现代意义 2020阳明心学大会今日开幕》，环球网，2020年10月31日。

期涌现了许多杰出人物，诸多思想大师对中国思想史的历史走向产生了全局性的影响，王阳明便是其中的突出代表。他所创立的以“致良知”为核心要义的心学哲学体系在中国思想史上占有重要的地位，其所创立的心学思想不仅震动当时，影响后世，而且流播海外，形成域外阳明学派，王阳明可谓是具有世界性影响的伟大哲学家。当前，基于经济发展的全球化将世界各国利益和命运更加紧密地联系在一起，形成了你中有我、我中有你的命运共同体。今天，中国对世界经济的发展做出了不可替代的贡献，中国深厚的文化与充满智慧的思想学说同样能够为人类命运共同体提供有效的精神支撑。本次大会以“阳明心学与社会治理”为主题，体现了试图把阳明心学转换为现实生活实践的积极努力。诚如孔子所说：“人能弘道，非道弘人”，人的现实生活实践正是实现文化的内在价值，体现创造性继承与创新性发展的最直接的有效方式。因此，期待着在绍兴市委、市政府的积极倡导与大力弘扬下，绍兴人民能够切实实践阳明心学，真正使阳明心学走进人心，走进生活，在人民的实践中去体现阳明心学的真正效用。近年来，国际儒学联合会、中国哲学史学会与绍兴市人民政府在阳明文化建设、教学、传播乃至中国传统思想研究领域，开展了卓有成效的合作，取得了良好的效果。本次大会的成功举办，即为合作的成果之一。希望通过此次大会，使三方合作更加紧密、更加有效，以进一步推动阳明心学及中国传统思想文化的传承、转化与创新。

浙江省文物考古研究所副研究员、绍兴王阳明故居遗址考古发掘项目负责人李晖达对绍兴阳明故居（伯府）考古成果进行了介绍，公布了故居遗址的基本范围和建筑结构基础。

国际中国哲学学会会长、浙江省稽山王阳明研究院学术委员会主任、华东师范大学哲学系教授杨国荣做了题为“阳明心学与社会治理”的主旨演讲。

在随后举行的“稽山论道”环节，国际儒学联合会副会长、北京大学哲学系教授张学智，中国哲学史学会副会长、复旦大学哲学学院教授吴震，贵州省人大常委会原副主任顾久，贵阳学院副校长汪建初，浙江大学求是特聘教授、浙江省稽山王阳明研究院院长董平围绕“阳明心学与社会治理”进行了探讨。

“2020阳明心学大会”还设有阳明心学与企业家精神、“天泉会讲”、阳明心学与胆剑精神、首届全国大学生知行合一传习论坛四个分论坛。兹一并综述。

1．“阳明心学与企业家精神”分论坛①

10月31日下午，“2020阳明心学大会”分论坛之一“稽山论道：阳明心学与企业家精神”主题论坛举行。越商、浙商与来自北京、上海、深圳、武汉等全国各地的阳明文化专家学者，对企业家践行阳明心学展开探讨。

国际儒学联合会副会长兼学术委员会主任、中国社会科学院哲学所研究员李存山认为，中华民族的振兴有赖于新儒商的崛起。中国当代社会中的新儒商可以说是新的经济柱石和文化精英，负有率先崛起的历史使命。把儒家文化与现代管理、产品研发等有机结合，实现创造性的转化和发展，这就是王阳明心学思想对新儒商发展的重要意义。

浙商总会常务理事、浙江科发资本管理有限公司董事长陈晓锋指出，企业家精神的内核就是“知行合一”。企业家不能盲目行事，要理论联系实际，脚踏实地，从小处着手。阳明心学同样启发企业家要有信念、有自信。“心即理”，“理”就是方向，就是信念。在动态践行“知行合一”中，不断根据行的结果调整自己的策略。很多企业家破产了，就是没有动态理解“知行合一”，外部环境变了，“知”跟不上“行”，致使面临失败。

复旦大学特聘教授何俊提出，阳明思想对今天的企业家仍有重要影响。改革开放以来，浙江民营经济走在前列，具有广泛影响，而支撑他们的企业家精神，就是诚信。现代工商认知中的诚信，是“信守契约”的表现，但从阳明心学的角度来看，诚信更侧重在“诚”字，诚意之至，即强调人的精神——真实的精神状态。

① 信息摘录自《阳明心学的商业智慧：“稽山论道——阳明心学与企业家精神”论坛侧记》《绍兴日报》2020年12月1日。

浙商总会理事、浙江朗莎尔实业股份有限公司董事长顾洁萍指出，做企业的终极目标是先利他再利己，利己解决的是企业生存问题，利他解决的是发展问题，做到了“致良知”，企业才能发展得更好。

2.“天泉会讲”

10月31日下午至11月1日上午，“2020阳明心学大会”分论坛“天泉会讲”进行，来自全国各地的阳明学研究者就“王阳明与地域文化”这一主题进行学术研讨。论坛由浙江省稽山王阳明研究院副院长钱明研究员主持。

来自江西的学者就“王阳明与于都”“王阳明与崇义”“王阳明与上犹”“王阳明与龙南”“王阳明与会昌”“王阳明与大余”“王阳明与南康”“王阳明与吉安”“王阳明在安福”“阳明学与南昌”“阳明学与抚州”等议题进行学术交流，浙江本地的学者就“王阳明与余姚”“阳明学与绍兴”“阳明学在嘉兴、湖州”“阳明学在台州”等议题进行学术交流，来自南京的学者就“阳明学与南京”等议题进行学术交流，来自安徽的学者就“阳明学在宣城”“阳明学与滁州”等议题进行学术交流，来自贵州的学者就“王阳明与修文”“王阳明与贵阳”“阳明学在贵州”等议题进行学术交流，来自福建的学者就“阳明学在漳州”“王阳明与上杭”等议题进行学术交流，来自广东的学者就“王阳明与广东”“王阳明与和平”等议题进行学术交流，来自河南、陕西的阳明学爱好者就“阳明学与河南”“阳明学与陕西”等议题进行学术交流。

此外，山东社会科学院研究员涂可国提交了题为“李贽责任伦理思想管窥”的会议论文并做学术发言，扬州大学副教授程海霞提交了题为“龙溪见在之学的定位与基点”的论文。

3.“阳明心学与胆剑精神”分论坛①

11月1日上午，“2020阳明心学大会”举行“阳明心学与胆剑精神”分论坛，全国各地专家学者和绍兴越文化研究专家相聚龙山之下、越王台边，共同探讨阳明心学与胆剑精神的关系。论坛由浙江省越文化传承与创

① 信息摘录自《阳明心学与胆剑精神，完美诠释“书剑合一”》，《绍兴晚报》2020年11月2日。

新研究中心执行主任潘承玉教授主持。

复旦大学中文系教授黄仁生从历史文献的角度对“胆剑精神”进行了溯流探源。他说，“抚剑尝胆”“枕戈泣血”是春秋末年形成的越文化精神传统之内涵。胆剑精神既强调“尝胆”、砥砺意志，又强调“横剑”的气魄和硬实力。“勾践敢忘尝胆地，齐威长忆射钩功”，王阳明在他的诗中就表明了他对“胆剑精神”的传承。

中国明代文学学会副会长、南京师范大学教授陈书录认为，越地文人的胆剑精神有优秀的传统，是越文化和文学的主要特色之一。王阳明正是“胆剑精神”的典型代表。王阳明著有《武经七书评》，对《孙子兵法》等传统兵书进行评论，形成了丰富的兵略思想。他身先士卒，亲自指挥漳南之役、横水桶冈之役、浰头之役、平定宁藩等军事实践，从理论和实践的结合上发展了传统的军事文化。在王阳明这位心学大家的身上，呈现出“胆剑精神”与“知行合一”相融合的书剑气质。“一箫一剑平生意”“高吟肺腑走风雷”。

南开大学博士周蕾认为，儒侠精神在王阳明的思想和行为中被发扬光大。王阳明作为文生，却具有豪杰侠士的精神气质和行为风貌，他武勇超群、仗义救弱。他所具有的家国大义使命和个人道义担当，以及与儒家仁爱、礼智交融互补的胆勇，丰富了“胆剑精神”的内涵。

绍兴市文史研究馆副馆长刘孟达认为，“胆剑精神”是王阳明心学智慧的思想原点和文化基因，二者“刚毅”“尚智”“务实”的核心内容是叠加的，其基因主谱是吻合的。同时，王阳明的潜在意识与“胆剑精神”的融通作用是互动的。阳明心学在其产生、发展和圆熟过程中都留下了深刻的越文化烙印，尤其是“胆剑精神”，成为他后来“立德、立功、立言”不可或缺的思想原点和文化基因。

绍兴职业技术学院阳明学院院长汪柏江认为，王阳明的学识修为源自古越，古越绍兴的文化基因根植于王阳明的血脉之中，其心学理论的形成与他的古越情结密不可分。首先，王阳明的基础教育很大一部分是在家乡绍兴完成的，这种教育对王阳明思想价值观的形成起到了巨大作用。其次，王阳明在绍兴与一些有识之士亦师亦友，长期交往，这对王阳明的才识有着很大影响，并对其立下“三不朽”之功也有一定影响。王阳明的心学理论，在古越的山水间不断丰富和完善。可以说，“胆剑精神”是阳明心学的智慧密码。

浙江工业职业技术学院院长毛建卫教授阐述了阳明思想对近代工科教育的启迪。一是阳明学有“实学”一脉，从“心是实理”的本体论、“知行合一”的方法论、“实地用功”的实践论、“崇实黜虚”的经世论等四个维度可以论证阳明学是心学、实学的统一；二是通过梳理阳明实学在绍兴府的传承发展，从阳明本人实学思想在绍兴生成之起、早期王门的绍兴主实派主张之承、绍兴内生的蕺山学派的实学中转之转、起于绍兴的浙东学派的实学大成之合进行分析，认为存在“绍兴府实学派”；三是近代以来从西方引进的大学，尤其是工科大学，其办学思想从阳明实学中受到极大启迪。

绍兴市文史研究馆副馆长李永鑫指出，王阳明忧国忧民、慷慨大义、经世致用、求真务实、开拓创新的精神，改造和提升了越文化的内涵，越文化因他变得更开放而大气、儒雅而刚毅、智慧而崇侠。在传承和弘扬“胆剑精神”时，要做到以柔克刚、刚柔相济，要士农工商同道，义利相互兼顾，经济与文化同步推进，这正是阳明心学与“胆剑精神”的内在要义。经济与文化要齐头并进，这是刚柔相济的另一种诠释。阳明心学融合“胆剑精神”，更能助力绍兴发展。

4.“首届全国大学生王阳明知行合一传习论坛”①

10月31日下午，作为“2020阳明心学大会”四个分论坛之一，由“2020阳明心学大会”组委会和绍兴文理学院主办的“走近王阳明：首届全国大学生王阳明知行合一传习论坛”在绍兴文理学院铁城科教馆报告厅举行。绍兴市委宣传部部长丁如兴，绍兴文理学院校党委书记汪俊昌教授

① 信息来源于《“走近王阳明：首届全国大学生知行合一传习论坛”在我校举办》，绍兴文理学院官网，2020年11月2日。

出席开幕式并致辞。绍兴文理学院相关学院、部门负责人和来自全国的专家学者、学生代表、媒体记者等与会。

丁如兴在致辞中指出，阳明心学具有丰富的当代价值与现代意义，是中华文化创造性转化、创新性发展的重要方面。“全国大学生王阳明知行合一传习论坛”作为“2020阳明心学大会”的分论坛之一，能让以阳明文化遗产为代表的绍兴优秀文化资源“活起来”，推动阳明文化的创造性转化和创新性发展，推进阳明心学在当代青年大学生群体中的广泛传播。

汪俊昌指出，绍兴文理学院近年来在弘扬和传播阳明心学方面高度自觉，不仅在专门机构设立、学术资源汇聚、重大活动参与上用心用力，而且还组织大学生积极参与阳明心学的研习和阳明文化的传播，构建了“研、创、演、评”四位一体的阳明文化实践育人体系。他希望通过举办“走近王阳明——首届全国大学生王阳明知行合一传习论坛”，成立全国大学生王阳明研究联盟，进一步挖掘绍兴丰厚的阳明文化资源，探究阳明心学的丰富内涵及其对当代社会的重要价值，打造展示浙江阳明学研究的“重要窗口”。

论坛上还举行了“全国大学生王阳明研究联盟”成立授牌仪式。该联盟由“2020阳明心学大会”组委会授权成立，是一个以国内在校大学生为主体、以学术研究与交流探讨为目的的会议联盟组织，该组织的秘书处设在绍兴文理学院。联盟将定期举办“全国大学生王阳明研究论坛”，引导和培养在校大学生（包括本科、硕士和博士生）对王阳明的学习与研究，在大学生中营造浓厚的研究氛围，促进阳明文化在大学生群体中的传播与传承。

随后，专家代表武汉大学国学院教授欧阳祯人和学生代表、南京大学哲学系博士游原勇分别做主题发言。

“全国大学生王阳明知行合一传习论坛”共收到全国21个省、市（自治区）的33所高校大学生的96篇论文，其中博士生论文14篇，硕士生论文32篇和本科生论文50篇。

11月1日上午，来自全国各地的90余位参会代表围绕王阳明的心学思想和诗文作品、阳明学及王阳明题材的文学创作展开深入研究探讨。南京大学博士郝鑫、湖南大学博士廖春阳、苏州大学博士吴卿、华东师范大学硕士江婷、南昌大学本科生李凌和绍兴文理学院本科生徐嘉怡作为学生代表发言。武汉大学国学院教授欧阳祯人、中山大学哲学系教授陈立胜、杭州师范大学人文学院教授史光辉对发言进行专家点评。

活动期间，与会代表集体观看了绍兴文理学院阳明剧社原创话剧《千古一圣王阳明》和艺术学院编排的“九声四气《咏良知》”表演。话剧演出前，绍兴文理学院举行了“阳明剧社”成立揭牌仪式。

据悉，近年来，绍兴文理学院致力于推动阳明文化在全国高校中的传播与弘扬，先后成立了“绍兴市王阳明研究院”和“绍兴文理学院王阳明研究中心”，构建了“研、创、演、评”四位一体的阳明文化实践育人体系。绍兴文理学院还成立了由青年大学生组成的阳明剧社，该社成员共获批国家级大学生创新训练项目、浙江省“新苗人才计划”等科研项目17项，发表王阳明研究论文近40篇，完成了3个王阳明题材话剧剧本的创作，其中由在校大学生自编自导自演的大型原创话剧《千古一圣王阳明》自2019年上演以来就广受关注，被“学习强国”、《中国艺术报》、浙江新闻等多家媒体报道。

（三十三）“纪念王阳明先生诞辰548周年礼贤仪典”在浙江余姚王阳明故居广场举行①

2020年10月31日，是明代最著名的哲学家、思想家王阳明诞辰548周年纪念日。“纪念王阳明先生诞辰548周年礼贤仪典”作为由中国历史研究院指导，中共宁波市委、宁波市人民政府主办，中共宁波市委宣传部、宁波市社科院（市社科联）、中共余姚市委、余姚市人民政府承办的以“阳

① 信息来源于《礼贤仪典祭阳明，2020宁波（余姚）阳明文化周盛大活动来了》，余姚新闻网，2020年10月31日。

明故里·良知善治”为主题的“2020宁波（余姚）阳明文化周”的第一个活动，于10月31日上午在浙江省宁波市余姚市王阳明故居广场隆重举行，祭奠一代大儒、余姚先贤王阳明先生。

十三届全国人大常委会副委员长、民盟中央主席丁仲礼，民盟中央专职副主席、中国文联副主席张平，浙江省委常委、宣传部部长朱国贤，浙江省副省长、民盟浙江省委会主委成岳冲，宁波市委副书记、市长裘东耀，民盟中央宣传部部长曲伟，中国科学院大学党委常务副书记董军社，中国历史研究院党委副书记余新华，宁波市委常委、宣传部部长李军，宁波市委常委、市委秘书长施惠芳，宁波市人大常委会副主任戎雪海，宁波市副市长许亚南，宁波市人民政府秘书长朱金茂，浙江省社科院研究员、浙江省儒学学会会长吴光，国际儒学联合会副理事长、湖南大学岳麓书院国学院院长朱汉民，贵州大学中国文化书院名誉院长、贵州省儒学研究会会长张新民，中国人民大学清史研究所原副所长黄爱平等有关领导专家，余姚市领导奚明、徐云、诸晓蓓、陈长锋、叶枝利、王娇俐、蒋士勇、王安静，国家有关部门工作人员代表，民盟浙江省委会工作人员代表，江西南昌、赣州、崇义、吉安和贵州修文、福建平和、广西梧州、浙江绍兴等阳明史迹地代表应邀出席礼贤典礼。

余姚市委副书记、代市长徐云主持礼贤仪典，他代表活动承办方对各位领导、嘉宾的到来表示热烈欢迎和衷心感谢。他说，余姚是阳明先生的出生地，是阳明心学的发源地。今年（2020）的“阳明文化周”以“阳明故里·良知善治”为主题，设置了“主题论坛篇”“传承弘扬篇”“创造转化篇”三大篇章十余项活动，内容丰富，形式多样，是一场全民参与的文化盛会。作为阳明故里人，余姚市将以更加强烈的思想自觉和行动自觉，发扬好阳明先生思想，传承好先贤优秀文化，建设好、打造好“阳明故里、心学圣地”，努力实现阳明思想在当代社会的创造性转化和创新性发展，为高水平建设现代化创新型生态城市提供源源不断的精神动力。

礼贤仪典现场还举行了敬献花篮、整理敬联仪式，全体来宾向王阳明先生像行鞠躬礼。朗诵人员和社会各界人士代表满怀激情地朗诵了王阳明经典篇目《书中天阁勉诸生》，深切纪念这位余姚籍的明代心学大师。

（三十四）“2020 宁波（余姚）阳明文化周开幕式”在浙江余姚进行①

2020年10月31日上午，“纪念王阳明先生诞辰548周年礼贤仪典”毕，“2020宁波（余姚）阳明文化周开幕式”在余姚太平洋大酒店主会场举行。

全国人大常委会副委员长、民盟中央主席丁仲礼宣布“2020宁波（余姚）阳明文化周”开幕。民盟中央专职副主席、中国文联副主席张平，浙江省委常委、宣传部部长朱国贤，浙江省副省长、民盟浙江省委会主委成岳冲，宁波市委副书记、市长裘东耀等领导，同参加“纪念王阳明先生诞辰548周年礼贤典礼”的各位嘉宾及社会各界人士代表共300多人一同出席。

余姚市委书记奚明主持了“2020宁波（余姚）阳明文化周开幕式”。他首先向各位领导、各位嘉宾的到来表示欢迎和感谢。他说，余姚是一座历史文化与现代文明交相辉映的城市，涌现了以王阳明等“四先贤”为代表的众多历史文化名人，阳明先生提出的“知行合一”“致良知”等思想，是中华文明的重要滋养，时至今日仍散发着穿越时空的璀璨光芒。近年来，余姚市深入挖掘阳明文化的时代价值，着力打造“阳明故里、心学圣地”，阳明文化已成为余姚、宁波、浙江最闪亮的一张金名片。举行以“阳明故里・良知善治”为主题的“2020宁波（余姚）阳明文化周”活动，必将对推动阳明文化发扬光大，提升阳明文化影响力、美誉度产生重要影响。余姚市将以本次活动为契机，以创建国家历史文化名城为追求，以建设阳明古镇为依托，不断增强推动高质量发展的文化力量，努力把阳明文化打造成为宁波、浙江、全国的重要文化标识。

浙江省委常委、宣传部部长朱国贤在致辞时说，王阳明先生是浙江先

① 信息来源于《2020宁波(余姚)阳明文化周开幕式举行》，余姚新闻网，2020年10月31日；《2020宁波(余姚)阳明文化周开幕》，中国宁波网，2020年11月1日。

哲先贤中的杰出代表，以“知行合一”为核心的阳明文化，至今仍散发着迷人的思想光芒。近年来，浙江致力于打造研究和弘扬阳明文化的重要高地，不断加强对阳明文化和阳明心学的研究，着力挖掘提炼其文化内涵，取得了积极成效。当前，浙江全省上下正在习近平新时代中国特色社会主义思想的指引下，奋力书写忠实践行“八八战略”、奋力打造“重要窗口”这篇大文章。文化浙江建设正是“重要窗口”建设中的重要篇章。我们要全面对标习近平总书记关于文化建设的重要论述，聚焦“文化强省、提升浙江软实力，文化树人、引领社会新风尚”这一总体目标，全面开启文化浙江建设的新征程，使文化浙江成为“重要窗口”建设的鲜明标识。我们要充分发挥阳明文化滋养人心、塑造人格、提升文明素养的价值功能，将阳明文化转化为高水平全面发展的文化助推器，为“重要窗口”建设赋能助力。

宁波市委副书记、市长裘东耀在致辞时说，当前，宁波正在认真学习贯彻党的十九届五中全会精神，深入谋划“十四五”发展的目标任务和重点举措。我们将在构建新发展格局、推进高质量发展的同时，大力推动包括阳明文化在内的优秀传统文化创造性转化、创新性发展，加快打造文化强市。我们将加强阳明文化研究，深化与海内外阳明学研究专家的交流合作，把宁波打造成为研究阳明文化的重地。我们将加强阳明文化内涵深度挖掘，使得阳明心学与现代文化相融通、与时代发展相呼应。我们将加强传承方式创新，营造知行合一、行必务实的浓厚氛围，为宁波当好浙江建设“重要窗口”模范生提供强有力的文化软实力支撑。希望各位领导和专家继续为宁波研究、弘扬、转化阳明文化建言献策、贡献力量。我们将全力做好服务，为大家来宁波开展研究讲学提供更多便利，创造更好条件。

开幕式上，中国历史研究院党委副书记余新华和阳明史迹地代表也先后致辞。

开幕式上，由浙江省委宣传部、浙江省文化产业投资集团、北京伯璟文化传播有限公司、宁波市委宣传部、余姚市政府投资1500万元联合出品的纪录片《王阳明》预告片精彩亮相。

此外，开幕式上还举行了“姚江书院”重建项目启动仪式。目前，阳明古镇的标志性建筑——“姚江书院”重建项目已完成初步规划，总建筑规模16280平方米，主要包括展示、会务、讲学、研修、藏书、出版、对外交流、祭祀等功能。书院落成后，将被打造成为国内外阳明心学、浙东学派等学术思想交流高地。

（三十五）“中天阁论道：‘阳明心学与良知善治’主题峰会”在浙江余姚举办①

2020年10月31日上午，“2020宁波（余姚）阳明文化周开幕式”完毕之后，由宁波市委市政府主办，宁波市委宣传部、宁波市社科院和余姚市委市政府承办的“中天阁论道：‘阳明心学与良知善治’主题峰会”随后进行。宁波市王阳明文化研究促进会会长陈利权主持了主题峰会。

浙江省社科院研究员、浙江省儒学学会会长吴光以“关于王阳明研究的若干问题与王阳明《传习录》的思想解读”为主题，对阳明思想深入浅出地进行了主旨演讲。国际儒学联合会副理事长、湖南大学岳麓书院国学院院长朱汉民发表了题为“阳明心学与书院教育”的主旨演讲。贵州大学中国文化书院名誉院长、教授张新民做了题为“良知实践与良知善治”的主旨演讲。

本次峰会最后安排了“阳明学会讲”环节，中国社会科学院历史研究所研究员张海燕担任会讲主持。江苏省社科院哲学与文化研究所所长胡发贵，上海交通大学特聘教授杜保瑞，余姚市阳明文化书院特约研究员、交通银行宁波分行纪委书记高虹等围绕“阳明心学与良知善治”这一主题，开展了交流对话，并为现场嘉宾答疑释惑。

① 信息来源于《中天阁论道：“阳明心学与良知善治”主题峰会在余姚举行》，余姚新闻网，2020年10月31日。

（三十六）“姚江书院重建研讨会暨《姚江书院志略》点校本发行仪式”在浙江余姚举办①

2020年10月31日下午，“姚江书院重建研讨会暨《姚江书院志略》点校本发行仪式”作为“2020宁波（余姚）阳明文化周”系列活动之一在余姚举办。中国历史研究院党委副书记余新华，宁波市委宣传部副部长任学军，余姚市委宣传部部长王娇俐，余姚市政府党组成员施建苗，以及应邀参加“2020宁波（余姚）阳明文化周”的专家学者共50余人与会。

余姚姚江书院始建于明崇祯年间，是明末清初浙东地区传播阳明心学的大本营。从创立开始，一批批学者儒士在此会讲交流，形成了中华学术史上的著名学派——“姚江书院派”。在“2019宁波（余姚）阳明文化周”期间，中国历史研究院院长高翔和时任浙江省委副书记、宁波市委书记郑栅洁提议要重建姚江书院。余姚市委、市政府积极响应，目前，姚江书院已成为余姚阳明古镇项目的重要组成部分，规划建设正在有条不紊地推进。

为助力书院的重建，余姚市社科联专门对《姚江书院志略》进行了点校，并于2020年9月由宁波出版社正式出版。《姚江书院志略》点校者谢建龙简要介绍了编纂经过，同时，余姚市社科联向余姚市委党史研究室、余姚开投蓝城集团赠送了《姚江书院志略》点校本。余姚开投蓝城集团副总经理雍进华介绍了姚江书院重建方案，姚江书院新建地址位于余姚龙泉山下，王阳明故居西侧、阳明西路以北、舜水北路以东、侯青江以南的地块中。重建的姚江书院主体建筑规模约1450平方米，阳明纪念馆3650平方米，书院酒店11700平方米，以书院为核心，与纪念馆、书院酒店和阳明故居形成有效互动。重建的姚江书院格局拟突出书院中轴的空间布置，自泮池、棂星门进入，分三进：大成殿、讲学堂、藏书阁及附属空间。

在“姚江书院重建研讨会”上，吴光、朱汉民、余新华、黄爱平、陈利权、钱茂伟、许为民、王琦等来自省内外的专家学者围绕重建姚江书院

① 信息摘录自《学术大咖在姚开展研讨　聚焦姚江书院重建》，余姚新闻网，2020年10月31日。

话题做了交流发言，提出了自己的意见和建议。他们表示，重建姚江书院是在传承传统书院文化的基础上构建现代书院，是推进优秀传统文化创造性转化、创新性发展的有力举措。

王娇俐做会议总结发言。她指出，专家学者的真知灼见为余姚市更好地把握重建姚江书院的方向、弘扬姚江文化注入了更强动力和信心。余姚市相关部门将把重建姚江书院的好设想、好思路进行系统的梳理，并纳入姚江书院的修改方案之中，把重建工作落实好、推进好，争取把姚江书院建成国内一流的现代书院，使重建后的姚江书院在新时代释放出更加夺目的文化之光。

（三十七）“阳明文化‘五进’活动”在浙江余姚进行①

2020年10月30日至31日，作为“2020宁波（余姚）阳明文化周”系列活动之一，“阳明文化‘五进’活动”（进机关、进农村、进社区、进学校、进企业宣传阳明文化）全面展开，吴光、胡发贵、张海燕、龚妮丽、顾家宁、郭美星等受邀参加“2020宁波（余姚）阳明文化周”的阳明文化研究专家及余姚市阳明文化讲师团成员，先后走进大岚镇隐地龙潭村、梨洲街道、梦麟中学、新城市社区、余姚中学、江丰电子等地，围绕王阳明思想及现代意义、王阳明的“乡约”治理、“己所不欲、勿施于人”、王阳明德育思想及当代意义、从话语到思想——晚明思想研究反思片论、天道与伦常——新冠疫情下的心学之思等主题，与农村群众、机关干部、社区居民、学校师生、企业职工面对面交流互动，反响热烈。兹举两例。

10月30日上午，在王阳明祖居地大岚镇隐地龙潭村的文化礼堂，浙江省社会科学院研究员、浙江省儒学学会会长吴光向该镇机关干部、群众分享了自己在阳明学研究过程中的心得，并从宏观角度概述了王阳明的生平事功及其思想主旨与基本精神，激发了广大干部群众传承阳明文化、共建美丽乡村的热情。

① 信息来源于《余姚开展阳明文化“五进”活动》，余姚发布，2020年11月1日。

10月31日下午，在梨洲街道办事处，江苏省社会科学院哲学与文化研究所所长胡发贵结合王阳明思想与乡村治理做了专题讲座，让该街道机关和村社干部对阳明先生“调摄为主，攻治为辅”的乡村治理理论有了深刻的理解和认识。

据悉，近年来，余姚市依托阳明文化宣讲团，积极打造阳明文化“五进”模板，把阳明先生的“致良知”“知行合一”等思想作为优秀传统文化的重要内容进行传播，坚持立德树人、以文化人，着力让“知行合一”成为阳明故里的人文底色。

（三十八）“阳明史迹地代表座谈会”在浙江余姚市博物馆报告厅举行①

2020年10月31日下午，“阳明史迹地代表座谈会”在余姚市博物馆报告厅举行，来自贵州修文、江西吉安、江西赣州、福建平和等阳明史迹地代表出席会议。会上，各阳明史迹保护单位代表交流、分享了各地阳明史迹保护、阳明文化研究和弘扬等工作情况，为进一步推动阳明史迹文献保护、研究、利用的跨地区协作打下了坚实基础。

会上，全国阳明史迹保护研究联盟理事长、余姚市文物保护管理所所长李安军介绍了全国阳明史迹保护研究联盟成立以来所开展的工作情况。2017年11月10日，余姚市文物保护管理所联合修文、柯桥、崇义等地的全国15家阳明史迹保护单位共同成立了“全国阳明史迹保护研究联盟”，旨在联合全国阳明文化遗产保护工作职能单位，开展阳明史迹史料的保护、利用、调查、研究、挖掘、整理和宣传等工作，促进全国阳明文化史迹得到更好的保护和利用。该联盟成立以来，致力于阳明史迹文献的保护、研究与利用，阳明文化的宣传、弘扬与推广，围绕著作出版、学术活动、工作信息共享等方面开展工作，取得了一定成绩。联盟今后将进一步加强各理事单位之间的协同合作、交流借鉴，并联合更多的全国阳明史迹管理及

① 信息摘录自《阳明史迹地代表座谈会在我市召开》，余姚新闻网，2020年10月31日。

阳明史料、文物收藏单位、团体、个人参与阳明史迹保护工作，以高站位、大胸怀推进阳明史迹的保护和阳明文化的传播，为建设社会主义文化强国贡献“知行合一”的智慧力量。

会前，各史迹地代表参观了在余姚市博物馆展出的“先贤遗泽——王阳明、朱舜水、黄宗羲遗墨文献展”。

2020年11月1日上午，“先贤遗泽——王阳明、朱舜水、黄宗羲遗墨文献展”在余姚市博物馆正式开展，嘉宾赵雁君、杨劲、蔡毅等和余姚市领导王娇俐、朱卫东出席开幕式。策展人计文渊在现场向参观者介绍布展情况，市民认真参观先贤墨宝和相关文献。①

（三十九）“中天阁论道：‘阅读王阳明的一点感受’——康震专场”在浙江余姚举办②

2020年11月1日上午，作为“2020宁波（余姚）阳明文化周”的一项重要活动，“中天阁论道：‘阅读王阳明的一点感受’——康震专场”活动在余姚举行。余姚市委常委、宣传部部长王娇俐主持。余姚市委常委、纪委书记、监察委主任汪志，副市长王安静出席活动。阳明文化研究专家、各级领导、社会各界人士代表等300余人参加。

康震是北京师范大学文学院教授、博士生导师，中央电视台《百家讲坛》名师，《汉语桥》《中国诗词大会》《经典咏流传》等栏目文学顾问、点评嘉宾。讲座中，康震以深厚的文化底蕴、独特的审美视角、独到的人生见解，从王阳明的家族传统、少年志趣、追求信仰、吏儒双修、化育天下等角度，对王阳明丰硕馥郁的一生做了细致的解读和精彩的评说。

王娇俐在讲座结束点评时指出，王阳明的一生都在践行“知行合一”。作为阳明故里人，我们要时常重温阳明先生那些用生命书写的篇章，用“心”阅读王阳明，用圣贤之道唤醒自己的那颗“光明之心”，去

① 信息摘录自《先贤遗泽文献展举办》，余姚新闻网，2020年11月1日。

② 信息来源于《点燃全场！北师大教授康震在姚开讲：“阅读王阳明的一点感受”》，余姚发布，2020年11月2日。

照亮未来的人生道路。

活动现场还通过“余姚发布”、“余姚广电传播”微信公众号、“姚界”App等平台进行了视频直播，累计吸引超50万人次收看。

（四十）“从阳明心学到浙东学派：演进转型的文化价值与当代启迪学术研讨会暨《2019 阳明学研究报告》首发式”在浙江宁波举办①

2020年是王阳明诞辰548周年，又是清代浙东经典史学派创始人黄宗羲诞辰410周年和逝世325周年。

2020年11月1日，由浙江省儒学学会、宁波市社科院（社科联）主办，宁波市王阳明文化研究促进会、宁波文化研究会承办，宁波大业动力机械有限公司协办的“从阳明心学到浙东学派：演进转型的文化价值与当代启迪学术研讨会暨《2019阳明学研究报告》首发式”，作为“2020宁波（余姚）阳明文化周”的一项重要内容在宁波举办。

11月1日上午，出席论坛的专家嘉宾和近百名阳明心学与浙东文化爱好者及社会各界代表，首先参观了位于海曙区的黄宗羲当年讲学的白云庄——甬上证人书院。然后赴余姚陆埠镇化安山下的黄宗羲墓前，举行了庄重而简约的“黄宗羲逝世325周年祭奠仪式”，仪式由宁波市王阳明文化研究促进会秘书长郭美星主持，宁波市王阳明文化研究促进会会长陈利权恭读祭文，华建新副会长与中国人民大学清史研究所原副所长黄爱平教授敬献花篮。祭奠仪式后，大家参观了位于黄宗羲墓地附近的龙虎草堂，这里是黄宗羲抗清斗争失败后的隐居之地。他在此潜心著述，撰写了千古名篇《明夷待访录》《易学象数论》，编辑了卷帙浩繁的《明文海》。他的学生、友人中有不少人曾来此造访、问学，使这里一度成为浙东学子的向往之地。

11月1日下午，在宁波市城市展览馆举行了“从阳明心学到浙东学派：

① 信息摘录自《从阳明心学到浙东学派主题学术论坛举行》，中国宁波网，2020年11月12日。

演进转型的文化价值与当代启迪学术研讨会暨《2019阳明学研究报告》首发式”，陈利权全程主持。

在“《2019阳明学研究报告》首发式”环节，浙江国际阳明学研究中心秘书长张宏敏介绍了《2019阳明学研究报告》的编撰经过，并表达了对宁波市王阳明文化研究促进会、宁波市聚商国学研究院提供出版资助的感谢。

在“从阳明心学到浙东学派：演进转型的文化价值与当代启迪学术研讨”环节，浙江省儒学学会会长、浙江省社科院吴光研究员，浙江大学思想文化研究所原所长李明友教授，中国人民大学清史研究所原副所长黄爱平教授，东华大学人文研究所所长杨小明教授，中央民族大学哲学与宗教学学院教授孙宝山，北京航空航天大学人文与社会科学高等研究院助理教授顾家宁博士，浙江省社科院哲学所副所长、浙江国际阳明学研究中心秘书长张宏敏副研究员，分别做了题为“黄宗羲与清代浙东经史学派简论”“黄宗羲谈制度为民”“黄宗羲史学的文献特色与传承意识”“黄宗羲、黄百家父子科技哲学的研究展望”“黄宗羲政治思想的创造性突破”“师道、孝弟、心性：黄宗羲对泰州学派的批评发微”“黄宗羲对阳明学的赓续与发展”的主题发言，从不同视角围绕“从阳明心学到浙东学派：演进转型的文化价值与当代启迪”这一主题进行了深入研讨。其中，黄宗羲研究权威专家吴光研究员从浙东经史学派的缘起与定位，学派之领袖、骨干及其成就，清代浙东学派的特色与基本精神，清代浙东学派的历史影响与当代价值等方面，为论坛做了总体性、引领性的主题发言。

与会学者一致认为，明清之际，由黄宗羲开创的浙东学派赓续与发展了阳明心学，倡导明经通史、经世致用，并通过著书讲学、师友相传，为浙东培养了一大批有识之士，在中国学术文化史上占有重要地位。尤其是黄宗羲在政治思想上的民主启蒙创发，对近代中国的民主革命产生了深刻影响，对当代仍然有多方面的启迪。

（四十一）“2020贵阳市小学生第四届‘王阳明诗文名篇’书法大赛暨第二届朗诵大赛”在贵阳启动①

2020年11月2日，由贵阳市教育局、北京阳明书院、阳明文化（贵阳）国际文献研究中心联合举办的“2020贵阳市小学生第四届‘王阳明诗文名篇’书法大赛暨第二届朗诵大赛”活动正式启动。

本次活动分作品提交与作品评选两个阶段。其中，作品提交时间为2020年11月2日至8日，参赛人员通过登录“数字王阳明资源库全球共享平台”，或下载“数字王阳明”手机客户端，进入“2020贵阳市小学生第四届‘王阳明诗文名篇’书法大赛暨第二届朗诵大赛”活动专页，完成用户注册及参赛作品（电子版）填报。

报名结束后，组委会将通过点赞及专业评审的形式，对作品进行评选。其中第一轮点赞预选时间为2020年11月16日至22日，其间选手可分享参赛作品到微信、QQ、微博等社交平台，发起点赞活动，组委会根据点赞结果，评选出进入第二轮比赛的作品，并在微信公众号“跟王阳明学修心”公布入围第二轮比赛的名单。第二轮比赛由专业评委对作品进行评审，选出优秀获奖作品，获奖结果将第一时间在微信公众号“跟王阳明学修心”上公布。

（四十二）“宁波阳明心学研究重大招标课题成果研讨会暨宁波阳明心学研讨座谈会”在浙江万里学院召开②

2020年11月3日，“宁波阳明心学研究重大招标课题成果研讨会暨宁波阳明心学研讨座谈会”在浙江万里学院召开。作为“2020宁波（余姚）阳明文化周”的一项重要活动，本次会议由宁波市委宣传部、宁波市社科院（市社科联）、浙江万里学院、余姚市委宣传部、余姚市社科联主办，

① 信息来源于《2020贵阳市小学生第四届“王阳明诗文名篇”书法大赛暨第二届朗诵大赛活动正式启动》，数字王阳明资源库全球共享平台，2020年11月2日。

② 信息摘录自《探讨阳明心学最新研究成果专家学者齐聚万里学院》，浙江万里学院新闻网，2020年11月4日。

浙江万里学院文化与传播学院、浙江万里学院阳明博雅学堂和守仁学院承办。浙江万里学院党委书记蒋建军致欢迎辞。宁波市社科院（市社科联）副院长、副主席童明荣主持会议。

本次研讨会以“阐释研究阳明心学，书写‘重要窗口’文化篇章”为主题，浙江工商大学浙商研究院首席专家王永昌，中国社会科学院古代史研究所研究员张海燕，浙江理工大学外国语学院副院长文炳，贵州修文阳明文献研究中心副研究员杨德俊等8位专家学者从不同角度发表主题演讲，交流阳明文化最新研究成果，进一步挖掘阳明心学的时代价值。

王永昌认为，阳明心学在促进中国现代工商业发展、培育企业家精神上有重要意义。王阳明的人生经历，对企业家有榜样启示价值。阳明心学的核心思想，包含心即理、知行合一、致良知、万物一体，对企业家精神也有积极意义，可以将立志、勤做、改过、责善，作为现代工商业经营管理活动中一条可以操作的重要路径。

张海燕分享了阳明心学与西方思想研究成果，他将王阳明“良知”与马丁·路德“良心”、王阳明“四句教”与道德主体性、黄宗羲《明夷待访录》与卢梭《社会契约论》等进行了比较分析，深入研究了中西方文化的联系和差异。

文炳以“比较视域下的阳明心学海外传播与研究面面观”为题做主旨发言。他认为阳明心学在海外传播与研究牵涉到的区域十分广阔，尤其是日本、朝鲜半岛、美国等地对阳明心学的研究处于较为成熟的阶段，发展出与中国阳明心学既富有联系、又有自身本土化特质的海外阳明心学。

杨德俊倡导“用脚步丈量阳明遗迹”，他前后12次考察阳明遗迹，行程4万多千米，考察阳明遗迹地130多个县（区），发现了鲜为人知的史料，如王阳明游四明山与汪叔宪《论四明山》、薛侃撰刻《天真精舍勒石碑》等。

宁波大学马克思主义学院教授方同义，阐释了阳明心学对浙东民间文化的影响。他认为王阳明心学具有迷人的魅力、鲜明的特点：平等自尊、特立独行、简易直接、鲜活生动。宁波市文化艺术与旅游研究院副书记、宁波文化研究会副会长黄文杰谈了阳明心学与以阳明心学为重心的“宁波学”构建。他称，阳明心学是宁波地域文化发展的必然产物，要实施学术工程、展示工程、素养工程、融通工程、品牌工程，来推进“宁波学”建设和城市文化发展。浙江万里学院文化与传播学院教授张实龙在发言中提出，阳明心学能增强中国人的文化自信，还能为文化自信输送营养，主要表现在开放包容、战略定力、做好自己、提升内功这四大方面。

（四十三）“‘阳明故里杯’讲好中国故事全国广播剧微剧邀请赛开赛仪式”在浙江余姚王阳明故居举行①

2020年11月6日上午，“‘阳明故里杯’讲好中国故事全国广播剧微剧邀请赛开赛仪式”在浙江余姚王阳明故居举行。

中国广播电视社会组织联合会副会长李京盛，中广联合会广播剧微剧委员会会长、中央广播电视总台影视译制中心副召集人阚平，中广联合会广播剧微剧委员会专家组组长、中央戏剧学院教授路海波，中广联合会广播剧微剧委员会常务副会长、中央广播电视总台云听客户端首席内容官张东，中国广播剧研究会秘书长、中央广播电视总台总编室王莹等有关专家，余姚市委宣传部部长王娇俐，余姚市融媒体中心党委书记、主任马军辉，余姚市融媒体中心党委副书记、总编辑杨华平等出席开赛仪式。

王娇俐在致辞时说，广播剧微剧是一种新兴的融媒体文艺样式，具有独特的魅力。余姚市十分关注广播剧微剧的发展，本届“阳明故里杯”讲好中国故事全国广播剧微剧邀请赛是“2020宁波（余姚）阳明文化周”的压轴戏。相信通过本次活动，必将丰富“阳明文化周”活动的内涵，有力推动余姚市广播事业的发展，广播剧微剧也将成为余姚一张崭新的文化名片。

阚平在致辞时说，从中国微剧节到微剧委员会成立后的首届赛事都和余姚有关，余姚是孕育中国微剧、举办数届全国微剧大赛、并助力筹建

① 信息摘录自《“阳明故里杯”讲好中国故事全国广播剧微剧邀请赛开赛仪式在姚举行》，余姚新闻网，2020年11月6日。

广播剧微剧委员会的风水宝地，这也是落实党中央媒体融合系列指示上的“知行合一”。相信通过“阳明故里杯”全国广播剧微剧邀请赛，一定会涌现出一批思想性、艺术性、欣赏性相统一的优秀广播剧微剧作品。

随后，马军辉代表大赛承办方赠送由王阳明书法研究学者计文渊书写的“阳明故里杯”大赛卷轴，张东代表此次大赛组委会接收卷轴。王莹、杨华平发布了大赛通知。最后，李京盛宣布大赛开赛。参赛时间是2020年11月至2021年5月，欢迎全国热爱广播剧微剧的朋友踊跃参与活动，“讲好中国故事，活跃微剧创作”，传递正能量、传播真善美。

（四十四）“‘弘扬阳明文化 共建壮美广西’学术研讨会”在广西南宁召开①

2020年11月7日，中国东方文化研究会阳明文化委员会为进一步发掘和弘扬阳明文化，汇集广西阳明文化专家学者在南宁市国际会展中心举办“‘弘扬阳明文化 共建壮美广西’学术研讨会”。

中国东方文化研究会阳明文化委员会会长、阳明先生二十二世孙王梅林出席并致辞。本次会议由中国东方文化研究会阳明文化委员会副会长孙勇主持。贵州师范大学阳明文化研究中心教授余怀彦，广西壮族自治区文联原副主席黄云龙，中国—东盟经济文化交流中心主席严纯佑，广西武宣县县委副书记、县长吴孝斌等出席。

王阳明先生与广西有着很深的历史渊源。嘉靖六年（1527），思田发生叛乱，王阳明临危受命，带病赴任，过化南宁，驻节宾州，恩威并施，不战而屈人之兵。靖安思田，平八寨破藤峡，敷文立教，扬善集义，破心中贼，将其“致良知思想”发挥到了极致。王阳明先生出生于浙江，成名于北京，悟道于贵州，事功于江西，成道于广西。广西是王阳明人生工作的最后一站，是“成道”之地。王阳明在广西的军事思想、理政方略等，

---

① 信息摘录自《弘扬阳明文化 共建壮美广西：阳明文化委员会学术研讨会在南宁召开》，中国东方文化研究会新闻网，2020年11月10日。

都是他的“良知之道”运用到极致的体现。因此，广西是阳明先生运用心学创造奇迹的地方，他给广西留下了一笔宝贵财富。

但是，与其他主要阳明先生行迹区域省市的情况相比，不论是学术团队，还是研究成果，或是阳明文化的展览、展示、传承、弘扬等方面，广西整体起步较晚，基础相对较弱。本次会议的召开，就像一场及时雨，将广西有志于阳明文化研究的专家、学者以及阳明文化忠实爱好者组织起来，从挖掘、整理、研究、展示、传承、传播和致用阳明文化等方面全面推进，尽最大努力将广西的弱项补上，这也是本次会议召开的目的和意义。

与会人员一致认为，广西阳明文化研究与发展下一个阶段的主要任务是依托本地区文史相关权威专家学者及历史文化爱好者，通过研究、挖掘、整理王阳明先生在广西的相关文史资料、遗址遗迹、逸事逸闻等，深入研究阳明先生“致良知”“知行合一”“万物一体之仁”等思想在当代社会的意义和价值。

（四十五）“中国崇义第四届阳明文化旅游节系列活动”在江西崇义举办①

2020年11月20日至21日，由国家体育总局群体司，崇义县委、县政府主办，崇义县文化广电新闻出版旅游局、教育科技体育局承办的“中国崇义第四届阳明文化旅游节系列活动”在江西省崇义县成功举办。

11月20日晚，由湖南汝城、广东仁化、江西崇义三县联合精心打造的“三省三县文艺汇演晚会”以宏大的演出场面做铺陈，以底蕴深厚的文化为基调，以强大的演出阵容做支撑，节目内容丰富、形式新颖，通过群众喜闻乐见的舞蹈、歌曲、器乐等多种艺术形式，呈现了一台喜庆祥和、独具地方文化特色的高质量综合性文艺演出。

11月21日上午，在“中国崇义第四届阳明文化旅游节开幕式”上，崇义县委副书记、县长潘金城致欢迎辞，赣州市文广新旅局副局长李升隆讲

① 信息摘录自《中国崇义第四届阳明文化旅游节系列活动成功举办》，光明网，2020年11月25日。

话，崇义县委宣传部部长何琳做文化旅游推介，国家体育总局群体司公共服务处处长赵爱国宣布“阳明山万人徒步大会”开赛。徒步组选手从阳明广场出发抵达阳明山景区后绕小阳明湖健身步道一圈折回起点。5000名选手身穿绿、红、蓝、橙四色衣服穿梭在湖边，长长的人流宛如一条绚丽的彩带环绕在山水之间，在红枫银杏的映衬下，阳明山显得格外秀丽迷人。

据悉，近年来，在国家体育总局的倾心帮扶下，崇义县依托良好的生态环境，紧紧围绕世界阳明文化旅游胜地、中国森林康养福地、南方客家田园体验高地和江西户外运动天堂“三地一天堂”的建设目标，主动策应赣州市“一核三区”旅游产业布局，努力形成全域旅游发展路径，推进旅游、体育、文化、康养等多业融合发展，践行“体育＋旅游＋文化”的发展模式，积极探索适合崇义的一、二、三产业融合发展之路。截至目前，崇义县已成功连续举办多届阳明山万人徒步大会、崇义轮滑节、“寻找美丽中华”全国旅游城市定向赛、上堡梯田露营大会等一系列有影响力的品牌体育赛事活动。

（四十六）“‘心学的景深与视域’青年学者学术工作坊”在浙江工商大学举办①

2020年11月21日，由浙江工商大学东方语言与哲学学院、东亚研究院、东亚阳明研究院主办的“‘心学的景深与视域’青年学者学术工作坊”在浙江工商大学举办。本次工作坊作为浙江工商大学东方语言与哲学学院“哲学月”活动的一个重要环节②，由浙江工商大学东亚阳明研究院院长钱明主持，并邀请华东师范大学教授朱承、上海社会科学院副研究员张锦枝、南京理工大学副教授赵熠玮、杭州师范大学副教授申绪璐分别围绕

① 信息摘录自《东语学院举办“心学的景深与视域”青年学者学术工作坊活动》，浙江工商大学东方语言与哲学学院新闻网，2020年11月24日。

② 2020年11月17日、18日、19日、23日、24日、25日，浙江工商大学东亚阳明研究院院长钱明研究员在“浙江工商大学哲学月”活动中以“东亚世界的‘阳明学’概念”“作为励志之魂的阳明心学”“作为智慧之源的阳明心学”“由圣转神的阳明形象”“阳明后学与阳明学派”“阳明学的域外传播”为题有“心学六讲”的专题讲座。

活动主题做了学术报告。

朱承以“阳明学研究的政治之维”为题进行报告。他认为，现代以来，心性学维度是阳明学研究领域内最重要的维度，然而，生活在现实政治当中的阳明学人物，作为儒家治世理想的奉行者，他们的思想和行动同样具有政治维度的重要意义。阳明学的“政治之维”主要有三种表现形式：一是政治史的形式，是将王阳明个人的政治事功放到明代中叶政治史上予以考察；二是政治思想史的形式，是将阳明学所展现出的理论品格、精神气质放到政治思想视阈下予以考察；三是政治哲学的形式，是从阳明学的概念、命题、思想中所引申出来的政治哲学思考。在以上三种形式所展开的理论研究中，政治史研究主要着眼于较为局限的军事功绩领域，政治思想史的研究则与近代以来中国社会思想解放、人人平等等思想诉求息息相关，而政治哲学的研究则更重视从普遍的人心、人性层面来探讨政治的德行根基。基于此，阳明学作为一种历史性思想资源，即能给予当下政治治理与社会道德建设更多的借鉴价值。

申绪璐以“阳明学的后退：荒木见悟教授论聂双江的思想”为题做了报告。通过对日本著名阳明学者荒木见悟先生所著《阳明学的后退：论聂双江的思想》一文的翻译与梳理，尝试分析荒木先生反对江右王门代表聂双江心学思想的原因。荒木先生倾向于判定聂双江思想为心学的乖离，聂双江所主张的良知归寂论被认为已严重背离了阳明之心的原来成色，反而更接近朱子学意义上预成性的天理。并且因为其同时又缺乏朱子学的格物向度，故其学说不但相较阳明心学而言是一种“退步”，相较朱子学同样也是一种“退步”。荒木先生之所以如此激烈地排抵聂双江心学，与其厌恶日本军国主义传统，以及其在“二战”中的生活悲剧等实事因素有直接关联。

张锦枝以“道与教的分野与融合：以阳明学为中心”为题对，阳明后学主要派别的理论分歧的发生机制进行了系统分析。她指出，阳明诸后学的理论分歧实际发生于教法而非道论。从本体而言，道与教是本质同一的，但这种本质同一性一旦进入工夫论的范畴，往往会在现实当中异化为“等同性”，这导致教法的区别被放大成为道论的相互龃龉，它也是导致阳明后学聚讼的重要原因。然而，由于后学各家的“良知”主张基本是一致的，这决定了各家必然会走向和解。历史事实也支持这种和解：随着工夫的推进和对本体理解的深入，原本分歧的阳明后学最终又能渐趋互相包容和理解，殊途同归。

赵熠玮以“江户后期汉方医哲学中的心身关系论演变”为题，主旨性地梳理了日本江户时代传统汉方医学身心关系论的演变进程，并给出每一次演变的致因分析。她指出，日本汉方医学的身心关系传统模式，基本沿用了中国的五行论系统，但这一系统在江户后期尤其是西方解剖学成果传入日本后，难以为实证主义所支持。由此，江户后期汉方医学家在坚持东方自然哲学式心身一体论认知的基础上，围绕“神经”概念的创制，融合西方近代医学机械论式身心观，构建了一种既具备可观测性、又存在形上因素的折中式心身观，既为传统医学的临床治疗扫清了实证障碍，也在东西方医学知识体系之间架构了双向交流的桥梁，是中医哲学与近代西方科学技术哲学融合的一次较为成功的尝试。

（四十七）“2020绍兴‘古越龙山·阳明杯’城市围棋邀请赛”在浙江绍兴举行[①]

2020年12月4日至7日，由浙江省围棋协会指导，绍兴市体育局主办，绍兴市围棋协会承办，绍兴市王阳明研究会协办，浙江古越龙山绍兴酒股份有限公司支持的“2020绍兴‘古越龙山·阳明杯’城市围棋邀请赛”在绍兴举行。

本次比赛除围棋比赛外，还有一个“阳明文化主题”，即瞻仰阳明先生遗迹，交流阳明文化，尤其是探寻阳明文化与围棋的渊源。绍兴市王阳明研究会副会长、绍兴文理学院教授张炎兴介绍了阳明心学发展过程及王阳明与围棋的关联，绍兴市围棋协会副主席金明特别交流了“王阳明与围

① 信息摘录自《“古越龙山·阳明杯”城市围棋邀请赛明日在绍兴开赛》，新浪浙江网，2020年12月3日。

棋”之间的诸多故事，各参赛代表纷纷发表体悟。

据悉，这是一场以“王阳明”这个名字串起来的比赛。受邀请参加比赛的8个城市，个个与“王阳明”这个名字相关——南京，王阳明在这里开始宦海生涯；杭州，王阳明多次来到这里，留下或悲或喜的故事；贵阳，王阳明在其下辖的修文县“龙场悟道”；南昌，17岁的王阳明在这里当上了新郎，平定宁王叛乱时，又率部智取南昌城；赣州，王阳明在这里做官、讲学；河源（广东省），王阳明总督两广时曾到河源地区平叛，并在此设立儒学；余姚，王阳明在这里出生（当时为浙江绍兴府余姚县），在这里度过了他的童年。王阳明从小酷爱军事和弈棋，围棋的理念助推了他的政治、军事才能，围棋也伴随了他的一生。

（四十八）“‘知行合一’当代教育价值与学校行动论坛”在江苏南京召开①

2020年12月10日至11日，由江苏省陶行知研究会、阳明教育联盟、江苏省教育学会初中教育专业委员会、南京市建邺区教育局联合举办的“‘知行合一’当代教育价值与学校行动论坛”在南京市中华中学上新河初级中学召开。来自江苏省陶行知研究会理事单位的校长代表，阳明教育联盟成员代表和南京市建邺区各中小学校长代表共近200人与会。

中华中学上新河初级中学校长陈履伟首先致辞，他介绍了学校实践“知行合一”的课程与教学体系，促进学生全面发展和个性发展的办学理念。建邺区教育局局长吴坤明在致辞中提出，希望通过本次论坛探究立德树人方法，借鉴专家建议，努力做好人民满意的高品质“建邺教育”。江苏省教育科学研究院党委书记、江苏省陶行知研究会会长王仁雷认为，应当创造性地运用王阳明和陶行知教育理念，立足中国，面向未来。阳明教育联盟秘书长鲍贤杰赞叹王阳明一生不断自我完善，追求内心光明，并提出作为教育者应当传播并弘扬阳明心学，汲取力量。南京市教育局副局长

① 信息来源于《“知行合一”当代教育论坛在宁举行》，《新华日报》2020年12月12日。

张利明强调，本次研讨主题为探索王阳明思想、陶行知理论如何在教学中落地生根的方法，希望与会专家学者共同分享，共同提高。

在学术报告环节，南京大学哲学系教授李承贵认为，王阳明“知行合一”思想中包括“自信其善”的主体意识、“知而必行”的实践精神、“言行一致”的诚信精神，这些对于培养健全的人、推动国家社会进步具有重要意义。中国教育科学研究所研究员储朝晖梳理了王阳明、陶行知和美国哲学家、教育家杜威的哲学及教育理念，认为教育既要传授知识，也要创造情境，让学生更多地实践和体验。

据悉，王阳明平定宁王叛乱后曾夜宿南京上新河，2020年恰逢“知行合一”理念倡导人王阳明到访上新河500周年，此次论坛在中华中学上新河初中举办，具有特殊意义。论坛期间，还举行了“王阳明与上新河相遇五百年”校园文化景点揭牌仪式，主要是为“守仁亭”揭牌及庆祝“龙江问学记”雕像落成。

（四十九）“纪念王阳明诞辰548周年阳明文化广西主题活动周暨阳明文化高峰论坛系列活动”在广西南宁、宾阳、梧州举行①

2020年12月12日至16日，为纪念王阳明先生诞辰548周年和阳明先生到广西493周年，由中国东方文化研究会阳明文化委员会联合广西壮族自治区梧州市人民政府、宾阳县人民政府、武宣县人民政府等共同举行的“纪念王阳明诞辰548周年阳明文化广西主题活动周暨阳明文化高峰论坛系列活动”在广西壮族自治区南宁市、宾阳县和梧州市举行。

12月12日上午，“纪念王阳明先生诞辰548周年高峰论坛”在南宁市召开。开幕式上，中国东方文化研究会阳明文化委员会会长、阳明先生二十二世孙王梅林和广西壮族自治区原副主席张文学分别致辞。

① 信息来源于《纪念王阳明先生诞辰548周年阳明文化系列活动在广西圆满举行》，中国东方文化研究会官网，2020年12月22日。

12月12日下午，与会嘉宾一同参观考察了位于南宁市青秀山的“阳明先生过化之地”，王梅林领读“无善无恶心之体，有善有恶意之动。知善知恶是良知，为善去恶是格物”的四句教，以示对阳明先生的纪念和尊崇。

12月13日上午，与会嘉宾到宾阳县宾阳中学及阳明先生曾经亲自购置土地建设的敷文书院，进行参观考察。

12月14日上午，“纪念王阳明先生诞辰548周年阳明文化书画展暨论道·王阳明先生在梧州”活动在梧州市进行，梧州市委书记全桂寿出席并致辞。出席活动的领导还有梧州市市长钟畅姿、梧州市人大主任谢凌云、梧州市政协主席黄振尧、梧州市委宣传部部长黄恩。

全桂寿对与会嘉宾表达热烈的欢迎并指出，西江通五省，总汇在梧州，这里区位优越、历史悠久、文化璀璨，已有4100多年文明史、2200多年建城史。中国第一个总督府设在梧州，王阳明先生曾任两广总督，充分体现了梧州在历史上重要的政治、军事和文化地位等。最后希望各位领导和专家继续为梧州研究、弘扬阳明文化建言献策、贡献智慧，梧州将全力做好服务，为大家来梧州开展研究讲学提供更多便利，创造更好条件，在传承和弘扬传统优秀文化中展现梧州形象。

王梅林对梧州市委、市政府支持阳明文化发展表达了衷心的感谢，并对各位参会嘉宾的到来表示热烈的欢迎。王梅林在致辞中表示，1527年12月，王阳明先生来到梧州，开府议事，在其思想相当成熟后来到广西，既平定思田叛乱，又平定八寨大藤峡区域的匪患。所到之处，大兴教育，创办社学、县学和书院，过化了梧州，过化了广西。一切从梧州开始，一切从梧州出发，为地方兴隆安定、民族团结、长治久安做出极大贡献。493年后的今天，我们在广西壮族自治区梧州市举办“纪念王阳明先生诞辰548周年阳明文化书画展暨论道·王阳明先生在梧州”系列活动，这在广西阳明文化发展史上具有重大意义并会产生深远影响。通过书画艺术作品创作表现形式，使艺术创作成为传播阳明文化的有益补充。阳明心学是阳明先生留给后人的宝贵精神财富，过往的研究已取得重要进展和丰硕成果。当前和今后一个时期，要着力对阳明文化正本清源，树立阳明思想研究的新标杆，突出特色，更好地走进人民、服务人民、解决实际问题，使得阳明文化普惠大众。

12月14日下午和15日，与会嘉宾参观考察了梧州市博物馆、龙母庙、泗洲岛、李济深纪念馆和在建的梧州三总府等历史文化遗迹。

参加“纪念王阳明诞辰548周年阳明文化广西主题活动周暨阳明文化高峰论坛系列活动”的专家学者和嘉宾还有：中国东方文化研究会副会长郭爱梅，浙江省儒学会会长、《王阳明全集》主编吴光教授，中央党校创新工程专家、博士生导师高宏存教授，贵州师范大学阳明学研究中心主任余怀彦教授，贵州省人大原副主任顾久，广西壮族自治区文联副主席黄云龙，宁波市王阳明文化促进会会长陈利权，绍兴市王阳明研究会会长张校军，余姚市书画院副院长计文渊，余姚市姚江文化研究会会长诸焕灿，武宣县县长吴孝斌，中国明史研究会王阳明研究分会副秘书长董华，吉安市王阳明研究传播中心主任刘庆华，绍兴市文史研究馆副馆长李永鑫，吉安市青原区文物局局长胡笃鹏，崇义县社科联主席郭坚，修文县委宣传部常务副部长宋安辉，修文县文联主席李小龙，大余县地方志办公室主任邓思喜等。

这次全国性的阳明文化论坛，在广西壮族自治区历史上系首次，也必将对广西阳明文化的研究产生重大影响。

（五十）“泰州学派学术峰会”在江苏泰州召开①

2020年12月16日，由南京大学、泰州市委、泰州市人民政府主办的“泰州学派学术峰会”在江苏泰州召开，来自国内知名高校和相关研究机构的共50多名专家相聚泰州，围绕“泰州学派的文脉传承与时代价值”主题，挖掘泰州学派蕴含的哲学智慧、人文精神、道德规范，展示其现代价值和时代风采。

① 信息摘录自《泰州学派学术峰会在泰州举行》，《泰州日报》2020年12月17日。

泰州市政协主席卢佩民，江苏省委宣传部副部长赵金松，南京大学党委常委、宣传部部长陈云松致辞，泰州市委常委、宣传部部长刘霞主持。泰州市人大常委会副主任臧大存、副市长王学锋等出席开幕式。中国人民大学哲学院一级教授张立文，北京大学哲学系教授张学智，复旦大学哲学学院教授吴震，浙江大学求是特聘教授董平做主旨演讲。

卢佩民在致辞中说，这是思想界的一次盛会，也是彰显泰州学派城市文化品牌魅力的重要举措。明代哲学家王阳明弟子王艮创立的泰州学派，倡导知行合一、躬行实践，勇于担当、敢于作为，践行以民为本、安民乐民，这些思想在今天仍然具有重要意义。本次会议以“泰州学派的文脉传承与时代价值”为主题，就是为了传承泰州学派思想精华，弘扬泰州学派时代价值。

赵金松在致辞中说，此次峰会探讨泰州学派的思想传承，深入挖掘历久弥新的思想内涵，总结提炼积极向上的人文精神，用思想精华滋养人的精神世界，提振人的精神力量，对于推动优秀传统文化的创造性转化、创新性发展，对于社会主义核心价值观的培育和践行，都具有重要的现实意义。他希望泰州以峰会为平台，进一步凝聚高水平研究力量，不断深化泰州文化研究，更好地推进文化强市、文化强省建设，助力“强富美高”新江苏建设。

陈云松在致辞中表示，本次峰会汇集了国内关于泰州学派研究的知名专家，希望各位嘉宾在峰会上集思广益、交流碰撞，进一步把泰州学派思想特质提炼出来，把泰州学派的时代价值阐扬出来，彰显泰州学派的学术魅力和思想张力。希望泰州学派学术峰会常态化开展，着力打造汇聚人才、思想、成果的新平台和展示泰州学派时代价值的新窗口。南京大学将一如既往地给予泰州学派研究工作大力支持。

会上，南京大学泰州学派研究中心发布了《2021年度泰州学派研究课题指南》。同时，举行了“泰州学派文献馆”揭牌仪式和泰州学派研究文献捐赠仪式。泰州市哲学社会科学界联合会还与上海市儒学研究会签订了战略合作协议。

据悉，今后，泰州市将把传承弘扬泰州学派文化品牌作为泰州文化名城建设的战略重点，打造泰州文明新气象；将在每年的王艮诞辰日（7月20日），常态化举办“泰州学派学术峰会”；将推动设立“泰州学派王艮学术奖”，每年评选出具有重大学术意义和价值的研究成果，奖励成果作者；将推动“泰州学派文献馆”建设，汇集全球泰州学派文献资料，通过共同努力，传承泰州学派的文化之脉；将开设“泰州学派书院和讲坛”，邀请泰州学派研究学术精英来泰州，结合新时代、新思想、新实践、新生活，常态化向大众传播泰州学派文化，让泰州学派焕发出新的时代光彩。

（五十一）“‘阳明文化：浙商精神之源’主题活动”在贵州修文举行①

2020年12月21日，“‘阳明文化：浙商精神之源’主题活动”在贵州修文龙冈书院举行，浙江工商大学浙商研究院院长陈寿灿，修文县委宣传部部长肖伦文，贵州旅游投资集团有限公司董事长张其鹤，贵州浙商代表及浙商研究院专家共聚一堂，共寻“浙商精神之源”。

肖伦文对陈寿灿一行及浙商在修文投资兴业表示感谢。他说，阳明文化对经济社会发展的影响非常重大，阳明文化是浙商群体中的无形力量和穿越时空的宝贵财富，要将阳明文化和浙商精神发扬光大。张其鹤介绍了中国阳明文化园的基本情况和浙江企业家的奋斗精神，希望园区在阳明文化这项伟大的文化事业中继续发光发热；同时也指出园区在发展过程中遇到了难题，道路是曲折的，前途是光明的，会继续做阳明文化的守护者。陈寿灿就马克思主义与阳明文化的共通之处做了详细解读。他认为，浙商背后的文化，其一就是阳明文化，阳明文化强调心存善念，对于个体来说即是人格的修炼；浙商要继续强大，一定要向企业家、向修文县委县政府学习，继续弘扬阳明文化真精神。

① 信息来源于《“阳明文化：浙商精神之源”主题活动在龙冈书院举行》，“中国阳明文化园”微信公众号，2020年12月22日。

会谈结束后，举行了浙商书院授牌仪式与浙商文化共建基地签约仪式。通过此次签约，中国阳明文化园加强了与浙江工商大学浙商研究院的联系。

会议期间，陈寿灿一行还走进阳明文化园考察阳明文化，详细了解王阳明先生的生平事迹、思想体系及“龙场悟道”历史，感受阳明文化的深刻内涵。

据悉，浙江和贵州有着千丝万缕的渊源，贵州是茶马古道和丝茶之路传播的重要节点之一。茶马古道不仅是一条贸易之路，也是一条交流文化传播之路。浙江著名思想家、政治家、军事家、哲学家王阳明与贵州结下了不解之缘，王阳明的思想深刻地影响了浙江和贵州两地的人民，成为中华优秀传统文化思想的精华和高峰。

（五十二）“首届东南阳明学高峰论坛”在福建江夏学院举行①

2020年12月26日，由福建江夏学院主办，中国先秦史学会、中国明史学会王阳明研究分会、福建省哲学学会、福建省闽学研究会协办的“首届东南阳明学高峰论坛”在福建江夏学院举行。福建省政协副主席张兆民，福建省政协副秘书长、办公厅主任黄树清，福建江夏学院党委书记郑建岚、福建江夏学院院长陈国龙出席活动。来自全国各高校和科研机构的共60多名专家学者参加论坛。

王阳明的政治与学术生涯，阳明心学的创立、传播、发展，与福建和闽学有着广泛、密切的联系。论坛共进行了“全球化时代下的阳明学之意义”“王阳明福建用兵考论”“闽中王学第一人”“王阳明与福建”等12场报告会。中山大学教授陈立胜、贵州省阳明学会原会长王晓昕教授、赣南师范大学国学研究院院长周建华教授、华东师范大学教授方旭东、厦门

① 信息来源于《“首届东南阳明学高峰论坛”在福建江夏学院举行》，福建江夏学院新闻网，2020年12月29日。

大学教授吴光辉、安徽大学教授徐道彬、云南大学教授李煌明、中国军事科学院战争研究院研究员王珏、福建省委党校教授林默彪等参加研讨，呈现了当前阳明学研究的新动态。

此次论坛共收到论文60多篇，研究主题涉及阳明学的时代价值、阳明学与福建、阳明及其后学在福建的行迹、阳明学本身的义理等，既有宏观展示宋明儒学学术背景下“心学”的渊源脉络，也有从细微处入手挖掘阳明与福建的史料点滴。总之，本次论坛旨在促进阳明学研究最新成果的分享、交流与切磋，推动以阳明学为代表的中华优秀传统文化在东南沿海地区的创造性转化与创新性发展，进而促进民众文化素质和精神文明建设水平的提升。

（五十三）“《王阳明与福建》新书首发式”在福建江夏学院举行①

2020年12月27日，由福建江夏学院、福建省政协文化文史和学习委员会主办的“《王阳明与福建》新书首发式” 作为“首届东南阳明学高峰论坛”的一场重要活动在福建江夏学院举行。福建省政协副主席张兆民，福建省政协副秘书长、办公厅主任黄树清等出席首发式。福建江夏学院党委书记郑建岚致辞，首发式由福建江夏学院院长陈国龙主持。

黄树清在致辞中指出，在全面建设社会主义现代化国家新的历史阶段，传承创新发展儒家学说，尤其是阳明学说，对于实现优秀传统文化的创造性转化与创新性发展，对于解决当下社会的诸多问题具有积极的启示意义。希望福建学界、教育界和广大阳明学爱好者把阳明学的传播与研究作为一项长期的事业，深入挖掘阳明学的新时代意义和价值内涵，汲取文化精华，做到古为今用，树立文化自信，为全面建设社会主义现代化国家，实现中华民族伟大复兴，凝聚强大的中国精神、中国价值、中国

① 信息来源于《省政协副主席张兆民一行莅临福建江夏学院参加〈王阳明与福建〉新书首发式并开展走访调研》，福建江夏学院新闻网，2020年12月29日。

力量。

郑建岚代表福建江夏学院党委对参加首发式的各位领导、专家和来宾表示欢迎，对首发式的举办致以祝贺。他指出，进一步加强对阳明学的研究、阐释和普及，是福建江夏学院落实立德树人根本任务，发挥人才培养、科学研究、社会服务、文化传承创新重要职能的具体举措。希望学校阳明学研究院以新书首发式为契机，进一步明确自身的基本任务与工作原则，增进高校立德树人整体效能，为传承、创新发展阳明学，为推进朱子学与阳明学会通，为加强中国特色社会主义文化建设做出新的努力与贡献。

参加新书首发式的还有《王阳明与福建》一书编著者、60余名省内外专家学者，以及福建江夏学院师生代表。

据悉，福建江夏学院阳明学研究院是福建省内首家阳明学研究的校级科研平台，主要致力于研究传播阳明学义理、发掘福建阳明学历史资源、开发阳明学文化创意产品等文化实践。由周建华、刘枫教授合作编著、福建人民出版社出版的《王阳明与福建》一书，是福建阳明学研究的阶段性成果，由福建省政协文化文史和学习委员会给予指导和资助。

2020年阳明学研究主要论著索引

著作类

（一）阳明学文献

王焱主编：《域外刊刻阳明先生文献》，广陵书社2020年5月版。

（明）郭朝宾等编：《王文成公全书》，广陵书社2020年10月版。

（明）王阳明著，张新民审定：《新刊阳明先生文录续编》（影印本），孔学堂书局2020年6月版。

（明）王阳明著，王力、孙玉婷点校：《新刊阳明先生文录续编》，孔学堂书局2020年6月版。

（明）王阳明著，李半知校注：《居夷集》，贵州人民出版社2020年6月版。

（明）季本著，胡雨章点校：《读礼疑图》，中国社会科学出版社2020年9月版。

（明）欧阳德著，（明）李春芳辑：《欧阳南野先生文选》，江西人民出版社2020年8月版。

（明）陶奭龄著，李会富编校：《陶奭龄集》，武汉大学出版社2020年7月版。

（二）阳明学著作（包括论文集）

束景南：《阳明大传："心"的救赎之路》，复旦大学出版社2020年2月版。

杨国荣：《王阳明》，北京大学出版社2020年2月版。

钟彩钧：《明代心学的文献与诠释》，台湾“中研院”中国文哲研究所2020年9月版。

倪梁康、张任之主编：《耿宁心性现象学研究文集》，商务印书馆2020年5月版。

贾庆军：《从天人两分到宇宙良知：王阳明天人思想的历史演变与实践》，首都经济贸易出版社2020年6月版。

张山梁编著：《一路心灯》，福建人民出版社2020年5月版。

方志远、李伏明：《治事阳明：一生精神在江右》，江西教育出版社2020年7月版。

王程强编著：《厉害了！王阳明》，百花文艺出版社2020年6月版。

陆永胜、赵平略主编：《阳明学鱼梁讲会》（创刊号），中华书局2020年8月版。

宁波市王阳明文化研究促进会主编，张宏敏编著：《2019阳明学研究报告》，华夏出版社2020年10月版。

诸焕灿编著：《姚江王氏及阳明家事探源》，团结出版社2020年11月版。

毛有碧、李承贵主编：《阳明学研究新论（第四辑）》，中国社会科学出版社2020年12月版。

周建华主编：《一盏不灭的心灯：王阳明家训三字经》，广东旅游出版社2020年9月版。

华建新编注：《王阳明诗文选》，中州古籍出版社2020年1月版。

徐泉华、章立权编著：《诗话阳明》，吉林文史出版社2020年6月版。

谌业军、胡启富编著：《王阳明居黔记》，贵州人民出版社2020年10月版。

张卫红：《敦于实行：邹东廓的讲学、教化与良知学思想》，上海古籍出版社2020年5月版。

周建华、刘枫编著：《王阳明与福建》，福建人民出版社2020年11

月版。

陈寒鸣：《李贽学谱（附焦竑学谱）》，孔学堂书局2020年6月版。

论文类

（一）王阳明研究

束景南：《写出一个真实的王阳明》，《人民日报》2020年6月12日。

王绪琴：《重塑阳明的“心态世界”——评束景南先生新作〈阳明大传——“心”的救赎之路〉》，《浙江社会科学》2020年第6期。

乐爱国：《王阳明的“格竹”与“竹有君子之道”》，《贵阳学院学报》（社会科学版）2020年第5期。

王群红：《成就王阳明“三不朽”伟业的主要因素分析》，《西部学刊》2020年第2期。

王群红、吕纪立：《成就王阳明“三不朽”伟业的思想道德因素分析》，《人文天下》2020年第3期。

王巧玲：《论王阳明的多次上疏请辞与苦衷》，《浙江万里学院学报》2020年第3期。

陈漂：《王阳明辞官考》，《汉字文化》2020年第24期。

王静：《从阳明心学到人生百态》，《汉字文化》2020年第24期。

赵文会：《论王阳明龙场悟道的哲学维度与历史维度间的辩证关系》，《宁波大学学报》（人文科学版）2020年第2期。

云龙：《“死生之道”与三教之判——王阳明由龙场悟道而归本儒学之密钥》，《中南大学学报》（社会科学版）2020年第2期。

郭亮：《王阳明龙场悟道的释经学意蕴》，《中山大学学报》（社会科学版）2020年第4期。

汪燕：《王阳明龙场悟道的“心流”阐释》，《安顺学院学报》2020年第4期。

黎业明：《王阳明与陈白沙之间是否存在学脉传承关系？——束景南

〈王阳明年谱长编〉相关论述辨正》，《中国儒学》2020年卷。

陈博：《罗钦顺为学工夫的呈现理路及其对阳明心学的路径批判》，《广西大学学报》（哲学社会科学版）2020年第5期。

吴光：《“浙学”与“阳明学”论纲》，《湖南大学学报》（社会科学版）2020年第1期。

杨国荣：《王阳明的心学与浙学》，《哲学分析》2020年第3期。

韩先虎：《晚明儒学“体认天理”观念探析：兼论阳明思想的综合性与超越性》，《晋城职业技术学院学报》2020年第4期。

张新国：《身体、心灵与自然的融通：王阳明心学主体性的结构》，《哲学研究》2020年第2期。

王英：《两种身体、两种阳明学、两种政治力量：阳明学的内在张力及其发展》，《当代儒学》辑刊2020年卷。

黄琳：《观念形而上学与直观形而上学：心学思想中的二重向度与道德悖论》，《广东社会科学》2020年第6期。

李承贵：《论王阳明心学格局的形成》，《河北学刊》2020年第6期。

王宏伟：《王阳明心学的道德自觉思想研究》，西南大学硕士学位论文，2020年5月。

黄瑶：《“责任”视域下的“心”与“物”——王阳明“心外无物”新解》，《大连海事大学学报》（社会科学版）2020年第1期。

乔清举：《王阳明“心外无物”思想的内在义蕴及其展开——以“南镇观花”为中心的讨论》，《哲学研究》2020年第9期。

陈心想：《“心”即“认知”：认知框架、社会事实与赋值力》，《南京师大学报》（社会科学版）2020年第2期。

张可可：《王阳明“格物”思想辨析：以〈传习录〉为中心辨王朱异同》，《智库时代》2020年第7期。

陈来：《王阳明晚年思想的感应论》，《深圳社会科学》2020年第2期。

王明华：《王阳明心物关系论探析》，西藏民族大学硕士学位论文，

2020年5月。

丁儒贤：《王阳明格物致知思想研究》，西北师范大学硕士学位论文，2020年5月。

姚新中、隋婷婷：《当代社会心理学视域下的知行合一》，《江苏社会科学》2020年第1期。

丁为祥：《“践行”还是“践形”？——王阳明“知行合一”的根据、先驱及其判准》，《哲学动态》2020年第1期。

冯骏豪：《“主体与工夫”——陈来、劳思光“知行合一”诠释比较》，《特区实践与理论》2020年第1期。

李令晖、史千里：《“知行本体”与“心之本体”——再论王阳明“知行合一”》，《人文天下》2020年第13期。

张祥云、李俏丽：《知行合一：人文教育根本原则》，《贵阳学院学报》（社会科学版）2020年第4期。

郦波：《伟大的知行合一》，《新理财（政府理财）》2020年第4期。

高正乐：《王阳明“知行合一”命题的内涵与局限》，《中国哲学史》2020年第6期。

陆永胜：《王阳明“知行合一”的理论效力与实践能力》，《江淮论坛》2020年第6期。

李承贵：《“心即理”的构造与运行》，《学术界》2020年第8期。

陈海威：《王阳明“心即理”命题内涵及当代价值》，《杭州电子科技大学学报》（社会科学版）2020年第4期。

左克厚：《王阳明良知思想及其限度》，《青海师范大学学报（哲学社会科学版）》2020年第1期。

王健：《王阳明哲学思想中“良知”的概念探讨》，《黑河学院学报》2020年第1期。

姚军波：《王阳明“良知”本体辨析》，《西安航空学院学报》2020年第4期。

张海丽：《王阳明“良知学”的理论探析》，《今古文创》2020年第

43期。

周芳宇：《阳明良知学的主体性研究》，山东大学硕士学位论文，2020年5月。

魏黄玲：《探析王阳明的“良知学”》，《太原城市职业技术学院学报》2020年第1期。

李健芸：《真诚恻怛：良知的本然朝向——良知之真诚恻怛与知是知非关系辨析》，《特区实践与理论》2020年第1期。

苏晓冰：《道德之普遍性的根据何在——从王阳明对“良知”之实在性的论证来看》，《海南大学学报》（人文社会科学版）2020年第4期。

李宇：《“致良知”何以可能》，《重庆科技学院学报》（社会科学版）2020年第1期。

董平：《主体性的自我澄明：论王阳明“致良知”说》，《中国哲学史》2020年第1期。

葛跃辉：《理解王阳明致良知思想的三个向度——以〈传习录·答顾东桥书〉为中心》，《成都理工大学学报》（社会科学版）2020年第2期。

祁斌斌：《“致良知”：从任物之心到即体之心》，《安康学院学报》2020年第3期。

戚杨泽：《王阳明“立志诗”中的心学思想发微》，《名作欣赏》2020年第35期。

杨道宇：《学由志成：阳明心学的学习意志论》，《山西大学学报》（哲学社会科学版）2020年第2期。

陈延斌、麦玮琪：《王守仁修己思想及其时代价值》，《中国哲学史》2020年第5期。

邵通：《王阳明圣人观的三重突破》，《唐山师范学院学报》2020年第4期。

张海燕：《中国古代的天人观念与生态伦理——兼论王阳明“天地一体之仁”》，《国际社会科学杂志（中文版）》2020年第2期。

李史如：《“仁者以天地万物为一体”何以可能——论王阳明的环境美

德伦理思想》，《南京林业大学学报》（人文社会科学版）2020年第5期。

张新国：《王阳明〈大学问〉的仁学建构》，《南昌大学学报》（人文社会科学版）2020年第1期。

李富强：《王阳明“一体之仁”的存在论阐释》，《洛阳师范学院学报》2020年第4期。

龚晓康：《“此心光明”：王阳明的生死觉化与良知体证》，《中国哲学史》2020年第3期。

欧阳祯人：《从〈拔本塞源论〉看王阳明与陆象山的关系》，《孔学堂》2020年第3期。

吕本修：《王阳明“四句教”及其道德价值》，《齐鲁学刊》2020年第6期。

朱小明：《从“有善有恶是意之动”到“为善去恶是格物”——阳明心学的“诚意”说探析》，《贵州文史丛刊》2020年第4期。

郝鑫：《论王阳明心学中“诚”之内涵的多重性》，《宁夏社会科学》2020年第2期。

田晓丹：《王阳明思想中“乐”的探析》，《河南广播电视大学学报》2020年第1期。

周庆辉：《王阳明未发已发思想探究》，《内江师范学院学报》2020年第7期。

张维珍：《析阳明心学之“乐”》，《汉字文化》2020年第15期。

傅锡洪：《论阳明学中的“真诚恻怛”：思想渊源、工夫内涵及当代意义》，《杭州师范大学学报》（社会科学版）2020年第5期。

葛跃辉：《王阳明气思想研究》，上海师范大学硕士学位论文，2020年5月。

汪学群：《王阳明心学与经学的互释》，《哲学动态》2020年第1期。

邹莹：《“忘鱼而钓，寄兴于曲蘖”：王阳明的经典诠释学》，《理论界》2020年第2期。

李春青：《从“文本阐释”到“自我阐释”——王阳明经典阐释学思想

的实践性品格》，《山东师范大学学报》（社会科学版）2020年第4期。

王胜军：《王阳明六经“删述”说发微——兼论文化生态的净化》，《湖北大学学报》（哲学社会科学版）2020年第5期。

陈光：《王阳明〈大学〉思想研究》，河北大学硕士学位论文，2020年5月。

乐爱国：《王阳明对〈论语〉“克己复礼为仁”的解读及其后学的变异——兼与朱熹的解读比较》，《贵州社会科学》2020年第2期。

王公山：《王阳明的〈诗经〉观及其学术价值》，《井冈山大学学报》（社会科学版）2020年第1期。

赖少伟：《王阳明易学思想之发展路径》，《赣南师范大学学报》2020年第5期。

黄黎星：《论王阳明〈易〉说》，《福建江夏学院学报》2020年第6期。

田晓丹：《王阳明经学观视域下的“元年”探究》，《成都理工大学学报》（社会科学版）2020年第5期。

朱伟：《王阳明基层治理的理论价值》，《宁波日报》2020年7月9日。

黄文杰：《王阳明基层治理思想的当代启示》，《宁波日报》2020年7月9日。

方东华：《王阳明基层治理的实践探索》，《宁波日报》2020年7月9日。

崔树芝：《从书院到乡约——王阳明乡治思想研究》，《贵阳学院学报》（社会科学版）2020年第2期。

陈睿超：《王阳明〈南赣乡约〉的思想、现实基础及其当代启示——一个传统中国的“简约治理”个案》，《哈尔滨工业大学学报》（社会科学版）2020年第6期。

贾庆军：《王阳明管理思想探析》，《武陵学刊》2020年第1期。

王杨秀：《王阳明心学与其现代政治哲学的价值》，《贵阳学院学报》（社会科学版）2020年第5期。

钟海连：《王阳明危机管理策略简论——以“投江游海”事件为例》，

《中国文化与管理》辑刊2020年卷。

任健、徐婷：《王阳明治家思想及其价值分析》，《学术研究》2020年第6期。

刘孟珂：《人性之善，天下无不化之人——王阳明对贵州民族地区的治理思想》，《汉字文化》2020年第14期。

华建新：《王阳明良知法治思想的形成、内涵与法治宁波建设》，《宁波通讯》2020年第15期。

易中梅：《浅析王阳明官德思想》，《科学咨询（教育科研）》2020年第8期。

张天社：《〈南赣乡约〉中的廉洁思想》，《中国纪检监察报》2020年6月5日。

贾庆军：《王阳明的军事谋略》，《书屋》2020年第1期。

黄朴民、熊剑平：《知行合一：王阳明兵学思想管窥》，《浙江社会科学》2020年第9期。

邓荣宗等：《论明中叶赣南的地方军事化——以王阳明巡抚南赣为中心》，《江西理工大学学报》2020年第2期。

刘娜、刘鲲：《王阳明与射艺》，《体育科技文献通报》2020年第8期。

徐红日、洪杰英：《杨贤江与王阳明教育思想比较研究》，《教育现代化》2020年第3期。

金世贞：《王阳明的生命哲学和实现真我的教育论》，《教育文化论坛》2020年第3期。

刘媛：《王阳明与中晚明贵州书院精神》，《贵阳学院学报》（社会科学版）2020年第3期。

邓凯、胡蓉：《王阳明与教育》，《宁波通讯》2020年第23期。

刘媛：《王阳明与中晚明贵州书院精神》，《贵阳学院学报》（社会科学版）2020年第3期。

侯丹、温骞骞：《王阳明的书院讲学活动及影响》，《宜春学院学报》2020年第11期。

李慧敏：《王阳明心学为学观的价值导向再认识》，《齐齐哈尔大学学报》（哲学社会科学版）2020年第12期。

王文君、杨包生：《王阳明教育理论对当代大学生的启示》，《教育教学论坛》2020年第40期。

张明、王建明：《“成色”与“分两”：阳明心学视域下的德艺观》，《教育文化论坛》2020年第3期。

李兴韵、张杨旭：《王阳明儿童“自得之美”教育思想研究》，《教育研究与实验》2020年第5期。

管华香：《浅谈王阳明的教育观——以〈传习录〉为中心》，《汉字文化》2020年第18期。

沈斌：《王阳明心学及其对晚明性情文学的影响》，《闽西职业技术学院学报》2020年第1期。

王利民、江梅玲：《从王阳明诗歌看其生命抉择》，《北方论丛》2020年第1期。

梅国春：《王阳明诗歌中的心学色彩探究》，《桂林师范高等专科学校学报》2020年第3期。

赵健发：《论王阳明诗歌对“心即理”的艺术阐释》，《名作欣赏》2020年第29期。

梅国春：《王阳明诗歌的山水审美之乐》，《佳木斯大学社会科学学报》2020年第5期。

武晴：《阳明心学对明代戏曲艺术发展的影响》，《文化学刊》2020年第4期。

王福权：《王阳明楷书取法与〈平浰头碑〉的书风问题》，《美术大观》2020年第6期。

王福权、曹卫民：《王阳明玉石仙岩题刻文献探微》，《赣南师范大学学报》2020年第5期。

胡念望：《王守仁致谢源书札五通连裱长卷考》，《收藏家》2020年第6期。

袁宪泼：《王阳明“游艺”工夫实践与文艺观念突破》，《民族艺术》2020年第5期。

涂可国：《良知与责任：王阳明责任伦理思想再论》，《孔学堂》2020年第2期。

吴瑾菁、刘光华：《作为能力的道德良知》，《江西社会科学》2020年第6期。

王振钰：《是非即好恶：阳明心学的道德动机论初探》，《求是学刊》2020年第4期。

黄勇：《“道德运气”是个矛盾概念或悖论？——王阳明的解决办法》，《求是学刊》2020年第4期。

崔海东：《明代王学视域中“人的重建”》，《贵阳学院学报》（社会科学版）2020年第2期。

王玉明、申静思：《论王阳明的仁孝思想》，《文化创新比较研究》2020年第14期。

陈立胜：《“王阳明模式”：一种新的宗教对话模式之提出》，《哲学动态》2020年第2期。

黄诚、包滢晖：《转仙释之识，成“儒门”之智——儒释道三教关系视域下的阳明心学思想建立之检讨》，《贵阳学院学报》（社会科学版）2020年第2期。

刘继平：《阳明心学对禅学的融摄》，《贵阳学院学报》（社会科学版）2020年第2期。

曾燚：《同境不同路——王阳明对华严宗的继承与扬弃》，《绍兴文理学院学报》（人文社会科学版）2020年第2期。

方旭东：《悟致知焉尽矣——禅学对诠释王阳明思想的一个启发》，《贵阳学院学报》（社会科学版）2020年第5期。

潘建国：《当心学遇上禅学——从“四句教”和“悟道偈”说起》，《新阅读》2020年第5期。

姜晓琨：《论佛学对王阳明心学的影响——以南宗禅为主的讨论》，山东大学硕士学位论文，2020年5月。

车辙：《王阳明“知行合一”与祖师禅“明心见性”比较研究》，《贵阳学院学报》（社会科学版）2020年第4期。

谭振江：《阳明心学“知行合一”说的佛学关联》，《山西高等学校社会科学学报》2020年第12期。

傅伊岚、卓光平：《论王阳明诗歌中“月”的佛禅意涵》，《名作欣赏》2020年第29期。

彭聪聪、卓光平：《论王阳明〈谏迎佛疏〉的儒佛思想》，《名作欣赏》2020年第35期。

夏朋飞、刘湘兰：《名卿与大儒：明清王阳明传记书写的二维向度》，《学术研究》2020年第4期。

刘辰：《〈四库全书总目〉中的“朱陆之辩”——兼论乾隆反“门户”观念的影响》，《天府新论》2020年第3期。

刘珈羽：《论柳湘莲身上的阳明学色彩》，《汉字文化》2020年第11期。

韩荣钧：《太谷学派与阳明心学、泰州学派的关系》，《贵阳学院学报（社会科学版）》2020年第3期。

田晓丹：《论康有为对陆王心学的阐发》，《新乡学院学报》2020年第2期。

王锐：《清末民初章太炎对王学评析之再检视》，《天津社会科学》2020年第1期。

李兴韵、张杨旭：《竺可桢教育思想中的“阳明情结”》，《宁波大学学报》（教育科学版）2020年第2期。

何大海：《论陶行知对王阳明知行思想的继承及发展》，《汉江师范学院学报》2020年第3期。

乐爱国：《民国时期对王阳明“知行合一”的不同解读与论争》，《兰州学刊》2020年第8期。

乐爱国：《梁漱溟对阳明学的阐发与吸取》，《湖北大学学报》（哲学社会科学版）2020年第2期。

刘元青：《熊十力“致知格物”新训及其意义——以〈读经示要〉为中心》，《孔子研究》2020年第6期。

张倩：《唐君毅以“气”论拓展阳明心学的理论尝试》，《贵阳学院学报》（社会科学版）2020年第4期。

叶克冬：《王阳明及其心学的现代启示》，《人民政协报》2020年11月2日。

王川、张艳彦、沈颖：《王阳明民众观对当代乡村社会治理的启示研究》，《华北理工大学学报》（社会科学版）2020年第4期。

卜涛、黄一飞：《试论王阳明心学的修养方法对党性教育的当代价值》，《农村经济与科技》2020年第10期。

李成林：《中国共产党人构建“心学”的思考——基于王阳明心学的视角》，《厦门特区党校学报》2020年第3期。

赵岩：《王阳明廉政思想对贵州省干部教育的启示》，《领导科学论坛》2020年第21期。

舒曼：《知行合一与心理健康》，《南京师范大学学报》（社会科学版）2020年第3期。

吴剑文：《王阳明“知行合一”思想的当代价值》，《大众文艺》2020年第2期。

籍洪亮：《论王阳明知行合一思想对高校培育时代新人的启示》，《开封文化艺术职业学院学报》2020年第2期。

吴灿灿：《王阳明“知行合一”思想内涵融入现代思想政治教育方法研究》，《职大学报》2020年第2期。

张俊英等：《“知行合一”思想在青少年思想政治教育中的作用》，《六盘水师范学院学报》2020年第2期。

鲍贤杰：《王阳明“知行合一”思想对高校思政教育的启示》，《高教学刊》2020年第6期。

李皖蒙、张晓野：《文化自信视域下“知行合一”思想融入高校思政课教学刍议》，《开封文化艺术职业学院学报》2020年第3期。

何心：《“知行合一”思想的内涵及现实意义》，《学理论》2020年第6期。

费苓芳、王寿铭、王歆玫：《王阳明“知行合一”思想对大学生思想政治教育的启示》，《浙江树人大学学报》（人文社会科学）2020年第6期。

潘锭钰：《王阳明“知行合一”对大学生思想政治教育的启示》，《理论观察》2020年第9期。

高琦：《论“知行合一”在新时代公民道德教育中的实现路径》，《齐齐哈尔大学学报》（哲学社会科学版）2020年第10期。

梁化民：《以“知行合一”重塑当代大学生道德素质教育体系》，《天津城建大学学报》2020年第5期。

李敏：《王阳明“知行合一”思想再认识及对中学生教育的启示》，《品位经典》2020年第8期。

田娟：《中国共产党人践行“知行合一”的几点思考》，《辽宁警察学院学报》2020年第3期。

衣春迪、韦忠将：《“知行合一”对培育干部务实精神的启示》，《理论与当代》2020年第5期。

郑舒妍：《王阳明“致良知”学说融入高职院校思想政治教育的路径研究》，《福建教育学院学报》2020年第7期。

耿加进：《王阳明“致良知”思想及其对当代德育的启示》，《汉字文化》2020年第23期。

张文博：《王阳明“致良知”思想与大学生道德实践体系的建构——以华北水利水电大学为例》，华北水利水电大学硕士学位论文，2020年5月。

曾雪阳：《王阳明“致良知”思想对新时代官德修养的启示》，《新东方》2020年第5期。

俞跃：《王阳明“万物一体”思想的社会意义》，《文化创新比较研究》2020年第5期。

朱承：《万物一体视域下的人工智能》，《学术交流》2020年第5期。

向文华、苏海茵：《王阳明教育思想及其在青少年教育中的指导意义》，《西南科技大学学报》（哲学社会科学版）2020年第1期。

李朝军：《王阳明心学对现代家庭教育的启示》，《濮阳职业技术学院学报》2020年第2期。

李君利、尹楠：《阳明心学对高校大学生道德教育的借鉴意义》，《山东商业职业技术学院学报》2020年第1期。

何燕、邓淀月：《王阳明"心学"及其对高校思想政治理论课教学的启示》，《文化创新比较研究》2020年第5期。

李和忠、薛柳：《阳明文化对新时代大学生思想政治教育工作的启发》，《知识经济》2020年第15期。

许红、刘阳科：《王阳明心学对大学生思想政治教育的启示研究》，《陕西青年职业学院学报》2020年第3期。

王倩：《浅析王阳明修养理论及其当代价值》，《教育现代化》2020年第40期。

刘杰：《论王阳明危机管理的实践与思想》，《浙江海洋大学学报》（人文科学版）2020年第1期。

张树恒：《阳明心学管理哲学视角下的企业文化管理研究》，山东建筑大学硕士学位论文，2020年5月。

张宏敏：《阳明学：中华传统文化研究中的"显学"》，《国学学刊》2020年第1期。

王嘉宏、卓光平：《论新世纪以来"阳明戏"的思想主题》，《名作欣赏》2020年第5期。

田聪聪、卓光平：《论新世纪浙江王阳明题材的戏曲创作》，《名作欣赏》2020年第5期。

卢富清、卓光平：《新世纪以来阳明文化在绍兴的影响与传播》，《名作欣赏》2020年第5期。

郑晶晶：《新世纪以来阳明心学在浙江教育界的影响》，《名作欣赏》2020年第35期。

洪杰英、张君雪、王华利：《大学生践履阳明心学的实践途径研究》，《名作欣赏》2020年第11期。

田聪聪：《新世纪浙江“阳明戏”的比较》，《名作欣赏》2020年第11期。

史英达：《王阳明对孟子儒学知识论的继承和发展》，《汉字文化》2020年第14期。

刘珈羽：《孟子与阳明“不动心”比较》，《汉字文化》2020年第15期。

叶云：《王阳明对朱子天理思想的继承》，《宁波大学学报》（人文科学版）2020年第2期。

樊智宁：《朱熹、王阳明的“格物致知”论比较——以其〈春秋〉〈左传〉学为视角》，《井冈山大学学报（社会科学版）》2020年第1期。

范国盛：《朱熹与王阳明蒙养教育观之异同及现代启示》，《宁波大学学报（教育科学版）》2020年第2期。

徐亚豪：《道德与知识的张力——论王阳明对朱子格物说的内在化转向》，《特区实践与理论》2020年第1期。

乐爱国：《王阳明的“去人欲而存天理”及其与朱熹理欲论之比较》，《安徽师范大学学报》（人文社会科学版）2020年第2期。

丘山石：《生生不息：朱熹与王阳明生命观的同调异趣》，《朱子文化》2020年第3期。

曾亦：《严父莫大于配天：从明代“大礼议”看朱熹与王阳明对“至善”概念的不同理解》，《中国哲学史》2020年第3期。

卢珊：《朱子与阳明：〈大学〉“三纲领”比较研究》，山东大学硕士学位论文，2020年5月。

马云云：《从静坐工夫入手比较朱子阳明的根本差异》，山东大学硕士学位论文，2020年5月。

田晓丹：《论朱子阳明“格物”之辨》，《河南广播电视大学学报》2020年第3期。

陈乔见：《王阳明批评朱子“外心以求理”的得与失》，《浙江社会科学》2020年第8期。

李承贵：《陆象山对阳明心学形成的双重意义——基于王阳明的视角》，《学术研究》2020年第1期。

张娜：《陆王心学“减损论”——论陆王道德修养方法的路径取向》，《北方论丛》2020年第6期。

韩强：《陆九渊、王阳明的心性论》，《太原师范学院学报（社会科学版）》2020年第3期。

黎业明：《王阳明与陈白沙之间是否存在学脉传承关系？——束景南〈王阳明年谱长编〉相关论述辨正》，《现代哲学》2020年第1期。

戢斗勇：《阳明心学与甘泉心学的交互关系》，《佛山科学技术学院学报》（社会科学版）2020年第1期。

张慕良：《“信心”与“言心”：思考王、湛之别的一个维度》，《北京师范大学学报》（社会科学版）2020年第3期。

赵絮颖：《湛若水与王阳明“格物”思想比较》，《河北北方学院学报》（社会科学版）2020年第4期。

黎业明：《湛若水与王阳明关于格物致知问题的论辩》，《学术研究》2020年第11期。

马丹阳：《简析柏拉图〈洞穴隐喻〉——兼与阳明心学比较》，《现代交际》2020年第1期。

徐良：《王阳明和海德格尔的本体论思想研究》，《中华文化论坛》2020年第2期。

李浩：《“心即理”与“良心自由”之比较研究——兼论近代中西伦理体系中的核心思想》，《内蒙古社会科学》2020年第3期。

黄勇、段素革：《信念、欲望与信欲：斯洛特与王阳明道德动机论之比较》，《伦理学研究》2020年第3期。

李云飞：《论良知呈现的现象学意蕴》，《学术研究》2020年第5期。

高鹤文、范永康：《关怀自身与万物一体：福柯生存伦理学与王阳明工夫论之比较》，《曲靖师范学院学报》2020年第4期。

林迅：《王阳明与吴越地域狂侠精神的交互影响》，《安徽理工大学学报》（社会科学版）2020年第2期。

华建新：《越文化视域下明嘉靖初年越中阳明心学的勃兴与流播》，《教育文化论坛》2020年第3期。

沈启源：《“黔学之祖”王阳明传道于贵阳》，《贵阳文史》2020年第3期。

徐茵：《滁州阳明书院的历史影响与重建的文化价值》，《滁州学院学报》2020年第4期。

周凯、陶会平：《论王阳明讲学的首发之地》，《滁州学院学报》2020年第6期。

林晓峰、张山梁：《阳明学与福建地域文化》，《闽台文化研究》2020年第4期。

张山梁：《闽地祠祀阳明考》，《福建江夏学院学报》2020年第1期。

刘和富：《功祀与道祀：明清时期广东阳明祠的地域差异探析》，《赣南师范大学学报》2020年第5期。

张伟：《广西两方王阳明石刻画像碑考录》，《岭南文史》2020年第3期。

张伟、赵乃蓉：《广西两方王阳明石刻画像碑考录》，《文博学刊》2020年第4期。

邹建锋、陈雪：《王阳明〈传习录〉形成过程研究》，《浙江社会科学》2020年第3期。

张献忠、朱候渝：《阅读史视角下的〈传习录〉研究》，《江西社会科学》2020年第8期。

张星、张实龙：《修辞传播视角下王阳明言语机锋探析——以〈传习录〉为核心的考察》，《广西职业技术学院学报》2020年第6期。

汤文瑞：《一部阳明文献珍本重见天日》，《中华读书报》2020年12月16日。

张新民：《明代黔中地区阳明文献的刊刻与传播：以嘉靖贵阳本〈新刊阳明先生文录续编〉为中心的研究》，《孔学堂》2020年第3期。

张倩茹：《正德九年朱陆之辩与王阳明〈朱子晚年定论〉关系新探》，《孔子研究》2020年第1期。

郑凯歌：《"居夷诗"中贵州山水形象变迁与王阳明心学发展》，《广西民族大学学报》（哲学社会科学版）2020年第5期。

李殿玉：《王阳明心学之思——以〈大学〉为之方法》，《保定学院学报》2020年第2期。

张丹丹：《论冯梦龙〈靖乱录〉的文体特征》，《广州广播电视大学学报》2020年第3期。

马逸聃、卓光平：《冯梦龙小说中的王阳明形象塑造》，《名作欣赏》2020年第20期。

郝渊渊、卓光平：《神奇圣人：冯梦龙小说对王阳明形象的塑造》，《名作欣赏》2020年第26期。

（二）阳明后学研究

汪学群：《〈明儒学案〉与阳明学的分派》，《贵阳学院学报》（社会科学版）2020年第3期。

张海晏：《道德主体性的拆散：阳明后学的分化》，《贵阳学院学报（社会科学版）》2020年第2期。

颜炳罡、邝宁：《"合内外"视野下阳明后学的发展及其分化》，《西南民族大学学报》（人文社会科学版）2020年第1期。

王觅泉：《阳明学的本体—工夫悖论与其教训》，《孔学堂》2020年第4期。

韩先虎：《晚明儒学"体认天理"观念探析：兼论阳明思想的综合性与超越性》，《晋城职业技术学院学报》2020年第4期。

刘昊：《中晚明时代"生之谓性"解释的新动向——以阳明学为中

心》，《浙江社会科学》2020年第7期。

王晓娣：《儒学民间化：阳明后学“觉民行道”的社会伦理建构》，《东南大学学报》（哲学社会科学版）2020年第5期。

刘凤霞：《“风教”与“风情”——阳明学人的曲学态度及其戏曲发展史意义》，《山东社会科学》2020年第1期。

吴震：《阳明学时代何以“异端”纷呈？——以杨慈湖在明代的重新出场为例》，《浙江社会科学》2020年第1期。

于闽梅：《王学左派的欲望观及其现代性》，《吉林师范大学学报》（人文社会科学版）2020年第3期。

陈福滨、黄伟铭：《儒佛会通：晚明“居士佛教”与“阳明后学”》，《吉林师范大学学报》（人文社会科学版）2020年第3期。

彭丹：《阳明学尧舜与孔子高下问题刍议》，《海南大学学报》（人文社会科学版）2020年第6期。

王安然：《浙中王门现成良知研究》，中央民族大学硕士学位论文，2020年5月。

张天杰：《证人社二次“别会”与晚明浙中王学讲会之分合：兼论黄宗羲并非刘门“左右师席者”》，《南昌大学学报》（人文社会科学版）2020年第2期。

邓国元：《钱绪山对阳明学“四句教”的诠释——以“无善无恶”为中心的考察》，《湖北大学学报》（哲学社会科学版）2020年第2期。

盛珂：《道德与“超道德”之间——重新理解王龙溪“四无论”的理论意义》，《云南大学学报》（社会科学版）2020年第2期。

邹建锋、叶春艳：《从天泉证道看阳明弟子钱德洪和王畿的学术论辩》，《贵阳学院学报》（社会科学版）2020年第3期。

刘淑龙：《气学视域下的王畿心学》，杭州师范大学硕士学位论文，2020年5月。

贺淼：《季本“龙惕”思想探析》，河南大学硕士学位论文，2020年5月。

刘荣茂：《“游艺”与“养心”：阳明学派的知识面向——以顾应祥、唐顺之为中心》，《哲学与文化》2020年第6期。

谭婷婷：《万表诗文研究》，湖南师范大学硕士学位论文，2020年5月。

王立诚：《宁波万氏家族涉日事迹考：以万表为中心》，《宁波教育学院学报》2020年第4期。

杨懿：《从儒将世家到地方士绅：再论鄞县万氏家族之门风转换》，《宁波大学学报》（人文科学版）2020年第1期。

周群：《〈金刚经〉视域下的徐渭本色论及其价值厘定》，《江海学刊》2020年第5期。

申旭庆：《明代书画家徐渭生活圈变迁述考：以徐渭行迹为研究对象》，《荣宝斋》2020年第3期。

张兆勇：《试探析侦破徐渭心程及艺术成就的正确思路》，《湖南第一师范学院学报》2020年第1期。

蒋瑞琰：《徐渭生活美学研究》，喀什大学硕士学位论文，2020年5月。

廖可斌：《试论中国诗歌由古典向近代的演变问题：以徐渭诗歌的非古典特征为例》，《文学遗产》2020年第5期。

吕靖波：《关于徐渭〈女状元辞凰得凤〉题材来源的误解与辨析》，《戏曲艺术》2020年第1期。

王煦：《徐渭绘画的“幻”与“真”》，《美术大观》2020年第1期。

李铭阳：《浅析徐渭艺术风格》，《大众文艺》2020年第1期。

荆海洋、申行舟：《烟岚满纸，气势磅礴：浅析徐渭巨轴书法的形成及影响》，《美术教育研究》2020年第2期。

胡太南：《试论徐渭草书的“逆数”用笔风格特征》，《萍乡学院学报》2020年第1期。

张启元：《徐渭信札书法研究》，中央美术学院硕士学位论文，2020年5月。

石冉冉：《徐渭与傅山绘画风格比较研究》，《山东工艺美术学院学报》2020年第5期。

刘玉龙、张文清：《徐渭画史地位的历史构建》，《美术》2020年第12期。

李永强：《20世纪的中国美术史著作中“徐渭”画史地位的变迁》，《美术研究》2020年第2期。

刘春兰：《舍形悦影——徐渭〈四时花卉图〉轴探析》，中央美术学院硕士学位论文，2020年5月。

付博：《徐渭〈花果鱼蟹图卷〉的图像化解析》，《戏剧之家》2020年第22期。

王培培：《徐渭书画作品的艺术价值》，《美与时代》2020年第8期。

戴炜烨：《莎士比亚戏剧与徐渭戏剧中的女扮男装现象比较》，《河南工程学院学报》（社会科学版）2020年第4期。

陈伟良：《“养中”与“格物”：蔡汝楠对王、湛之学的融通》，《中国哲学史》2020年第2期。

俞汉群：《讨真心：唐一庵哲学思想研究》，浙江大学博士学位论文，2020年5月。

张献忠：《晚明科举与思想、时政之关系考察：以袁黄科举经历为中心》，《中国史研究》2020年第4期。

朱新屋：《从袁了凡到罗有高：明清理学家围绕善书的争论及其意义》，《孔子研究》2020年第6期。

黄营：《明末劝善书中的自省观——以〈了凡四训〉〈人谱〉为中心》，辽宁师范大学硕士学位论文，2020年5月。

孙阳：《〈了凡四训〉对高职校生命教育的启示》，《牡丹江教育学院学报》2020年第3期。

朱和双、曹晓宏：《作为“阳明后学”的陶希皋、陶珽与陶珙交游新证》，《楚雄师范学院学报》2020年第5期。

张卫红：《草根学者的良知学实践：以明嘉靖至万历年间的安福学者

为例》，《文史哲》2020年第3期。

钱明：《江西政商环境与王学共同体的形成——基于赣州、吉安比较论的视角》，《赣南师范大学学报》2020年第1期。

李永洪：《论邹守益对王学思想的继承与发展》，《赣南师范大学学报》2020年第4期。

严志伟、吉朝晖：《江右王门邹守益良知学研究综述》，《江西广播电视大学学报》2020年第2期。

张二平：《邹东廓的中和医世说》，《武陵学刊》2020年第6期。

王英：《聂豹思想中的寂感范畴》，《上饶师范学院学报》2020年第2期。

刘心奕：《论罗洪先对"现成良知"说的吸收》，《贵阳学院学报》（社会科学版）2020年第5期。

娄博昊：《刘师泉"悟性修命"说与朱子"心统性情"说的比较研究》，《文化学刊》2020年第11期。

欧阳祯人、李想：《王时槐思想中恶的问题》，《道德与文明》2020年第2期。

莫蕤：《邹元标儒学中"仁"的思想探析——以〈愿学集〉为中心》，《汉字文化》2020年第14期。

吴兆丰：《阳明后学罗大纮生平思想初探》，《人文论丛》2020年卷。

刘勇：《晚明的荐贤、征聘与士人的出处考虑——以邓元锡为例》，《中华文史论丛》2012年第3期。

吕幸、文碧方：《阳明学派佛儒调和论的发展困境：以邓元锡〈论儒释书〉为例》，《赣南师范大学学报》2020年第4期。

郭亮：《水火图咏：晚明西来知识模式对明代社会的深入影响》，《自然辩证法通讯》2020年第10期。

邱美琼：《从郭子章〈黔记〉看明代贵州的民族交融与认同》，《新疆大学学报》（哲学·人文社会科学版）2020年第4期。

李璐楠：《"修身为本即是性学"：李材的"止修"工夫诠释》，

《哲学动态》2020年第11期。

张慧琼：《唐顺之制义文集版本述考》，《周口师范学院学报》2020年第1期。

赵洋、王晓晨、彭春兰：《唐顺之〈峨眉道人拳歌〉考》，《中华武术》2020年第3期。

李德锋：《唐顺之〈周襄敏公传〉与〈明史·周金传〉关系考》，《江苏理工学院学报》2020年第3期。

李德锋：《唐顺之〈旸谷吴公传〉与〈明史·吴杰传〉关系考》，《内蒙古大学学报》（哲学社会科学版）2020年第5期。

杨绪敏：《从〈左编〉〈右编〉看唐顺之的历史编纂学》，《史学史研究》2020年第3期。

张婧：《论流寓视野下文学风格的转变：以唐顺之为研究中心》，《戏剧之家》2020年第8期。

蓝士英：《赵怀玉对唐顺之接受摭谈》，《江苏理工学院学报》2020年第3期。

纪玲妹、陈书录：《论唐顺之〈任光禄竹溪记〉中的江南文化特质》，《江苏理工学院学报》2020年第3期。

李金坤：《唐顺之“本色论”及其崇陶情结发微》，《贵州工程应用技术学院学报》2020年第2期。

陈书录、纪玲妹：《唐顺之及明清常州文人与江南商贾精神》，《江苏理工学院学报》2020年第3期。

武道房：《“天机说”与唐顺之诗学思想的演进》，《文学遗产》2020年第1期。

孙彦：《〈董中峰侍郎文集序〉与唐顺之的“文法”论》，《南京师范大学文学院学报》2020年第2期。

常如瑜：《明代以来常州文脉传承关系论：从唐荆川到洪深》，《江苏理工学院学报》2020年第1期。

李丹：《徐阶年谱》，兰州大学硕士学位论文，2020年5月。

陶潇宇：《明代首辅徐阶少年事迹考》，《文物鉴定与鉴赏》2020年第8期。

陈伟良：《阳明学中“无”的思想探析：以查铎〈水西会语〉为例》，《孔子研究》2020年第6期。

陈寒鸣：《王阳明与“楚中王门”》，《中共宁波市委党校学报》2020年第2期。

陈寒鸣：《荆楚王学述论》，《国学学刊》2020年第1期。

牛磊：《“一体”与“一气”：试论明儒蒋道林“万物一体”论的气之维度》，《汕头大学学报》（人文社会科学版）2020年第1期。

任永安：《明代北方王门心学研究的回顾与前瞻》，《西部学刊》2020年第8期。

米文科：《清初关中王学述论》，《儒藏论坛》2020年卷。

常新：《明代中期关中士人与阳明学的学术分歧》，《孔学堂》2020年第2期。

钟治国：《穆孔晖的理学思想与其学派归属考论》，《中州学刊》2020年第11期。

杨朝亮：《“洛阳王学”尤时熙学术思想述论》，《孔子学刊》2020年卷。

秦佳慧：《北方王门杨东明心性思想浅析》，《汉字文化》2020年第2期。

伍红军：《阳明弟子南大吉抗疫记》，《新阅读》2020年第8期。

秦蓁：《从“北方王门”到“关学”：阳明学的地域化研究——以关中南大吉为中心》，《福建论坛》（人文社会科学版）2020年第4期。

林晓峰、张山梁：《阳明学与福建地域文化》，《闽台文化研究》2020年第4期。

陈东：《峄山大通岩与明代心学遗存》，《齐鲁学刊》2020年第6期。

杨国荣：《中国思想中的泰州学派》，《江海学刊》2020年第1期。

陈来：《泰州学派开创民间儒学及其当代启示》，《江海学刊》2020

年第1期。

张再林：《身的挺立：泰州学派的思想主旨及其理论的现代效应》，《江苏社会科学》2020年第2期。

韩荣钧：《太谷学派与阳明心学、泰州学派的关系》，《贵阳学院学报》（社会科学版）2020年第3期。

赵振滔：《王艮“乐”思想探微》，《新乡学院学报》2020年第8期。

张爱萍：《圣学视域下王艮大成之学的特质》，《内蒙古电大学刊》2020年第5期。

单杨：《泰州学派王艮的哲学思想研究》，《现代交际》2020年第15期。

邬雯琳：《王艮儒学思想平民化特色初探》，内蒙古大学硕士学位论文，2020年5月。

殷勇：《从明代方志看王艮学说的“正统化”》，《中国地方志》2020年第5期。

梁美玲：《罗汝芳的德性思想探析》，《淄博师专论丛》2020年第1期。

高志强：《罗汝芳“赤子之心”与“孝悌慈”思想研究》，西北民族大学硕士学位论文，2020年5月。

梁美玲：《罗近溪“赤子之心”思想发微》，《濮阳职业技术学院学报》2020年第2期。

石霞、翟奎凤：《易学与仁学的融通——以泰州学派罗近溪为例》，《金陵科技学院学报》（社会科学版）2020年第1期。

石霞：《孝弟为仁之实：略论罗近溪的仁孝观》，《河北北方学院学报（社会科学版）》2020年第3期。

石霞：《略论罗近溪的仁孝观》，《泰山学院学报》2020年第4期。

耿加进：《明代大儒罗汝芳的教育思想及其当代价值》，《淮阴工学院学报》2020年第2期。

朱义禄：《论罗汝芳的民本思想及其施政实践》，《赣南师范大学学报》2020年第1期。

李玉端：《顾成、罗汝芳“文”“武”二墓探源》，《云南大学学报》（社会科学版）2020年第6期。

吴艳玲：《〈陶望龄全集〉时文佚篇辑考》，《绍兴文理学院学报》（人文社会科学版）2020年第6期。

唐东辉：《耿天台非泰州学派考辨》，《济宁学院学报》2020年第4期。

王格：《耿定向的“不容已”说及其卫道意识》，《肇庆学院学报》2020年第6期。

张菁洲：《耿定向〈新建侯文成王先生世家〉的版本与价值》，《六盘水师范学院学报》2020年第2期。

马琪：《麻城与李贽思想的形成》，《回族研究》2020年第1期。

张建平：《〈明史·儒林传〉不载李贽传研究》，《红河学院学报》2020年第3期。

胡祥：《李贽“童心说”思想的本质及其影响》，《今古文创》2020年第1期。

王丽、李涛：《李贽“童心说”的现代性精神特质及其教育价值》，《教育学报》2020年第1期。

隋晓聪：《论李贽“童心说”》，《濮阳职业技术学院学报》2020年第2期。

龚建伟、李若昌、孙兆寅、吴建军：《李贽道德观的二重统一与矛盾》，《今古文创》2020年第47期。

杨媛媛：《论李贽文学批评真伪观及其意义》，《顺德职业技术学院学报》2020年第2期。

杜璇：《狷狂稚子与超灵之子：现代生态视阈下李贽与爱默生的诗学精神比较》，《长沙大学学报》2020年第3期。

吴冠宏：《李贽对嵇康的评议及两者在音乐思想上的异同》，《中国文化》2020年第1期。

李松霖：《论李贽“琴者心也”命题的美学意义》，《交响（西安音乐学院学报）》2020年第2期。

刘二永：《李贽戏曲叙事结构论及其理论史意义》，《戏曲艺术》2020年第4期。

吴震：《“名教罪人”抑或“启蒙英雄”？——李贽思想的重新定位》，《现代哲学》2020年第3期。

肖雯：《李贽原儒型“德”“真”“学”探讨》，《山西能源学院学报》2020年第1期。

王晓乐：《论李贽的圣人之学》，《泉州师范学院学报》2020年第3期。

郭伟：《试论五缘文化视域中的李贽形象》，《黄冈师范学院学报》2020年第5期。

肖宁：《李贽庄学思想研究》，河北师范大学硕士学位论文，2020年5月。

张晓伟：《李贽自由思想新诠》，湘潭大学硕士学位论文，2020年5月。

陈笃彬：《晚明中西文化的别样碰撞——当李贽遇上利玛窦》，《泉州师范学院学报》2020年第3期。

罗珍：《船山于朱熹李贽“理欲之辩”之辨正及其价值摭论》，《船山学刊》2020年第4期。

屈彦奎、任竞泽：《李贽〈说书〉的文体辨析》，《中南大学学报》（社会科学版）2020年第2期。

陈幸运：《李贽〈老子解〉研究》，华中师范大学硕士学位论文，2020年5月。

俞士玲：《明代图书生产与思想争鸣：以李贽的图书刊刻为中心》，《文献》2020年第4期。

周文焰、陈冬冬：《明万历朝焦竑科场案始末考》，《历史档案》2020年第2期。

程听：《“思维降格”与“思想层次”——焦竑“华实”观三论》，《中国文学批评》2020年第4期。

温庆新：《史官意志与焦竑的小说观念及意义——以〈国史·经籍志〉的小说著录为中心》，《中国文学研究》2020年第1期。

米文科：《论焦竑对王阳明“三教一道”思想的发展与转变——儒释道三教关系视域下的阳明心学思想建立之检讨》，《贵阳学院学报》（社会科学版）2020年第3期。

黄芳：《焦竑研究综述》，《安顺学院学报》2020年第4期。

王静：《西方科学与徐光启“内圣外王”理想的实践》，《阴山学刊》2020年第1期。

郑腾尧：《近十年汤显祖研究综述》，《齐齐哈尔师范高等专科学校学报》2020年第1期。

刘上洋：《汤显祖与江右文化》，《江西社会科学》2020年第1期。

王萍：《觉醒与反思——莎士比亚与汤显祖人文观比较研究》，《枣庄学院学报》2020年第4期。

淡洵：《汤显祖与莎士比亚——中西戏剧双星的“相遇”》，《戏剧之家》2020年第30期。

豆家乐、曹若男：《莎士比亚和汤显祖的悲剧主题在当代的思考》，《戏剧之家》2020年第36期。

孙雨飞：《汤显祖至情论文化价值阐释》，《戏剧之家》2020年第34期。

金白梧：《江南文化诗性特质的深刻烙印——以明代汤显祖的活动为考察》，《佳木斯职业学院学报》2020年第2期。

陈良中：《新发现汤显祖〈玉茗堂书经讲意〉考辨》，《历史文献研究》2020年卷。

周家洪：《公安三袁文学成功的外因》，《长江大学学报》（社会科学版）2020年第5期。

申旸、周向频：《晚明公安三袁的造园实践与特色》，《华中建筑》

2020年第11期。

赵以保：《论晚明袁宏道绘画美学观》，《三峡论坛》（三峡文学·理论版）2020年第3期。

潘鑫、梁桂芳：《英语世界的袁宏道散文研究》，《燕山大学学报（哲学社会科学版）》2020年第5期。

谢旭：《从师心到师心与师古兼重：从王学角度看袁中道对公安派理论的矫正》，《人文杂志》2020年第1期。

贺莉莉：《困顿与迷失：论晚明性灵派袁中道文学创作转变》，《东北农业大学学报》（社会科学版）2020年第1期。

刘媛：《王阳明与中晚明贵州书院精神》，《贵阳学院学报（社会科学版）》2020年第3期。

王路平、石祥建：《王阳明黔籍再传弟子李渭家世考述》，《贵州民族大学学报》（哲学社会科学版）2020年第2期。

崔道贵：《明朝理学家李渭辞官回黔兴教》，《贵阳文史》2020年第2期。

扈继增：《心体工夫境界：黔中王门孙应鳌知行说的三重向度》，《贵州文史丛刊》2020年第3期。

牛磊：《“易”以贯之：试论明儒孙应鳌工夫论的易学资源》，《宁波大学学报》（人文科学版）2020年第4期。

汪洋：《论孙应鳌的七绝创作》，《名作欣赏》2020年第33期。

赵广升、赵蕙：《西安碑林博物馆藏孙应鳌教育碑刻五种述评》，《贵州文史丛刊》2020年第4期。

李承贵：《论席书对阳明心学的特殊贡献》，《东南大学学报》（哲学社会科学版）2020年第5期。

张丽平：《明代名臣席书研究》，西华师范大学硕士学位论文，2020年5月。

李一禾、张如安：《“不拘”与“纵情”——论〈明儒学案〉中黄宗羲对邓豁渠形象的建构》，《南京师范大学学报》（社会科学版）2020年第1

期。

姜波、刘艳：《论徽州心学发展的逻辑进路》，《淮北师范大学学报》（哲学社会科学版）2020年第5期。

（三）海外阳明学研究

刘莹、唐利国：《论日本阳明学的虚像与实像》，《浙江学刊》2020年第1期。

黄滢：《论“日本近世阳明学系谱”的近代生成》，《外国问题研究》2020年第1期。

欧阳祯人、张兴：《关于日本阳明学的几个问题——欧阳祯人教授采访录》，《国际儒学论丛》辑刊2020年卷。

吴黎坤：《对日本在江户时代接受阳明学的特征的考察》，内蒙古大学硕士学位论文，2020年4月。

钱明：《从“文武合一”到“心刀合一”——基于中日阳明学比较的视域》，《浙江学刊》2020年第1期。

［日］高桥恭宽、许家晟：《日本阳明学派与怀德堂诸儒者的思想交杂》，《日本学研究》2019年第2期。

左汉卿：《论考中江藤树人物形象变迁及其思想对民众道德教育的影响》，《日本学研究》辑刊2020年卷。

李想：《在比较视域中看安田二郎的阳明学诠释》，《人文论丛》2020年第1期。

欧阳祯人、刘海成：《著名日本学者岛田虔次的象山论》，《人文论丛》2020年第1期。

［日］楠本正继：《王阳明哲学思想探微》，《河北民族师范学院学报》2020年第1期。

杨俊安：《沟口雄三的明清哲学研究：以王阳明、李贽、戴震为中心》，山东大学硕士学位论文，2020年6月。

曹渊：《试论冈田武彦的〈王阳明与明末儒学〉》，《文化创新比较研究》2020年第33期。

［韩］金世贞：《从实心与时代精神看韩国阳明学》，《王学研究》2019年第2期。

高星爱：《现代韩国儒学研究的特征》，《国学学刊》2020年第1期。

张昆将：《朝鲜阳明学者郑霞谷与朱子学者闵彦晖的华夷论辨》，《域外汉籍研究集刊》2020年第1期

冀志强：《耿宁关于阳明学“良知”概念的研究》，《邵阳学院学报（社会科学版）》2019年第3期。

徐赛颖：《“厚重翻译”观照下的亨克英译〈传习录〉探析》，《浙江大学学报》（人文社会科学版）2020年第3期。

蔡冰瑶：《多元系统理论视角下〈传习录〉两个英译本的比较》，电子科技大学硕士学位论文，2020年5月。

［越南］范越胜：《王阳明“知行合一”之说对于越南20世纪初开放与维新运动的间接意义》，《王学研究》2019年第2期。

［越南］黎黄南：《王阳明的心学思想对越南现代社会的精神生活的影响——交叉和发展的能力》，《王学研究》2019年第2期。

后　记

本书《2020阳明学研究报告》，由中共余姚市委宣传部、余姚市社会科学界联合会委托浙江国际阳明学研究中心组织编辑，系对2020年阳明学界关于阳明学研究论著、学术活动的全面梳理与系统总结。

编写框架与体例是：（1）总结梳理出当代中国“阳明学热”的十大标志，对当代阳明学研究现状进行概述，作为本“阳明学研究报告”的“导言”；（2）主体部分，设上、中、下三篇介绍2020年度“王阳明与阳明心学研究”“阳明后学研究”“海外阳明学研究”的学术成果；（3）“附录”两种，“2020年阳明学主题会议综述”“2020年阳明学研究主要论著索引”。

本报告在编写过程中，通过“中国知网”检录了与“王阳明”“阳明学”有关的大量论文，编辑摘录学界同仁关于阳明学研究的理论与观点。为保护论文作者的知识产权，本报告在正文及“2020年阳明学研究主要论著索引”中均一一标志说明。同时，“2020年阳明学主题会议综述”的摘编，更是参考了不少新闻媒体、学术网站的新闻报道，为保护新闻撰稿人、学术动态编写者的知识产权，本报告以“页下注”的形式一一标注了相关会议讯息、学术动态的来源与出处。在此，我们谨对阳明学界同仁及新闻理论工作者的辛苦努力，表示诚挚的感谢！你们的辛苦付出，才是《2020阳明学研究报告》完成的保证。论文作者与新闻记者朋友，如需本报告出版物，请您与本书编者张宏敏联系，他的电子邮箱是zhanghongmin2008@126.com。

后　记◎

本报告的出版经费由中共余姚市委宣传部提供；本报告在编写过程中，得到了浙江省儒学学会会长吴光先生，华东师范大学哲学系教授陈卫平先生、杨国荣先生的学术指导，还得到了余姚市委常委、宣传部部长王娇俐女士、常务副部长董朝晖先生，余姚市社科联专职副主席黄士杰先生、秘书长谢建龙先生的审阅；余姚市文保所所长李安军先生提供了王阳明画像彩照；本报告在编辑出版过程中，得到了浙江工商大学出版社责任编辑张晶晶女士及该社领导的业务指导。在此，谨对上述女士、先生的悉心帮助，表示衷心的感谢！

由于编者本人的学力、精力有限，本报告编写存在疏漏在所难免，敬请各位同仁、学者、读者批评指正。

编　者

初记于2021年1月31日，改定于3月27日